JN095923

ヤマト王権誕生の真実

渡来王朝説からひもとく古代日本

仲島岳

共栄書房

はじめに――テーマは「渡来王朝説の現在地」

本書は、私仲島の三冊目の古代史著作であって、テーマは「渡来王朝説の現在地」である。もとより、私が書いてきた二冊の著作は、稀代の古代史学者であった石渡信一郎（1926年～2017年）の理論を大きく援用したものだが、その石渡理論とは「新旧二つの渡来集団」について語った実証的な「**渡来王朝説**」の史観であった。1990年代以降、石渡著作が刊行されるやいなや、ありきたりの教科書史観に飽き足らぬ世の古代史ファンたちにたちまち注目され、歴史本として異例の売れ行きを見せた。そして古墳時代や飛鳥・奈良時代の諸相を解き明かしつづけ、二十数年以上にもわたって、石渡史学は読書界を驚嘆させつづけたものだった。

この2020年代、ありがたいことに遺伝学上のDNA解析のアプローチが多様化そして深化し、古代史の世界にもそれが適用されてきた。新たな客観的資料がずいぶんと出そろってきているのである。ゲノムデータを用いたこれら理化学的な研究成果は著しく、日本人形成のいわゆる「二重構造モデル」（人類学者・埴原和郎《はにはらかずろう》の説）から一段上の、解像度のより高い理論モデルが出現してきているのだ。それが「**三重構造モデル**」である。

二重構造モデルにおいては、いわゆる「縄文人」に対し、北方系（北東アジア系）の渡来者が水稲稲作技術を伴ってそこに覆いかぶさるようにして入りこみ、列島の「弥生人」となって、やがて今日ある「現代日本人」が誕生した――というものだった。しかし今や理論は「その先」を行き、「弥生時代―古墳時代」の移行期に、さらに「**東アジア**」系の渡来民たちが大量に列島へやってきた――というモデルが成立しているのである。

この彼らは当時の在地の人びと（縄文人成分を持った弥生人）と混血し、新しい「**古墳人**」になっていった。その古墳人のＤＮＡの組成（混血の割合）が、われわれ「現代日本人」と大差がないという有力な研究も報告されている。この研究成果はまさに衝撃的で、「縄文人＋弥生人」の二重構造の延長線上に自然にできあがってきたと思われていた「日本人」――という見方が覆った。つまり「縄文人＋弥生人＋古墳人」までの三幅対《さんぷくつい》のセットにして、ようやく「日本人の素《もと》」は誕生し、成立してきたというわけなのだ。

それなら、この弥生末にやってきたその「大量の渡来民たち」とはいったい何者なのか――？という単純明快な「問い」こそが、本来ならば立てられなければならないはずだ。

しかしながら、この問い《コール》に対して、今の教科書史観は答えてはくれない。むしろそんな問いかけ自体も生じない状況で、学界も無視を決めこんでいるような具合である。だがそれもある意味では仕方のない当然の反応（無反応）であって、今の学界には応答できるだけの古代史の「理論」体系がないのである。だからこそ唯一、そこに応答《リスポンス》できる理論の幅を持っている石渡の古代史学がひときわ輝くというわけでもある。端的に言って、その答えこそ「東アジア系の大量の渡来民たちとは、半島南部系の人びと（倭人・漢族含め）である」というものだ。渡来民たちが勝手に押し寄せてくるという

「自然増」はありえないから、その大量渡来には「社会増」、すなわち政治的な移動・定住の意味合いが含まれてくる。それは指導者の存在が前提となるため、「渡来王朝説」の信憑性をひときわ高くするはずである。

私は、石渡の自称「孫弟子」として、こうした最新の隣接科学を援用しながら、「渡来王朝史観のリアリズム」を本書でなるべくわかりやすく、かつ念入りに示してみたいと思っている。もちろん、石渡理論を換骨奪胎しつつ、私自身のニュー理論で補完もするつもりである。私はゴリゴリと執拗に攻めるタイプの著作者のつもりだし、〝リアル・ミステリー〟の面白さ、醍醐味というものも大いに盛りこんだので、存分に一般の読者にもそれを味わっていただきたい。

本書で私が「展開」したい——願わくは、大展開したいものだが——と思っている「古墳時代の渡来王朝説」のことで言うなら、かつて「外」からの征服王朝説として江上《えがみ》波夫が提唱した雄大な仮説「騎馬民族征服王朝説」がお馴染みのものだろう。その後、「ネオ騎馬民族説」としての「三王朝交替説」（水野祐）のように、ひねりやヴァリエーションも加えられ、新しい「渡来王朝説」がその仲間に入ってきて、それはそれは学界も読書界も賑わったものだった。

たとえば、以下、1983年重版分の書籍からの引用だが、応神《おうじん》天皇陵（誉田御廟山《こんだごびょうやま》古墳）について語ってきた考古学者の森浩一は、巨大古墳の被葬者像ついてこう結論づけていたものだ。

考古学の知見では、古代史家のどの学説を支持できるかとなると、やはり外からの征服王朝説、つまり江上波夫氏の提唱した雄大な仮説、北方からの騎馬民族征服王朝説に近いのではないかと思う。

とくに、巨大な墳丘の構築に要した労働力の問題を考えると、前代から継続してきた支配者よりも新しい支配者によるものと考えられ、その念を深める。

（『古墳』保育社）

代表的な考古学者である森浩一をして、かりに一時的とはいえ、こう「征服王朝説＝渡来王朝説」を肯定的に書かしめていることに注目してもらいたい。ただし、これら「渡来」の理論はそれぞれ斯《し》界《かい》の重鎮たちのものだったけれど、その後の古代史・考古学界においては大勢を占めることはついぞできず、学界からもジャブのような批判そして沈黙もあって、80年代には彼ら大御所たちのそうした渡来王朝史観も落ち着いてしまった。それまでの60～70年代までは、大家たちの独自性と創造性が発揮されていた力動的《ダイナミック》な理論の時代であったとも言えるだろう。そうして残念ながら、彼らの衣鉢を継ぐ弟子筋の適切な「ニュー理論」も打ち出されなくなったために、保守的な古代史論壇における「土着派」「一系派」――要するに「**ヤマト中心主義**」「**在地主義**」を支持する層――が盛り返してしまったわけである。いや正確には盛り返したというダイナミズムではなく、なし崩しに再領土化されてしまったというほどの印象なのだ。江上にせよ、とくに「騎馬」に重点を置きすぎたのは結果として騎馬民族説にとっての玉に瑕《きず》であったわけで、5世紀にならぬと出土しない「馬匹《ばひつ》」関連遺物の点でたしかに弱く、江上は文化勲章受賞者ですらあったが、晩年の立場は理論的に修正されていたとはいえ少し苦しいという観は否めなかった。

　そうしたなか、1990年、満を持して登場したのが、在野の研究者・石渡信一郎の理論的著作のシリーズである。商業的な処女作『応神陵の被葬者はだれか』（三一書房）はたいそうな驚きをもって迎え入れられたものだ。石渡は、江上説を大きく修正して、見事な理論化に成功していた。その所説は、われわれのような研究家の端くれである後生にとっても、また現代の目の肥えた読書人たちにとっても、たまらない知の達成点である。とくに、このところの遺伝学等の隣接科学からの援護射撃によって、石渡史学は再び輝きを放ち返している。「**古墳時代の大量渡来**」という現象を自然人類学とDNA解析が肯定的に結論づけているかぎり、それに「見合った」古代史理論は、石渡の推し進めたものしかこの日本には存在しないからである。

　だから私が本書で展開するのは、弥生末から古墳時代初期にかけて列島に大量にやってきた者たちの「首長層」をめぐっての、新しい「**渡来王朝史観**」の所説ということになる。半島南部から加羅系の支配層に領導されて東アジア系の渡来勢力がやってきたこと、そしてヤマト王権を打ち立てたこと、また5世紀後半になって百済から応神天皇と思しき百済王子が渡来して王権に婿入りし、ヤマト王権を継承・発展させていったこと、などなどを仮説論証した。情報の新味を大切にし、既存本の繰り返しにならないように注意したつもりである（なお、本書では、以後、「加羅」や「加耶」などの言葉が頻出するが、「**加羅**」は慶尚南道**金海市**《キムヘ》周辺のより限定的な地域（いわゆる「金官《きんかん》加耶」）を、「**加耶**（加耶地方）」は六加耶（金官加耶、大《だい》加耶、阿羅《あら》加耶、古寧《こねい》加耶、星山《せいざん》加耶、小《しょう》加耶）を含む半島南東部の全地域を示すものとする）。

　いわゆる「万世一系」の天皇を頂くという「一君万民」システムで、ある時期まで日本は統合され、まとまってきたのは事実だが、さすがにもうそうした「共同幻想」はとっくに不要の時代である。にもかかわらず歴史学のほうではまだ記紀史観に囚われているのが実情だ。古代国家形成の過程について〝新しい歴史像〟を明らかにすること――それが本書の念願である。とくに弥生末から古墳時代の開始期における日韓両地域の政治的な関係・関与を見通しよく示すことで、あの時代、とくに4世紀～6世紀の「**ヤマト／日本**」の姿は刷新されることだろう。

（本文敬称略／西暦はアラビア数字を使用）

ヤマト王権誕生の真実——渡来王朝説からひもとく古代日本◆目次

第3章 応神の「新」王権と後継天皇たちの興亡
――昆支と男弟王、そしてクーデター 165

序章　「古墳時代の大量渡来」という新事実
――古代史のモデルが変わる！

石渡史学＝〝応神天皇史観〟

２０２０年代になって、古代史の世界にようやく風穴が空きはじめた、と感じる。とくに先駆けとしての２０２１年は古代史が大きく動いた年である。この序章では、初めて私の著作や石渡古代史理論にふれる方もいると思われるので、昔の話から語り出そう。私の古代史とのかかわり方とともに、いわゆる「土着」「在地」に対する「渡来」という歴史学上の概念・史観とそのあたりの変遷も概説してみたいからだ。

さて、戦後最大のベストセラーだった五味川純平の『人間の条件』を刊行するなど、戦後の社会派出版社の代表格だった三一書房にノンポリの私が入社したのは、バブルのはじけたことの意味合いを日本全体がようやく知りそめてきた１９９２年のことだった。私が編集者になったその時代、同社で刊行されつづけていた石渡信一郎の本を初めて読んだのが、９０年代前半、おそらく１９９３年の後半ぐらいだったと思われる。

石渡史学のポイントは、崇神《すじん》天皇（第十代天皇）と応神《おうじん》天皇（第十五代天皇）をそれぞれ「渡来王朝」の建設者と捉えたところであって、とくに崇神天皇は古墳時代初期の「ヤマト王権」の創始者として重要視した。さらなるポイントはこの崇神王朝（王統）と応神天皇との精妙な関係性をも読み解いて展開したこと。戦後、大胆な学説として日本じゅうが注目したあの「騎馬民族征服王朝説」の矛盾点を修正しながら、石渡は二つの渡来王朝の展開を描き出したのである。はっきり言えば、石渡理論の基層は「征服王朝説」的な「渡来王朝説」ということになる。とくに朝鮮半島南東部において隆盛していた金官加耶の政治勢力、次いで半島の西南部に王朝を築いていた百済系の王族が、それぞれの時代相で重大な役割をはたすことになる。

　現在、歴史作家として数十冊の著作を上梓している林順治（三一書房の元編集部長で、石渡信一郎の担当）の配下にいた一編集部員の私は、時折、林からの古代史講義を受け、百済王子の「昆支《こんき》」（第二十一代王・蓋鹵《がいろ》王の弟）の名前を初めて聞かされるなどして、個人的なレクチャーを受けていた。今から考えるとなかなか贅沢で乙な時間だったと思うが、「〈聖徳太子がいない〉なんてこと、本当にありうるんですか……？」などと林に直球をぶつけるようなこともあったものだ。

　この９０年代前半の時分、石渡史学の入門編たる『聖徳太子はいなかった』はすでに刊行されており、私も上司の担当本ということもあって参考に（おつきあいに？）パラパラと読んではみたものの、たとえば「欽明天皇による辛亥《しんがい》のクーデター」という話だとか、「古墳時代の大量渡来」をめぐる緻密な検証ぶりに対しても、その時は事の重要性も意味もあまりわかっていなかったのをいま想起する。二十代前半の私の歴史知識があまりに浅かったのだ。私には日本史で大学を受験した経験はあったものの、細部の知識と流れは忘れかけていたし、そこまで細かいデータや異説、新説などは受験日本史で習うわけもない。ましてや私の学部学科は新聞学科だったから、歴史知識は高校三年生で止まっていたようなものだった。それでも、文中に何度も登場する「応神天皇」という大王が古代史においてとても重要性を占めているのだという点は私の頭に刻印されていた。石渡史観のポイントはこの〝応神天皇史観〟であると一言で言いあらわすこともできるから、この時の私の本質直観だけはあながちまちがってもいなかったのだろう。

ジャーナリズムと学界の「反応と変化」——石渡史学の波及と副産物

そののち、書籍編集部において、同僚編集者が担当している単行本企画の校正ゲラ——著作が完成する前段階の原稿内容がページ状にB４コピー紙に印字されたもの——を持ち回りで読んできて、その感想を会議で編集部員がひとくさり発表するという試みが、一時期なされることになった。これは「仕事」であり皆の前で発表する義務でもあったから、私も必死にメモ取りをしながら、先輩編集者たちの各ゲラを読まねばならなかった。そんなわけで、ある月は私がその担当で、たまたま石渡信一郎の「新作」も入っていた。たしかその月に私が読んだゲラは全部で六、七作品ぐらい。そんな具合で、私も石渡作品とがっぷり向きあい、濃厚な情報と取り組んだ経験をようやく持ったのである。

その折、二十代の私は、「石渡さん」の見事な行文ぶりについて、「柄谷行人に似ているんじゃないか」などと編集部内で語って、社のおじ様たちを煙に巻いた記憶がある。「石渡さんの文体は、読むと説得されてしまう」などと語って、林はじめ一同が笑っていたのも覚えている。その説得的な論旨展開はしかし石渡史学の本質的な部分ではあると今でも思っている。

前後して、同時期の社の人文系の目玉商品の一つとして、『邪馬台国は東遷したか』（１９９４年）

という歴史本があった。荒木博之、大林太良《たりょう》らの共著で、他の参加者が佐原真、谷川健一、奥野正男、金関恕《かなせきひろし》、安本美典《びてん》というソウソウたる面々だった。本書を手に取っている古代史好きの方なら、これらのお歴々がどのような大家たちかは説明するまでもないだろう（谷川健一は三一書房で著作集も刊行されていた）。

その時の部数決定会議では、歴史通のある社員が、いま社としても一番に推せるものでしょうと言い、部数の上乗せを主張。林順治（編集部長で役員だった）がなぜ部数を渋るのかわからない、というようなことを、会議後に私にもらしていたのを思い出す。林としては、石渡本の担当者であり先生の凄さは十二分に知っていたわけだから、従来の史観や枠組み内の「押したり引いたり」や「足したり引いたり」にとどまっているような著作の内容など、いくらビッグネームがそろっていたとしても、社として強く打ち出せまいという本音があったのだろう（実際、邪馬台国が東遷してヤマト王権になったのなら、昨今のＤＮＡ解析の現状とマッチしないし、邪馬台国は「東遷していない」）。

なぜこんなことを書くかというと、このように、１９９０年代半ば当時、石渡の本を一手に刊行しつづけて、一部にはトテツもない反響も呼び、古代史本としては異例の売れ行きを示していた事実があるにもかかわらず、当の出版社側としても、全面的に石渡本を「最先端の古代史本」として押し出してゆこう！という熱い空気は社内には醸成されていなかったということなのである（たとえば新聞広告にドカンと麗々しく載せてみようか、というような）。まあ言って、よく売れる本たちのなかのワンオブゼム、という扱いだった。それが９０年代の半ばの社内の空気だった。その後も石渡信一郎は、種々の野心作を出しつづけたが、社内の受けとめは、「なぜか売れつづける古代史の在野学者」

という雰囲気にそれでもまだとどまっていたと思う。

そののち、90年代の後半も、流れはそうそうは変わらなかったが、それでも林順治が担当していた鷲田小彌太教授（当時。札幌大／哲学）が、石渡史観に則った歴史本『日本人のための歴史を考える技術』（99年／PHP）を刊行するまでになったり、小説家の鯨統一郎が『邪馬台国はどこですか』（98年／東京創元社）のなかで、石渡の聖徳太子論（聖徳太子非実在説）に言及したりと、一般読者だけではなく、出版界隈にも徐々にだが石渡理論のインパクトがひろがっていった。

その後、90年代末から2000年代のはじめ、「聖徳太子非実在説」が世間の歴史好きと読書界の話題をさらった一時期があり（大山誠一『〈聖徳太子〉の誕生』吉川弘文館）、この頃、社内には、「おっ！」という声、声、声が確実にあった。――要するに、『あの大山教授の本の内容は、石渡さんがずっと語ってきたことと同じようなものじゃないか！』という驚きである。当時、社内にアルバイトで来ていた東京学芸大の院生が、やけに「石渡先生」を推していて私にもスゴイすごいと力説するもので、聞き手の私もその熱量にへえと驚かされるとともに、ついにこういう熱烈な学究畑の若い石渡ファンも出現したのかと感慨深く思ったものだったのである。

「ヤマト中心主義」か、隣接科学の出してきた「答え」か

他方、90年代から2000年代は、よく言えば正統派アカデミズム、悪く言えばガチガチの「ヤマト派」（ヤマト中心主義者）たちも強かった。なんとしても邪馬台国は奈良県の「**ヤマト地方**」（橿原市や桜井市などの三輪山西麓エリア）にあり、「**箸墓**《はしはか》」（纏向《まきむく》遺跡を代表する前方後円墳）は250

年前後の築造であり（国立歴史民俗博物館の「仮説」）――といったふうに、「保守本流」の攻勢がかけられていたような時代だった。要するに、ヤマト派の学者・研究者たちは、古代における「時代」概念を石渡史学にくらべ約一〇〇年は古く前倒ししてしまったということなのだ。弥生時代の開始時期がどんどん遡《さかのぼ》って大昔へと拡大してゆくのはともかくとしても、古墳時代のスタート時期が「古く」されたのはまったくもって嘆かわしく、ゴリ押しぶりには驚くしかない（古墳時代はどうあっても４世紀以降のスタートだ）。石渡はこう語っている。

「大和中心史観」は、古代の日本国家の形成が朝鮮から渡来した人々とは関係なくおこなわれたとし、大和に生まれたヤマト王権もしくはヤマト政権が弥生時代もしくは古墳時代の初めから日本列島を支配していたと考える史観である。現在の日本の古代史学者や考古学者は、この「大和中心史観」にとらわれているため、細かい部分の研究は進めることができていても、その成果を利用して、古代の日本を明確に描き出すことができない。

（『百済から渡来した応神天皇』）

ヤマト中心主義の本質を簡潔に説明している。こうした批判的な見方は特異なわけでは必ずしもない。たとえば文化人類学者の石田英一郎は、日本が朝鮮半島となんら関係もなく樹立されたと信じたい人間はそうしてもよいが、そうすると応神時代に半島から多くの人びとが日本にやってきた理由が説明できない、という旨を述べている。そのとおりであって、技術や文物というものは、本来的に、そして古代ならなおさら、人が生身の体に携えて別の地に持ってきて、よその人間に渡すというのが本質である。それを私は「レシピ（内包）とサンプル（外延）」の例で紹介したことがある。現代のように必要なソフトウェアや情報だけをもらい受けるようなわけにはゆかないのだ。

多くの人びとが太古から半島を経由して渡来してくることによって、たとえば、稲作技術、青銅器、鉄器（鉄加工）、農具、墓制、土器のような最新技術と生産品が列島にもたらされてきた。仏教、儒教、漢字のような純然たる「文化」も同様であり、人から人へとつながってきた。レシピだけを渡してハイ終わりというふうにはならぬのが、ミソなのである。一般に、日本の歴史学は「人」の存在を抽象的に見すぎているきらいがある。人びとが渡来してきてその地にいるからこそ、技術や文物は伝達され受け渡され、別の地に花開くわけだ。勝手に技術や思想だけが海峡を飛んでくるわけではない。サンプルとそれを携えた人が必要なのだ。

石渡信一郎は、そんななか、90年代における分子遺伝学などのサイエンスの成果を援用し、考察をひときわ深めて、『百済から渡来した応神天皇』という著作を自身の研究の中押しのような形で2001年に刊行した。

そうして明けた21世紀から2010年代の前後へ向けての時期。この時代は、隣接科学のほうからこそ古代史の解明に関与し、役立つような重大な研究報告が相次いで放たれてきた。Y染色体、ミトコンドリアDNA、ハプログループ、クラスターなどという専門用語が古代史ファンのあいだに流通したものだった。10年代後半には、核DNA解析を踏まえた遺伝学からの古代人への研究も登場し、内容は年々進んでいったのである。

私の最初の単著『古代天皇家と「日本書紀」1300年の秘密』（WAVE出版／2017年）も

出版が決まる前には、中堅大手の編集者たちともさんざん話をしたものであった。が、やはり説の斬新性に興味は持ってもらえども、「渡来王朝説」自体にはなかなかまだ追い風が吹いていない時期だったので、最終的な企画会議で落ちてしまう経験も持った（だからWAVE出版の進取性には感謝しかない）。当時は、「外部」の説得材料、外部からの援護射撃にこと欠いていたのである。

その二年後に出した私の前作『「倭国」の誕生』海鳴社／2019年）では、斎藤成也の新しい研究成果（『核DNA解析でたどる日本人の源流』2017年）を——ありがた迷惑かもしれないけれど——称揚させてもらった。氏は、先の二重構造モデルを肯定しつつも修正する形で、三重構造モデルとしての日本人形成の構造を捉え返していた。そもそも往時の埴原による列島への「一〇〇万人渡来説」は大きな衝撃を与えた一方、揶揄され批判されるような「ムーブ」も当時から数多く、一般読者のほかは、歴史学を学ぶ者の立場で積極的に賛同することはしづらい状況だった。それこそ石渡史学のような少数の古代史理論のみがそれを「重大な真実」であると受けとめ、追走しえていたような具合である。そんな埴原説以来の、「古墳時代の渡来」の経緯が斎藤によって開示された。とくに第三波としての渡来民が4世紀以降の古墳時代に大量にやってきた可能性についての指摘は、われわれ「石渡派」にも大いなる刺激を与えてもらった。

一般に、古くは「漢人《あやひと》」、新参は「今来才伎《いまきのてひと》」などと呼ばれ、かつては「帰化人」とも称されてきた古墳・飛鳥時代の外来の職能集団は、日本古代史においては「渡来人」として位置づけられていた。彼らはヤマト王権の近傍でいわばテクノクラート（技術官僚）として活躍した。仏教、暦・天文、鍛冶・金属加工、養蚕、機織り、建築・土木、造船などの多種にわたる学芸・技術を彼らがもたらしたことは、教科書にも記され中高生にも知られていることだ。ただ、そうした「**渡来人史観**」には、渡来者たちの「数」が土着の人びとと比べて圧倒的に少ないという前提の刷りこみが潜在している。なにやら技術的に優れた人たちのみが列島に招聘されてきたような意味合いがつきまとってしまいがちだ。しかし、そうではないのだ、と。

ようやくここに来て、そうした職能集団を中心とした「渡来人史観」から、王侯貴族はもちろん兵士や一般の庶民層もすべて含めた「渡来民史観」へと、いや「**大量渡来民史観**」へとパラダイムシフトが起こりつつある、と私は強調したいわけである。「ヤマト中心主義」が根強く根深かった従来の状況に対して、こうした隣接科学が提起してきた新しい議論は、今や完全なゲームチェンジャーになりかけている。だから渡来民史観こそが新常態《ニューノーマル》になってゆくはずである。そうでないと「科学との整合性」がつかないわけなのだから。そして、だからこそ半島南部の政治勢力である任那加羅国の王が来倭して、北部九州から西日本の一部を制圧し、畿内にヤマト王権を樹立した——というわれわれの「**倭韓交差王朝説**」が、もっとも説得的な古代史理論になるはずだと私は確信しているのである。

〝第三のDNA〟

われわれの倭韓交差王朝説に対するサイエンスからの援護射撃はまだある。2021年には、金沢大、鳥取大、ダブリン大などの国際共同研究チームによって、日本人ゲノムの変遷についての研究結果（パレオゲノミクス解析の実施）が発表され、メディアを賑わした。縄文人を一〇割とした場合のその後の日本人の「混血」割合は、弥生時代において「北東アジア」を起源とする渡来集団との混血が進んでゆくため、その縄文成分は全体の六割（四割は北東アジア起源）へと減少する（それが弥生人になる）。さらに列島への渡来・流入状況が進み、古墳時代においては、縄文成分二割、北東アジア成分二割にシフト、残りの六割はなんと「東アジア」系成分で、それが古墳人の組成だという。要するに「**第三のＤＮＡ**」（２０２３年のＮＨＫ『フロンティア』「日本人は何者なのか」内の惹句）としての「**東アジア**」系の祖先の成分が、ここに来て半分超になったと。言うまでもなくこれは衝撃の結果だった。それだけ大量の渡来民たちが海外からやってきて列島弥生人たちと混血してゆかなければ、この混血の割合にとうてい達することができないからである（第1章で詳述）。

加えて肝心なことは、「現代日本人集団」の内訳を調べると、この古墳時代に形成された三つの祖先成分からなる三重構造をそのまま現代人が保持していることがデータで示された点だ。すなわち、古墳時代より後の時代（たとえば飛鳥時代のような）には、もうそこまで大量には列島へ来ていないことも判明した。時代が新しくなると、いわば「渡来民から渡来人へ」というふうに潮目も変わり、量も少なくなっていった、というわけだろう。ここに来て技術官僚たちだけが呼ばれるようになったのかもしれない。

さらに同２０２１年、比較言語学がらみの研究も発表され、別途、古代史の世界は揺れた。日本語のプロトタイプとなった言語は、約九〇〇〇年前に中国東北地方の西遼河《せいりょうが》流域に住んでいたキビ・アワ栽培の農耕民だったたと、ある国際研究チームが発表したのである。

《ドイツのマックス・プランク人類史科学研究所を中心に、日本、中国、韓国、ロシア、米国などの言語学者、考古学者、人類学（遺伝学）者で構成。九八言語の農業に関連した語彙や古人骨のＤＮＡ

解析、考古学のデータベースという各学問分野の膨大な資料を組み合わせることにより、従来なかった精度と信頼度でトランスユーラシア言語の共通の祖先の居住地や分散ルート、時期を分析した》と毎日新聞は伝えている。ちなみに、この研究所の所長スバンテ・ペーボは2022年度のノーベル生理学・医学賞の受賞者であって、古生物遺伝学の第一人者だから、まったくもって旬の人物であり研究団体であった。この研究報告の先進性も納得されるところである。

この「のちの日本語」となる言語は、当時の在地の言語を追いやって「日本語の素」となり、残ったものがアイヌ語となっていったと明確に位置づけられた。結論が断定的すぎるような気もするが、従来ならばこうした研究結果をここまで明瞭に打ち出すことははばかられたはずだ。これも諸学のコンビネーションが機能し、データ処理の精度が向上したゆえなのだろう。

《日本列島へは約三〇〇〇年前、「日琉語族《にちりゅう》」として、水田稲作農耕を伴って朝鮮半島から九州北部に到達したと結論づけた。》というわけで、これは、従来の枠組みで言うならば、北東アジア系の「弥生人=倭人」という位置づけに相当する。

研究成果が真実であるのなら、「渡来」を「日本史」(国史)全体のなかで再位置づけせねばならぬし、もう「一国史」だけの学問では不十分な状況なのだ。学説的には、弥生人そして古墳人による「置換説」ではなく、「混血説」が証明されつつあることを意味する(しかしだからといって「渡来王朝説」が証明された、とはまだまだ言えぬ)。考えてみれば常識的で穏当な結論なのだが、今の列島の人びとが形成されてきた過程は、大量渡来と混血以外では、説明できない。

石渡理論はそんな科学常識も踏まえられ刊行当時からある種の層には評価され反響もあって、本も重版されつづけていたのだが、石渡史学の先進性があればあるほど、それに気がつけばつくほど、古代史をめぐる「学界の保守性・反動性」もまた目につくという現状が長くあった。それがようやくこの数年余で、歴史の世界に光明が射し、「元」に戻ってきた、という印象が私にはある。元と言っても、ここはまだゼロ地点なのだけれど、活気のあった70～80年代ぐらいの歴史学の世界を見ているような思いである。

おそらく今の学界としては、このところのゲノム解析という名の嵐のような最新研究成果の発表をひっそりと横目で見ながら〝記紀史観〟を保持しつづけてゆくしかないのかどうか、共同主観的に揺れ動いているのだと察する。これはもちろん「誰が」という話ではない。隣接科学からあふれ出てきたこうした問題提起そして声や答えは、歴史学全体で本来ならば重く受けとめなければならないことだ。われわれ石渡派ら外部が申し立ててきた「異議」にも少しく耳を傾けてもらいたいところである。記紀神話を据えたヤマト中心主義の砦もいよいよこのパラダイムシフトに持ちこたえきれないところに来ていると、いよいよ感じる。

晩年の石渡信一郎は、信和書房におけるレイトワークの刊行で、2000年代以降からお亡くなりになるまで、古代史の全体像と強烈にタックルしていた。こうした氏の仕事をまるで援護するかのように状況が変化してきたのが、文献史学からではなく、2010年代になっての遺伝学のような理化学的な研究によるものだった、というのは皮肉な事態というしかない。石渡自身も、「太子不在説」がようやくアカデミズムから出てきた時には、それへの感謝めいた言葉も著作に律義に残しており、文献史学のありようには全般的に苦さを感じつつも、確実な前進の感触をも得ていたはずである。そんななかで今般の遺伝学その他の隣接科学の成果は、石渡史学に次々と援護射撃を撃ってくれている思いがする。

まあ言うなれば、「揺り戻し《バックラッシュ》」的なヤマト主義の強かった流れに対して、この2010年代の一〇年以上をかけて、ようやっとそれらを押し返してきた、という印象を持つところである。本書の冒頭から、私がいささか意気軒高なのもよくおわかりになるだろう。

「東アジア世界」の仲間として──歴史へのアプローチは「イデオロギー」抜きで

序章の最後に、些末なようだがそれでも重要な観点を一つ述べたい。

現代の日本社会は、大きな国際的な困難、とくに安全保障上の困難に直面している。ウクライナ戦争の影響は計り知れぬほど大きく、ロシアに対する日本人の態度は一挙に厳しいものになった。そして、言うまでもなく、アジアの近隣諸国でも、北朝鮮はまったくの論外として、たとえば中国は内外に強権的で人権問題を無視するほどに横暴さをあらわにしており、韓国のアレレというようなやりようにも時に顰蹙させられ、その分文句をつけたくなるようなところは大いにある。だから、日本社会においては差別的なままでの右派やネット右翼が育まれてしまう下地は十分にある（あったわけだ）。

だが、われわれは現代のあの厄介な隣人たちとも、なんとかうまくつきあってゆくしかない。ニュースを賑わすようなこれら三国をめぐる種々の現代政治ネタは、時に不幸な近代史ばかりか、古代史の世界への視座にまで飛び火することがある。とくに韓国の歴史をめぐる優越的・反日的な言説を「ウリナラ」ファンタジーとからかうような風潮がごく一部にあって、そうした声が古代史研究の前線にまで及んでしまうことが一部の言論状況では（ネット空間中心とはいえ）見て取れる。

もちろん、日本の本物の学際的な研究者のレヴェルにまでなれば、自分の思想信条で日本史の史実を歪めようなどという人はいない（と思いたい）。しかし一般の人びとに視点を転じれば、文献史学上の史料を重んじすぎて、隣接科学の進歩を歓迎せぬ狭量な者たちもいる。政治的イデオロギーに染め上げられている人物たちも一般には多く、林順治の過去の新刊本もネットで炎上したことがあるほどで、「アンチ」の存在も垣間見えた。新しい仮説の可能性に目をそむけてしまうような層が日本社会にあることは否めないのだ。

実は私は十数年前に『ネット右翼とサブカル民主主義』（三一書房）という単行本著作――今にしてみれば逸早いその種のメディア論の嚆矢だった――を編集・執筆したことがあるのだが、歴史を学ぶ者として、ずっとこの間も日本人の対外的な「マインド」とその変容を、もの書き、編集者として観察しつづけてきた。

他方、この数年で、現代韓国と現代中国の一般の庶民たちに関してだけは、シビアな眼差しをやや和らげてゆくような流れが出てきた印象もまた私は持っている。案外、新型コロナ禍が、互いのつらさにも気づかせるようになって、お互いさまの気持ちが醸成されたようにすら感じる。たとえば、中国を「父さん」、韓国を「兄さん」とヒューモアを持って呼ぶような一定の層がSNSはじめネット上にもあらわれてきている。歴史的には、彼らはまさに父であり兄なので、比喩以上のものがそこにはあるのだろう。なかなか強かで厄介な隣人たちであっても、まあ同じ東アジアに生まれた東洋人・アジア人・黄色人種だという仲間意識も多少はあるのかもしれない。たとえ否定しようにも、「**東ア**

ジア世界」（上田正昭）の同じ住人・隣人同士という確たる歴史性が存在するのだ。今や「日本史」は一国史のみで考えるべきものではないという良心的な研究者の風潮も兆してきていて、周辺国も含めた東アジア世界のなかで日本史を位置づけられるようにとシフトされてきたのも心強い。

そもそも日本人の源流が「東アジア」に起因しているといっても、たとえば、４世紀当時の半島人たちを今の韓国人と同一視はとてもできないわけで、そうした古代人の原像というものにも、われわれは想像力を起動し涵養させてゆく必要がある。

歴史を見、学んでゆく際には、政治的そして民族的なイデオロギーの色眼鏡ははずしてかからないと、真相を見る目が曇ってしまうものである。やはり「曇りなき眼《まなこ》」（宮崎駿監督『もののけ姫』）が必要である。歴史の「新常識」、古代史の「新常態《ニューノーマル》」というものが、すでにわれわれ日本人の眼前に到来しているわけなのだから。

第1章　渡来のリアリズム

――DNA解析が明かす「大量渡来民」史観に見合った政治状況を考える

天皇そして日本人は「朝鮮半島にルーツがある」のか？――保守派知識人のある発言

旧石器時代人たちが遥か大昔に日本列島にたどり着いて以来、東南アジアなど各地の要素を持つ渡来民たちが列島に重層的・波状的に流入し、あの豊かな「縄文文化」を担う「縄文人」が生まれてきた。そこに今から三〇〇〇年近くも前になって、南方要素を持ちながら寒冷地にも適応した更なる渡来勢力が北東アジアからやってきた。稲作技術をはじめ幾つもの新技術を携えてである。その勢力は列島の北部九州などに渡来・定住し、在地の縄文人たちとも交わり、「弥生人」が生まれてきたわけだ。結果、縄文人たちは列島の南北に隔てられ、北方にアイヌ人たちが、南方に沖縄人たちが分け隔てられた。つまり南北にその縄文系の遺伝子は強く残っている、と考えればよいだろう。

序章に記した二重構造モデルがまさにこの考え方である。そこまではだいぶ明瞭な流れになってきていたのだが、現在、話題が沸騰しているのは「その先」である。古墳時代がどのようにはじまり、古墳人がどう誕生したかという点で「パラダイムシフト」が起こりつつあるのである。

私たちは「顔貌」や「顔立ち」の差異を同じ現代日本人のなかに見出せるように、すべての日本人の顔がフィリピン人やタイ人のような南方系のそれではなく、モンゴル人や韓国人に似ている人びともまた多いことを本質的によく知っている。南方系に対して北方系が重層的に足されてきた大いなる「結果」が、こうした日本人の顔形一つを取ってみてもわかるわけだ。顔というものは一番わかりやすいので例に出したまでだが、その他、頭の形、体格・骨格といった要素も同じ日本人でも種々様ざまである。

こうした民族の多重的な融合ぶりに関して、たとえば2022年に亡くなった作家で元東京都知事の石原慎太郎は、こういう重要な、そして思いきった文章を残している。

> われわれの民族的ルーツは東西南北あちこちに散らばっている。中国、朝鮮半島はもちろんのこと、北はシベリア、モンゴルから南はポリネシア、メラネシアにまで及ぶと見られている。日本は多種多様な民族を融合して出来上がった国なのであって、天皇家も朝鮮半島にルーツがあることは、誰しもが認めているところだ。
>
> （「文藝春秋」2016年九月号「日本は『白人の失敗』に学べ」）

意外にもまっとうすぎる認識を示していて、この時「文春」を読んでいた私は一驚して立ち上がってしまったほどだった。御存じのとおり石原慎太郎はまことに保守的な論客であるというイメージがあったからである。氏が書いていたとおり、列島を取り巻くアジア世界から多種多様な人たちが重畳的にやってきて融合したのが「日本人」である。ただ、天皇家が「**朝鮮半島にルーツがあること**」を、氏がどういう経緯を踏まえて語ったのか、その了見は今となっては知る由もない。それほど「ちょっと言いすぎた感」はあるのである。その意味で、重鎮がふともらしたこのような渡来説の内情について、もっとも確からしく合理的な解釈を示すのが私の本書の役割でもあると思っている。

日本の旧石器時代と縄文時代はいわゆる「先史」の時代であって、まだ「歴史」として人間――この場合の人間とは太古の中国人のことだが――が日本列島人の事柄を書き残すことができなかった時代である。もとより日本の古い名である「倭」や「倭人」という固有名詞は、古い中国史書にもたびたび登場してきているのだが、私が本書で扱いたいと思っているのは、そうした水源をたどってゆくような倭の「起源」の探索ではなくて、「縄文＋弥生」の後に、どういう事態が引き起こされたか、という「後代」のほうの探求である。

半農半漁のような暮らしをつづけていた弥生系倭人たちも、弥生時代の後半（後漢の時代）になって、ようやっと古代の「クニ」を形成したことが伝えられている。すなわち固有名としての倭や倭人のことが史書に記録されるようになってくる。その最初が「倭奴国」であって、例の金印「漢委奴国王」を授けられた国として登場する。そもそも中国史書は日本列島の倭（倭人）について記録してきたばかりか、列島以外の倭（倭人／倭族）をも記録してきており、書きミスらしいものも含めて、「倭」は現代日本人が考える以上に東アジアで広域に存在していた（たとえば『山海経』なら「倭は燕に属す」と）。これは倭の定義にもかかわることであり、そこまで私たちもこだわることはしない。やはり、ポイントはあくまでも古墳時代の開始という〝リアル・ミステリー〟であって、これは一般に「謎の4世紀」などと呼ばれている。

本来、歴史の記録はそれがいかに古い国のものであってもある程度は一直線上に時系列で点綴《てんてい》されるものだし、事績はある程度は連続的にあらわれるものなのだが、日本古代史を考えると、そこに大いなる「断絶」が生まれている。というのも、3世紀の邪馬台国時代の「後続」の時代が途切れて、まったくの空白になってしまっているからだ。

邪馬台国といえば小学生も学習マンガなどでよく見知っている古代のクニであり、日本古代史の象徴のようなキーワードとなっている。その国の女王である卑弥呼は、当時の倭の最大勢力たる「女王国」を統治する者であって、魏に238年（もしくは239年）に遣使朝貢し、「親魏倭王」の印などをもらい受けている。邪馬台国の所在地に関しては「北部九州説」と「畿内説」のあいだでまだ論争は終結を見ていない（石渡理論では北部九州「吉野ヶ里」説を採る）。

2000年代には、纒向《まきむく》遺跡（奈良県桜井市）から相次いだ出土遺物などを追い風に、炭素14（放射性炭素14C）年代法という一見「科学的」と形容される年代測定法の結果を後ろ盾として、さもあのヤマト地方が邪馬台国の地であり、女王が都にしていたところだという「畿内派」による攻勢がかけられた。悪く言えば、あれらはヤマト中心主義を推し進めるための印象操作だと思う。しかし「九州派」の正当な逆襲もあり、今は、そこまでのヤマト中心主義の攻勢もその勢いをひそめてしまったように見える。ただ惰性的に畿内説が強く見えるだけというところであろう。纒向遺跡はどうあっても「ヤマト王権の最初の宮」が置かれたエリアというのに尽きるのである。

邪馬台国の場所がこれほど重要になってくるのはわけがあって、それによって、4世紀の「**ヤマト王権**」（ヤマト政権／三輪王朝）の成立過程が変わってくるし、限定されてくるからである。弥生時代の3世紀前半までにすでにして畿内に邪馬台国があった（「都して」いた）のならば、そこからの「直系」ではないまでも、畿内にヤマト王権が登場してくる絵図は描きやすい。ところが実際には、「畿内の弥生文化」と「畿内の古墳文化」のあいだには残念ながら連続性がないのだ。他方、邪馬台国が北部九州などの他エリアにあったのならば、瀬戸内海ルートを東進してきたいわゆる「東遷説」など、様ざまな過程を別途説明する必要が出てくる。必然的に邪馬台国論争は重要になってくる。

卑弥呼は西暦240年代に亡くなったとされており（一説には248年没）、後継だったはずの「男の王」では国はまとまらず、その後に立った卑弥呼の「宗女（卑弥呼の親戚）」である台与《とよ》（十三歳）が受け継ぐことでようやく国は安定した、と『魏志』倭人伝には記されている。この台与らしい女王については、266年（泰始二年）に、西晋（265年建国）の洛陽に遣使していることが記録されている（『晋書』に方物を献じた「倭人」と）。前後関係などを総合すれば、この倭人が台与であると見てよいであろう。そうして、こののち、413年に倭国の「讃」が晋（東晋）に遣使するまで、中国正史から倭についての記述はふっつりと消えてしまう（ちなみにこの遣使は末期の東晋に対してのものであり、420年に建国した宋に対しては、翌421年に倭の讃は正規に倭国を代表して遣使している）。

この3世紀後半（266年）から5世紀初頭（413年）にかけては、倭国という古代国家成立のためのもっとも重要な期間であったはずで、この約一五〇年間が空白になっているため――空白期が長すぎるために――多くの論者がこの謎に挑戦してきた。ただ邪馬台国の統治システムが終焉し（終焉させられ）、そこから渡来系の新王権が成立して安定するまでの長い長い「時間」が、この空白期そのものだと考えるのならば、この長さも決して不自然なものではない。皮肉なことに、この空白期が長すぎることが、畿内一系説へのそもそもの「反証」になっているように私には思われる。もし継承関係があるのならば、邪馬台国との関係なり由来なりを記紀などに正規に記せばよいだけだし、国内に流動する混乱期があったとはいえその場合の百数十年の空白は長すぎるわけで、ここが従来の在地主義の弱さの一つである。

同じように、邪馬台国にはライバルの強敵・狗奴《くな》国というクニがあって、両者に紛争のあったことが『魏志』倭人伝に書かれているのだが、邪馬台国が狗奴国との争いに勝ち、西日本や九州を統合・統一していったというのなら、そのこと、すなわち国の一系性を正史にきちんと書き残せばいいだけのはずなのだ。にもかかわらずそうした記録がないことが、「国のかたち」の正統性に何か問題点もしくは「委曲」があったのだと推理せざるをえない。同時に、両者間の争乱ぶりを象徴するような遺跡・遺物、すなわち証拠もないことが、この時代の征服戦争が記録に残りづらいものであることを証しているとも言えるだろう。

ヤマト王権の誕生〝9パターン〟――「ポスト邪馬台国」像の描出が歴史家の真骨頂

畿内で4世紀半ば以降に出現したと思われるこの「ポスト邪馬台国」たる新しい「ヤマト王権」の形成過程に関しては、われわれ石渡派は、半島勢力が中心となった「征服王朝」としての崇神王統を軸に考えてきている。邪馬台国が弱体化していたなかで、朝鮮半島南部の海岸部をも含む加耶地方のとくに金海周辺で力を保持していた政治勢力が、北部九州から上陸して邪馬台国を滅ぼし、その勢いのまま西日本を瀬戸内海寄りに東遷し、奈良盆地（大和盆地）東南部にヤマト王権を成立させた、という流れである。この「東征」はもちろんのちの神武東征神話の元ネタにもなったはずだが、途中の出雲や但馬・丹波などまで制圧できたとは考えていない（これら地方に対しては、のちの統一事業があったはずである）。

崇神天皇は第十代の天皇だが、初代の神武天皇から第九代の開化天皇までは、実在していないと考えるのが通説なので（「欠史八代」）、あっさりと割愛する。ただその分、私たちは神武やら開化などに、実在のモデル人物が反映されているという考え方は採っている。私たちがかなり自信を持ってこの渡来王朝説を推しているのには明確な理由があって、このところのＤＮＡ解析の研究報告が「古墳時代の大量渡来」を告げているため、従来の古代国家形成過程のパターンがその事実に合致してこないことを「知っている」からである。もっと言えば、それに合致するものが石渡による「渡来説」のパターンしかないと見抜いているからでもある。以下に示すように、この古墳時代に人びとの流入と定住があったという一事実が、畿内に王権が形成されたという幾つかの「従来説」の過程パターンに関し、どう矛盾し背理してしまうのか、その結果、所説はどの方向へと変わってゆかざるをえないのかを見てみよう。

以下、ヤマト王権の誕生パターンの羅列である。ポスト邪馬台国における古代国家形成過程の描出こそ、歴史家の腕の見せどころであり、真骨頂なのであるから。

① 畿内の在地勢力（弥生人）が、女王国（邪馬台国）を建設↓　北部九州や瀬戸内の勢力ものちに

制圧し、そのまま畿内のヤマト王権へと成長（邪馬台国畿内説＋ヤマト中心主義の定番）

② 北部九州や瀬戸内、近畿などの在地勢力（弥生人）が、邪馬台国を畿内に協同で建設 →畿内のヤマト王権へと成長（畿内一系ではない、西日本からの集団が伸長・連合し、ヤマトの邪馬台国へと新生。新生説・首長連合説の一種）

③ 北部九州の在地勢力（弥生人）が女王国（邪馬台国）を建設→ 東遷して、畿内の在地勢力（弥生人）を制圧 →やがてヤマト王権へ（邪馬台国東遷説。西暦300年前後。北部九州の弥生文化と畿内の前期古墳文化で少し共通点がある）

④ 北部九州の在地勢力（弥生人）が東遷して、畿内の邪馬台国（弥生人）を制圧→ やがてヤマト王権へ（北部九州勢力東遷説と邪馬台国畿内説のコンポ）

⑤ 畿内の在地勢力（弥生人）が、北部九州の邪馬台国（弥生人）を制圧→ 満を持してヤマト王権へ（畿内一系説の亜種だが、邪馬台国九州説への視点があるヴァリエーション）

⑥ **渡来勢力（半島出自）が北部九州の邪馬台国を制圧して（4世紀半ば）、北部九州から西日本～畿内を制圧→ やがて畿内のヤマト王権へ**（石渡説。DNA解析による「古墳時代の大量渡来」を説明可能にする理論。征服主体は崇神。江上の騎馬民族説では、畿内への4世紀後半という渡来時期と馬匹文化の考古学的な実情が合致せず）

⑦ 渡来勢力が畿内中心の邪馬台国を制圧する→ そのままヤマト王権へ

（⑥のヴァリエーション。邪馬台国畿内説を生かす場合で、石渡説とは異なる）

⑧　渡来勢力（狗奴国として勢力伸長するも後退、南九州で再興）が北部九州の邪馬台国を一掃して九州を制圧（3世紀後半）↓　畿内の在地勢力（原ヤマト国家／仲哀天皇）による九州遠征軍との戦いに勝利（4世紀後半）↓　そのまま応神～仁徳によるヤマト王権へ

（水野祐説。征服主体は応神。仲哀の九州での戦死事績を取りこんでいるうまさがあった。渡来勢力の列島渡来は紀元前後より前で、紀元前2世紀と古い）

⑨　渡来勢力が弥生期～西暦200年のいずれかの時点に渡来し、北部九州で勢力を拡大↓北部九州の（もしくは畿内の）邪馬台国との戦いを経て、畿内を制圧↓　やがて畿内のヤマト政権へ

（渡来勢力の渡来時期が弥生時代の後期。弥生勢力による倭国の誕生となるために、「古墳時代人の大量渡来」がない。江上説とは異なる幾つかの王侯文化渡来説のモデル）

——細分化すればもっと諸説を並べられるのだが、このぐらいにしておこう。読者の皆さんもきっとさらなる複数の「ヤマト王権の誕生」の物語をお読みになったことがあるだろう。

従来どおり、「原日本人」が、「縄文＋弥生」のみをルーツに持つとされているかぎりなら、こうした説、説、説……が提起されてきたのもわからなくはないのだ。しかし、そうした「従来説」（典型的には①や②）には、ここに来てはっきりと問題点、つまり「欠点」が生じてきた、と言える。それが述べてきたような「古墳時代の大量渡来」（しかも「東アジア」系の勢力という特徴さえある）の見込みが高まってきたことであって、その事実と整合するような説を、新規に古代史学界は立ち上げ

る必要がある。立ち上げるまでもなく、学界が素直に石渡説を公然と召喚するぐらいの度量を持てばよいだけではあるのだが。

まず、①を見てみよう。畿内の在地勢力（弥生人）が、女王国（邪馬台国）をヤマト地方に建設したとする場合、具体的には唐子《からこ》・鍵遺跡のような奈良県を代表する大きな「弥生遺跡」が「プレ邪馬台国」としての雛型になったことであろう。そこから、あの「纒向遺跡」内へと邪馬台国が発展的な解消を遂げたという流れができてくる。この纒向遺跡の広範囲な敷地内には、箸墓古墳（桜井市大字箸中）をはじめとして、ホケノ山古墳（同）、纒向石塚古墳（桜井市大字太田）、勝山古墳（桜井市大字東田）などの重要な古墳時代初期の古墳が集積して所在しており、一大遺跡としてこの二〇年以上ものあいだもっとも日本で注目を浴びてきているエリアだ。この遺跡を含む奈良県東南部、三輪山西麓の桜井市、橿原市などのエリア（いわゆる「ヤマト」の地）を重要視し、そこでこそ邪馬台国からヤマト王権へと継続的に発展していった、というのが旧来の「畿内一系説」である（寺沢薫の概念分けで言うところの「継続・一系説」）。しかし、これは言うまでもなく古墳時代の大量渡来という客観的因子がなかった時代にのみ通用した理論であり、2024年現在となっては、そうした科学的な研究をひたすら無視している所説となってしまっている。その大量の「渡来民」の存在をスルーし、いわゆる昔の「帰化人」、今日の「渡来人」としてのみ都合よく捉えようとしている点で、もう無理がある。

なお、①のヴァリエーションとして、寺沢薫による畿内説のもう一つのパターン＝「断絶・新生説」もある。それが②だが、私にはレトリック（修辞）としか響かなかったし、結局は同じように見えてしまうところなのだ。ただ、唐子・鍵遺跡のような遺跡の首長層がそのまま邪馬台国のトップに立ったのではなく、畿内各地の首長層たちのあいだで新規に首長連合体制が立ち上がった、というふうにその「差異」を解釈できなくはない。しかし①でも②でも、首長層の出身が畿内や吉備勢力であるかぎり、「東アジア」祖先の「成分」は増加しようがないではないか⁉ このように4世紀にさらなる渡来勢力（第三のDNA）が流入しないことには今の原日本人にはDNAレヴェルで到達できない点で、従来説は決定的に弱く、それこそ無効になっている。

大量渡来民「なし」では列島日本人の人口が足りない⁉

大量の渡来民——という話を私は観念的に語りすぎているかもしれない。ここで、私の前著を読んでおられない方も多いと思うので、この渡来民の驚くべき「数量」についての試算を簡略にそして凝縮して示しておきたい。

埴原和郎は、人口統計を扱った沢田吾一の台帳を基礎にした試算と、それを援用した小山修三の試算のうちから、弥生時代初期（BC3世紀）の「縄文人」の人口初期値＝「**七万五八〇〇人**」という貴重な数字を取り出し、ちょっとスゴい推計結果を示したことがある。この場合の縄文人とは、初めて列島にやってきた渡来民たちの子孫も含めたその時点での「在地系」の住民というぐらいに考えてもらえばわかりやすいと思う（実際の弥生時代の開始時期はもっと古いが、そこは脇に置いて見てもらいたい）。

この計算の妙は、奈良時代（8世紀初頭）の日本の人口が「**五四〇万人**」（縄文人＋渡来人）にまで増えたという研究結果を使って、逆算的にシミュレーションを行なったことである。BC300～AC700年まではちょうど一〇〇〇年間。この間の人口増加率は、私の計算だと〇・四三％にもなってしまい、世界各地の古代社会において、これほど高い人口増加率はない。そこで埴原は人口の年増加率を仮に、〇・二％や〇・三％としてみて計算し直した（古代最大レヴェルのイングランドでも〇・一％らしいので、これは妥当であった）。実感を持ってもらうために言うと、8世紀初頭の日本列島にもし五四〇万人の人口があったとして、そこから一三〇〇年後の西暦2000年には国内人口は一億二七〇〇万人に膨れ上がったわけであり、この増加率は私の試算で〇・二四％弱というところである。食糧事情と栄養状態、衛生・医療技術の進化を踏まえれば、古代の〇・二％の増加率ですらえらく高くは感じないだろうか？

それで結論から言うと、〇・二％でもし増加する場合で、BC300年時の初期値の人口（七万五八〇〇人）は一〇〇〇年後に五六万人にしか達しないのである。言い換えれば、一〇〇〇年後の総人口の五四〇万人からこの五六万人を差し引けば、四八〇万人となり、この数が弥生時代以降の「渡来者の子孫たち」の人口でなければならないのだ。縄文人のみのいわば「純系」が増加しただけではそんな少ない人口数にしか変化しないのだと。むろん実際は、混血・通婚が異世代間も含めて複雑に行なわれているはずなので、縄文人たちも純系で増えるわけではないし、それは弥生渡来人たちも同じであるのだが、とにかく渡来者数がたいへん大きな数にならざるをえない、ということがこれでわかるだろう。渡来者たちが思いのほか大量に流入してこなければ、奈良時代の総人口五四〇万人にはとうてい到達しえないことが明らかである。

（直接）渡来者数（BC300 年以降は弥生系、300 年以降は加耶系、500 年以降は百済系）の西暦 700 年時の人口増加予想

ＢＣ３００年	一〇万人	→	七三万七〇〇〇人
ＢＣ２００年	一〇万人	→	六〇万四〇〇〇人
ＢＣ１００年	一五万人	→	七四万二〇〇〇人
１年	一五万人	→	六〇万七〇〇〇人
１００年	一〇万人	→	三三万二〇〇〇人
２００年	一〇万人	→	二七万二〇〇〇人
２５０年	一〇万人	→	二四万六〇〇〇人
３００年	一〇万人	→	二二万二〇〇〇人
３５０年	一五万人	→	三〇万二〇〇〇人
４００年	一五万人	→	二七万三〇〇〇人
５００年	一五万人	→	二二万四〇〇〇人
６００年	一五万人	→	一八万三〇〇〇人
６５０年	五万人	→	五万五〇〇〇人

渡来者の合計（子孫含めず）**一五五万人**（〇・二％の増加率）　**→**　渡来系の人口合計（子孫）**四七九万九〇〇〇人**

一五五万人（のうち３５０年以降の直接渡来者はうち、**六五万人**（一五万＋一五万＋一五万＋一五万＋五万）

　実は私は、この埴原シミュレーションに対して、数値を別様にいじってみて、四八〇万人の渡来者系人口が西暦７００年時に存在するためにはどのような渡来状況がありうるのかと、幾つかの計算をやってみた。たとえば極端な形として、紀元前３００年時点にどのぐらいの渡来者が最初にいれば、一〇〇〇年後に四八〇万人に達するか、というような計算が一つ。これは、私の試算では弥生人の初期値は約六五万人であった。縄文人の初期値の七万五八〇〇人とのあまりに大きな差は明確であろう。ただしこの初期値の意味は「弥生時代の紀元前３００年一月一日に六五万人が一斉にやってきている」――という途方もない仮想の結果なので、現実味はない。だから、そこから一歩進み、たとえばだが紀元前１００年や、西暦１００年、西暦３００年などの各年次の元日に、それぞれどれほどの渡来者数が来ていたものなのかも逆算してみた。その結果が、以下である。

　つまり私のシミュレーション結果だと、一〇〇〇年

間における直接の渡来者数は一五五万人という数にのぼった。西暦350年以降は、「古墳時代」の渡来者というふうにカウントし、やや恣意的だが、**250年**（半島に騒乱があった時期）や**350年**（楽浪・帯方両郡の滅亡後、金官加耶系の渡来王が倭にやってきた時期と仮定）などは政治史的な事件があったのであえて五〇年で刻み試算している。「↓」の右側の数値は、その左の直接渡来者が純粋にその集団内で増加していった場合、西暦700年時に何万人に達しているかを示している。そしてその全合計は四七九万人余となった。

この合計値の四七九万人余が埴原研究の四八三万九八〇〇人と近似しているのはもちろん当然で、私がそうなるように目的的かつ恣意的に計算を練ったからであって、驚くにはあたらない。この計算に面白さがあるのは、埴原が弥生前期から奈良時代にかけての一〇〇〇年間で一三〇～一五〇万人の渡来者があったとする説を説いていたので、その検証のため、渡来者数の「子孫」はあくまで含めず、直接渡ってきた人びとの概算を出すために、四八三万九八〇〇人に沿うようにおよそ一〇〇年単位ごとにばらけさせて逆算をしてみたことだ（その私の計算結果は一五五万人だったというわけ）。これらの人口増加に関しては、「自然増」ではなくて「社会増」として捉えざるをえず、移民政策のような政治的な事象があったと見て取るほうが自然であろうと、私は強く言いたいのだ。

肝要なのは、初期値の約七万人（縄文人）の人口だけでは、とうてい一〇〇〇年後にだって五十数万人にしからならず、どう考えても、「**弥生渡来者＋古墳渡来者**」という大量の渡来者がいなければ、「日本人の人口問題」は跡づけられることができないという点である。われわれ日本人の御先祖たちとしての弥生人そして古墳人が海を越え、大陸という外部からやってきたその事実を――彼らのためにも——忘れ去るわけにはゆかない。こうした事実を、「畿内一系」で日本は発展してきたというヤマト中心主義の理論では取りこむことができないのだ。

「東アジア」系の成分を持つ人びと——「古墳人＝現代人」の衝撃！

さらに言うと、埴原説とは別に、その後のミトコンドリアDNAの解析、Y染色体の解析、そして先行する両者よりも情報量が多い核DNAの解析によって、縄文、弥生といった節目の時期に、大量の渡来民が日本列島にやってきていたことは、もはや否定のしようがなくなっている。

そして、近年の研究のうちでもっとも興味深いニュースが飛びこんできたのが、2021年の秋だった。金沢大、鳥取大などの研究チームが米科学誌「サイエンス・アドバンシズ」に発表した研究報告のことである。研究チームは、の「縄文人」（約九〇〇〇年前）や「古墳人」（約一五〇〇年前）などの一二体のDNAを解読。「弥生人」二体のデータと比較した結果、弥生人は、中国東北部の遼河流域など北東アジアで見られる遺伝的な特徴を持ち、縄文人と混血していることが確認された。一方、古墳人は、弥生人が持っていない「東アジア人に多く見られる特徴」を持っていた。さらに肝心なところで、現代日本人は古墳人の遺伝的な特徴（ゲノム配列）を受け継いでいることも判明したのである（グラフ参照）。

ここで強烈なのは、「古墳人」には、アジア東北部の要素よりも、「東アジア人の特徴」が強いと結論づけられていること。これは石渡理論で言うところの古墳時代の大量渡来の内実、まず「加耶系の集団」（4世紀前中盤）、次いで「百済系の集団」（5世紀後半）が遺伝的に作用したのではないかと

日本人ゲノム(遺伝情報)の変遷

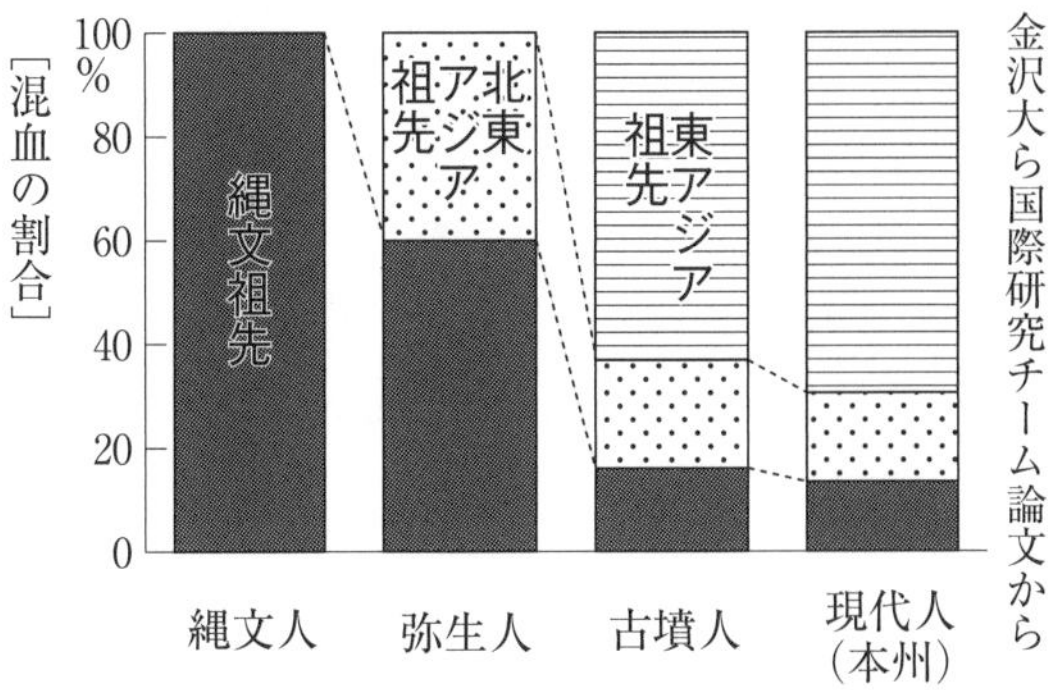

察することができる。むろん半島民たちは楽浪郡・帯方郡の漢族たちとも混血しているはずだ。

この研究結果が特筆されるのは、弥生人が「原日本人」であったという場合なら、従来の「ヤマト派」たちの「苦しい見解」――弥生時代の原日本人たちが邪馬台国経由でヤマト王権を建設した――もぎりぎり成立しなくもなかったものの、古墳人には「東アジア人」ならではの特徴が加わっていてそれがのちの「原日本人」だという研究がズバリ出されてしまうと、古墳時代における大量渡来（政治的渡来／社会増）という事実をもはや覆すことはできないだろうという点だ。やはり弥生末期から古墳時代にかけて何が起こったかが日本古代史の焦点であって、そこにスポットライトをあてるべきなのである。弥生末から古墳時代への接続について、これまで石渡理論の先見性を踏まえて私たちは仮説を展開してきたが、こんな遺伝学上の事実と整合できる史観などほかにあるわけもなく、現状、石渡理論ぐらいしかこの理化学データに合致しうるものはない。

研究論文を実際に読んでみて一番印象的だったのが、各時代人（縄文人、弥生人、古墳人、現代人）四者のＤＮＡ構成要素を伝える棒グラフの驚異的な結果だった（四種の admixtured proportion「混合比率」をめぐるもの）。見てのとおり古墳人と現代人でそれぞれの「混血の割合」は同じようなものになっている。

こうなってくると〈弥生時代の延長線上で、当時の中央豪族（もしくは地方豪族）の王が勢力を伸長して、そのままヤマト王権を誕生させた〉というわけにはもうゆくまい。まったく別のインパクトとしての「第三の成分（ＤＮＡ）」が弥生末から古墳時代にかけて外来してきたことを考慮せざるをえないはずだ。

この場合、東アジア祖先という言い方が微妙なところで、常識的に考えれば、中国（東北部除く）と朝鮮半島から来たというところである。北東アジアはそこには入っていない。概念としての「北東アジア」はむしろ弥生人との親和性が強いと報告されており、ここの「東アジア」という言い方はずいぶん限局される。「縄文＋弥生」でできたとされる二重構造モデルではなく、そこに「＋古墳」の三重構造がやはり原日本人成立の真相だと、補強された具合だ。ここまではっきりと古墳時代の東アジア渡来集団の存在を結論づけてきたのは鋭く、古代史を追走する者にとっては貴重な報告だった。

そこで、こうした研究結果も踏まえ、私も渡来民史観を微調整してゆく必要を認めた。というのも、先に掲げたように、約五四〇万人という8世紀初頭の全日本列島人の人口のうち、縄文系は五六万人で渡来系は四八〇万人だったと埴原は語っており、同じ数値を使って、私もデータを処理して推計してみたわけだが、これをこの国際研究チームの研究結果に沿うように改めなければならない。ポイントは「古墳時代の直接渡来者」の数だ。

そこでまずデータを振り返る。古墳時代の開始時期を私は4世紀前半あたりからと見ているので、先の「表」にあるように、350年以降の古墳人（正確には直接渡来者）の合計は約六五万人（一五万＋一五万＋一五万＋五万人）であり、その直接渡来者が来て、8世紀初頭ではその子孫たちは約一〇四万人にふくれたことになる。すなわち、比率は、

縄文人　五六万　：　弥生人系　三七六万（うち東アジア系四七万）：　古墳人系一〇四万

というところで、およそ「**一：七：二**」の比率であった。ここからが「読み替え」だ。3世紀後半の動乱の半島情勢（後述）の厳しさゆえに、200年代に早くも日本列島にやってきていた「東アジア」系（楽浪・帯方系の漢族や韓人）の人びとがいたことが勘案されることから、国際研究チームの対比に合わせて数合わせをやってみた。上記のように、弥生人系三七六万人のうちの四七万人（250年と300年のデータの足し算）は、この際、弥生人ではなく、「東アジア」系要素として「古墳人」にカテゴライズしたほうがよいと考え直した。それゆえ「五六万：三二九万：一五一万」がより正確ということになる。

ところが、だ。先述した研究チームの報告をそのまま受けると、縄文時代の縄文人をかりに「一〇」とした際、弥生時代の日本人の組成は「縄文 三　北東アジア 七」というアンバイになるというのだが（これは従来の「常識」の範囲内か）、それが古墳時代となると「縄文 一　北東アジア 三　東アジア 六」と、およそ「**一：三：六**」ぐらいの比になる。つまり圧倒的に「東アジアの血」が濃く出てくるようで、私のシミュレーション結果では、まだ全然といってよいぐらい「古墳人」の成分

（直接）渡来者数と西暦700年の「その後」（補正・仲島案）

ＢＣ３００年	五万人 →	（７００年時に）	三六万九〇〇〇人
ＢＣ２００年	五万人 →	（以下同）	三〇万二〇〇〇人
ＢＣ１００年	五万人 →		二四万七〇〇〇人
１年	五万人 →		二〇万二〇〇〇人
１００年	一〇万人 →		三三万二〇〇〇人
２００年	一〇万人 →		二七万二〇〇〇人
２５０年	二〇万人 →		四九万一〇〇〇人（半島動乱によって、弁辰狗邪国や倭が再編。亡命者・移民も増える）
３００年	二〇万人 →		四四万五〇〇〇人　高句麗の圧により、楽浪郡・帯方郡も風前の灯で、漢族の移民も増加）
３５０年	三〇万人 →		六〇万四〇〇〇人（崇神天皇による三輪王権→加羅勢力による列島への移民。二郡亡命者も）
４００年	三五万人 →		六三万七〇〇〇人（加羅系の三輪王朝から倭の五王の時代へ　加耶系・百済系ともに）
５００年	三〇万人 →		四四万七〇〇〇人（武＝昆支による百済王権へ　百済渡来民の割合が激増へ）
６００年	一五万人 →		一八万三〇〇〇人（技術官僚たちも「渡来人」として大勢渡来する）
６５０年	二〇万人 →		二二万一〇〇〇人

縄文人　五六万　：　弥生人系　二六六万（うち東アジア系　九四万）　：　古墳人系二〇九万

（具体的には数）が少なすぎるのだ。私の数値ではこのＤＮＡ解析における比率に達せず、弥生系渡来人（北東アジア系）の比率が多くなりすぎている。

　半島系を中心とした古墳時代の直接渡来者を私は**六五万人**と見て取って計算してみたが、東アジア系の直接渡来者はもっと数十万単位で多かったのかもしれないと気づき、シミュレーション自体をやり直さざるをえなかった。まず「渡来民の数」を変えてみて、紀元前の弥生期の渡来数を少なくし（たとえばだがＢＣ３００年の「一〇万人」を「五万人」へ減らす具合）、古墳時代前後（２５０、３００年～）からは渡来者数を増やして、再度、新しいシミュレーションを出してみたのが、上の補正された推計結果である。

　西暦２５０年以降には、めぼしい歴史的な事績を参考に書いてみた。そうして、これでやっと、「一：五：四」の率になった具合である。これでもまだ北東アジア由来の弥生人系が多いけれど、説明したように、弥生系の人口二六六万人のうち九四万人（２５０年と３００年の渡来者の子孫数の合算）はすでに「東アジア」系と言ってよいので、それを古墳人に移し入れて再計算してみると、比は「一〇：三三：五七」となる。とすると、およそ先般発表された「縄文 一 北東アジア 三 東アジア 六」という混血の割合（「一：三：六」）にようやく近づいてきた。とにかくこうして計算を何度かトライしてみると、西暦200年以降の渡来者たちの数を増やさないかぎり、なかなか小さな人口増加率では増えてゆかないのが実感だった。自然増ではなく、やはり社会増を考えるしかないということ。むろん、五万単位で渡来者数を刻んだり、始点をBC300年に設定したりと、問題（ツッコミどころ）は少なくないのだが、ひとまず他の研究者の過去の研究ベースに乗っかっているので、そこは御容赦いただくとして、概算値はこれで出た。

調査数は少ないとはいえ、客観的データとして、現代人と古墳人のDNAレヴェルの組成は近いということが明らかになった以上、それが不動の真実だとすれば、表のとおり古墳時代（350年以降）だけでも直接渡来者は**一三〇万人**であって、それらが列島にやってきていると考えざるをえない。そのぐらい「東アジアの血」が多く濃くならないと、現代日本人の組成には近づかないというわけである。日本人に一般知識として知っておいてもらいたい科学的事実である。

渡来説の復権――「弥生-古墳移行期」というニュー概念

ここで、先に掲示した、ヤマト王権の「誕生パターン」を改めて検討してみよう。

るる述べてきたその渡来者数をイメージしながら研究チームによる結果を考えれば、こういうことが証し立てられる。すなわち〈ヤマト地方にあった邪馬台国がそのままヤマト王権に成長して、大化の改新と壬申の乱を経て、律令国家になった〉――などというヤマト中心主義の通説は、大陸からの移動・定住がまったく考慮されていない分、金輪際ありえないということである。移住による人口増を考慮せぬ史観はすでにフェイクのような一仮説にすぎない。かくしてヤマト中心主義的な記紀史観は崩壊した。日本古代史をめぐる教科書史観はまったくのやり直し、となったわけである。

論文では「弥生―古墳移行のあいだに、朝鮮半島からのもっとも確からしい（可能性のある）、日本への新しい大規模な移住があったこと」を考古学的証拠も支持している、と書かれていた。この「**弥生―古墳移行期**」during the Yayoi-Kofun transition」という英語による表現は、日本の研究では言及されることのなかった決定的なキーワードになるはずだ。もともと弥生時代と古墳時代に部族的・人種的な断絶は「ない」とされていたのがヤマト中心主義史観の常識なので、このような概念は学界に浮上することがなかったのである。以後、私たちも重視してゆきたい「パワーワード」だ。言い換えると、「弥生―古墳移行」中に大変化が起こったと考える史観・所説のみが再浮上できるというわけである。石渡しかり、江上、水野も含めて、広義の渡来説の大いなる「復権」がまた一つなされたということをこれは意味する。むろん先にも述べたとおり「騎馬」の要素は時期的にまだ薄いし、ツングース系の要素は列島ではだいぶならされて中和されているかもしれない。

邪馬台国はそもそも弥生時代の弥生人の話であり、あの研究報告の「肝」は、弥生時代と古墳時代のあいだのDNAレヴェルでの「断絶」と言ってもよいほどの差異を唱えているわけであって、そこの明瞭な断絶について説明可能な理論でなければならない。前方後円墳を築造したのちのヤマト勢力は、この東アジア系の渡来勢力にほかならない。

晩年の石渡は、半島を駆け抜けた辰王系の王族が日本列島にやってきたことを大々的に展開した

（私はそこを微調整した「より穏当なモデル」も構築した）。大量渡来が弥生末期から古墳時代の列島にあったかぎり、石渡説のように、そこに政治的な動きがあったと見るのは当然のことである。その王族集団こそが渡来民の中心にいて、大量の同胞を招来したのだ。まさか西暦300年前後における大陸・半島からの渡来民たちのことが、このように正規な研究で語られる時代が来るとは思っていなかったので、その点では感無量である。ただ遺伝学の研究者たちは、3世紀頃からの半島情勢などとからめて、当時の政治的な「絵図」を語って解くことまではしないわけで、そこを担うのが私たちの「領分」になると考えている。渡来の「時代」と「場所」、そして「渡来者の主体」において、しかるべき妥当性のある史観を以下、提起してみたい。

弁辰狗邪国と倭――3世紀の半島南部、消失したクニとは？

世の古代史ファンには、そんなわけで、この3～5世紀の倭韓情勢に改めて注意を向けてもらいたい。重要なことは、「渡来のリアリズム」を追求し、再現することだと思っている。予告的に言うなら、ここに来て、加羅系のそんな「**渡来王**」として**崇神天皇**を押し出してゆく。その渡来王が4世紀の前半に半島南東部から渡海してきて東遷し、やがてヤマトの三輪山西麓に王朝を開いた――という成り行きになる。さらに金象嵌の**七支刀**《しちしとう》（国宝／石上《いそのかみ》神宮所蔵）に彫られた銘文の固有名「**倭王旨**（シ／ムレ）」を崇神の本名（別名）として付加することができる。デリケートな朝鮮半島情勢とからめて、「三輪王朝＝ヤマト王権」の設立の概説を、ここから見渡してみよう。

4世紀の渡来の前段階として、3世紀の半島情勢を確認する必要がどうしてもある。日本列島内に邪馬台国が勢力を拡大させていた3世紀前葉、朝鮮半島の事柄は**『魏志』韓伝**や**『後漢書』韓伝**に記録がある。この時代、後漢の出先機関・帯方郡（ソウル付近か／204年～）が公孫康《こうそんこう》によって楽浪郡から独立するような形で成立し、半島南部に監視の目を光らせていた。まずこれらの関係地域の地理的位置を再確認しておこう。

『魏志』倭人伝では帯方郡から倭に到達するルートとして、以下のように描かれている。「帯方郡から倭に到るには、海岸に沿って水行し、韓の国をへて、南し東し、その北岸の狗邪韓国に到る」というものである。「その（倭の）北岸」とは海を隔てた倭の「北なる対岸」に狗邪韓国があるということ。この狗邪韓国の位置は現在の慶尚南道金海《キムヘ》市であり、東に隣接する釜山《プサン》広域市とともに、古代の加耶地方の中心部だった。

その先の対馬に関する描写では、海産物で自活し、船に乗って南北の市場に向かうと記され、当時、対馬海峡の南北の陸をつなげる商業・生活ルートが保たれていることがわかっている。「倭」の人びとが弥生時代の中後期以降、対馬海峡をまたがって盛んに南北に動いていたのはまちがいない。

他方の『魏志』韓伝では、《韓は帯方の南にあり、東西は海をもって限りとなし、南は倭と接す》とある。すなわち「韓」の南に倭が地続きで接し、位置している、という。この『魏志』の「韓伝」とは**馬韓**《ばかん》、**辰韓**《しんかん》、**弁辰**《べんしん》（**弁韓**）のいわゆる「**三韓**」（「原三国」）の総説を語りつつ、最初の馬韓にもふれているもの（その次に、辰韓条、弁辰条がつづく）。

また編纂時期がより後世の『後漢書』韓伝でも、馬韓はその北は楽浪郡と接し、その南は倭と接していると明解に読める（馬韓と楽浪郡とは地続きなのだから、南のほうも倭との地続きは確定的）。

その『後漢書』韓伝の先では「弁辰」の地理についてもふれられている。この弁辰はおよそ今の慶尚南道とその北側に相当する地に位置しており、加耶地方とイコールと考えればよい。そこでは《弁辰在辰韓之南、亦十有二国、其南亦與倭接》とあって弁辰は十二国を有し、弁辰の南は倭と接していることが本文で明らかだ。すなわち倭は馬韓の南側のほかにも弁辰の南側とも接していたことになる。

さらに『魏志』韓伝の弁辰条では、わざわざ弁辰諸国のなかの一国「弁辰瀆盧国《べんしんとくろ》」の名前を出し、弁辰瀆盧国が倭と「界を接している」ことを強調している。このトクロの字からして釜山広域市における東萊《とうらい》（トンネ）に比定されている国だ。この「金海と東萊」は南流する洛東江《らくとうこう》をはさんだ「西と東」の下流域（とくに河口部）に発展してきた。金海市周辺は沖積平野であって、その北部にある進永と金海市西隣りの昌原《チャンウォン》市を含んだこの一帯は古代からの肥沃な土地だった。これら地理的な諸情報を無矛盾に解釈するなら、弁辰狗邪《くや》国（金海）の東隣りに弁辰瀆盧国（釜山の東萊地域）が位置するはずで、弁辰狗邪国の南部も倭と一部で接せざるをえず、もしくは言って、融合していた節がある。

このように、『魏志』韓伝らを読むかぎり、どうにも倭と韓地は「陸つづき」のイメージなのだ。これらを素直に解釈すれば、まず『魏志』韓伝において、半島の東西には「海」が意識されているのに対し、南の海（朝鮮海峡／対馬海峡）のほうは意識されておらず、半島南部にはどう考えても倭の領地が横たわっているようにあえて描写されている――。

「倭」は列島内の西南部のみではなく、朝鮮半島の南に（も）存在していた、あるいは半島に（こそ）存在した――ということにならざるをえない。他方の『魏志』倭人伝のほうでは、韓と倭（倭人の国）は絶対的に海を隔てているイメージで、こちらはあくまで「倭人の国」としての「列島の邪馬

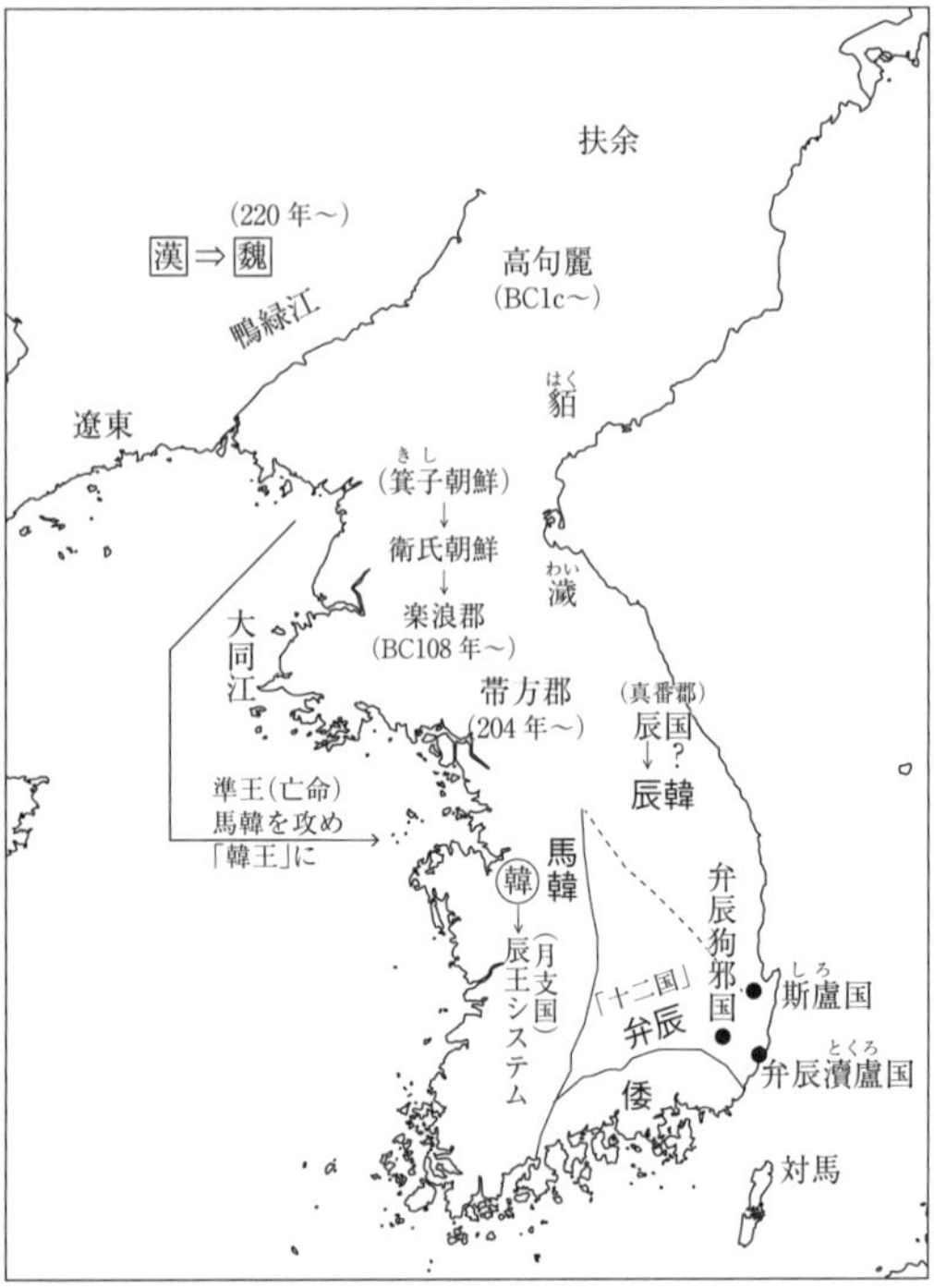

三韓時代の半島勢力図（南岸に「倭」）

台国」を指し示している。つまり、地理情報は矛盾し錯綜しているわけではない。3世紀代、倭は半島南部にも厳然と存在していたことを改めて世の日本人に銘記してもらいたいのである。

次いで、弁辰狗邪国に関して。ここに小さな「謎」があるので、一つ解き明かしをしたい。

というのも、『魏志』韓伝のほうでは「弁辰狗邪国」と表記されるのに対し、『魏志』倭人伝ではそれが「狗邪韓国」と書かれており、表記に異同があるのである。たとえば、「月支国」が『後漢書』で「目支国」と書かれていることや、『魏略』の「拘邪韓国」という表記のように狗と拘の差異があるようなものは、古代の筆書きならではの異同ですまされるが、この両者に関してはそう流すわけにはゆかない。これについて、私はこう考えている。通常、『魏志』韓伝の**弁辰狗《く》邪《や》国**と『魏志』倭人伝に登場する**狗《く》邪《や》韓国**はもっぱら同一視されるのが研究者の前提となっている。だが、私はそこを切断し、両国は同一の国ではないというふうに断案したい。両国には「時代差」があり、場合によっては領土にも差があるはずではないのかという問いを立てたいのだ。すなわち、あえて、「弁辰狗邪国 ↓ 狗邪韓国」という時代差を考慮するのである。

この弁辰狗邪国と狗邪韓国の時間的な前後関係というのは、史料の考査から私が得たものだ。たとえば『魏志』韓伝を読むと、「中華」たる魏からより物理的に近いせいか「韓」をめぐって『魏志』倭人伝よりもより古くからの事象が綴られている印象を受ける。しかし倭人伝のほうは卑弥呼の死からその先の台与を立てた件までの「新しい時代」を書きこんでおり、『日本書紀』神功《じんぐう》紀引用の晋《しん》『起居注《ききょちゅう》』における西暦266年時の「女王」の記述がこの台与の事績と対応しているはずなので、3世紀後半に至るまでの出来事が倭人伝では記録されフォローされていたと、後ろ（後年）に時間軸を伸ばすことができるはずだ。つまり韓伝よりも倭人伝のほうが時間軸の射程が「後代」に伸びていると私は見ている。

ほかにも『魏志』韓伝では半島勢力と魏とのあいだの紛争が描かれるのだが、その終結（246年）が政治事件史をめぐる最終記事であるように読めるため、記述内容の範囲と期間がより前がかり（古い）と判断されうる。こうした時間差からも、弁辰狗邪国と狗邪韓国の二国とでは、狗邪韓国が時代的に後方（だからこそ国号を変更した）と私は考えるのである。

この視座から新しい切り口をさらに見て取ることが可能だ。それは、倭人伝に記されている「狗邪韓国」時代には、半島南端にはもう「倭」の姿はどこにも見えないという重大な事実である。ここに言及している所説を私は聞いたことがないので、とくに強調しておきたい。これも「弁辰狗邪国から狗邪韓国へ」という時間的な進み行きが背景にあることを思わせる証左である。実際に、「狗邪韓国」がどう国家形成をしたかについての具体的な記述は、史料には述べられていない。ただただ『魏志』韓伝の情報では、「弁辰狗邪国と倭（半島南岸の倭）」が同時存在しているような〝歴史地図〟をわれわれは史料上に想像することができる。しかしながら両国の「その後」を描いたはずの『魏志』倭人伝の記録に至るまでのあいだには、おそらく十数年の時間的空白が生じていて、結果的に倭人伝では、半島南岸において南岸の倭は〝消失〟してしまい、狗邪韓国のみが存在している状況が時を隔てて見えるだけなのである。史料を素直に解釈するかぎり、「弁辰狗邪国＋倭＋α」（『魏志』韓伝）が「狗邪韓国」（『魏志』倭人伝）という一国へと合流し拡張していったという成立過程が推察されるわけなのだ。

つまりは半島南岸の倭は一国に合流し、集約されたために、消失点《バニシングポイント》となった。結果、引き算で残った日本列島の倭人の国のみが国際的な「倭」（邪馬台国が主導の）となった——という見立てがこれで可能になる。時代差も踏まえ普通に考えて、弁辰狗邪国の再編勢力が南岸の倭を吸収した、もしくは合作したのに相違ないのだ。つまりこの倭と合併したかに見える「狗邪韓国」が、次代＝古墳時代における「渡来の主体」となってゆくわけである。

三韓時代——王としての「臣智」と「辰王」統治システム

次いで、そうした弁辰狗邪国や「半島の倭」、狗邪韓国の人びとが生きてきた朝鮮半島史を遡《さかのぼ》って見渡してみたい。「渡来のゼロ地点」で、往時、何が起こっていたのかは「日本」「日本人」の淵源としても押さえておきたい情報であるから。とくに半島南部で3世紀に敷かれていた統治システムと、その後に起こった大きな「紛争」事件をめぐり、時系列で追ってみよう。

『魏志』韓伝では、韓地の統治システムをめぐってやや不透明な記述がなされている。魏は漢が創設して以来の楽浪郡と帯方郡の〝二郡〟を出先機関として利用し、朝鮮半島下半分をほぼ統治下に置いていた。が、半島の「三韓」ではいささか独自の政治的な仕組みがあったのである。それがこののちに語る「辰王《しんおう》と臣智《しんち》」を含むいささか入り組んだ構成の統治システムである。『後漢書』韓伝の記述も入れると矛盾も含み、いっそう謎めいているために一様な解釈がなかなかできにくくなっている。

ある程度の半島事件史を確認する必要があるので、箕氏（殷《いん》の旧王族）が半島にやってくるところから見てみよう。中国「最古の王朝」とされる神話上の「夏《か》」の桀王《けつおう》を殷《いん》（商）の湯王《とうおう》が打ち滅ぼす（殷の成立）。次いで周が成立し（ＢＣ１０６６）、殷の王族だったとも言われる箕氏《きし》が朝鮮へと去る。そこで今の平壌《ピョンヤン》と思しき位置に首都を定め、大同江《だいどうこう》の流域にいわゆる**箕子朝鮮《きしちょうせん》**が成立（ＢＣ３世紀）。周の武王は箕氏を封じて朝鮮侯にさせていた。ただ箕子朝鮮は三〇〇〇年もの前の建国ということでやはり伝説色が強い（いわゆる「古朝鮮《コチョソン》」）。そんな古朝鮮も王統の記録は残り、箕子朝鮮の末裔と記される準王《じゅんおう》（朝鮮侯／朝鮮王）の時代に、燕人の衛満《えいまん》が鴨緑江を渡りこの地に亡命してくる。そして準王に取り入って信頼を得た衛満は、朝鮮西部に居住して力を蓄える。その後あっさりと準王を裏切って攻撃し、ついに箕子朝鮮は滅びたという（衛満の朝鮮簒奪）。そこで**衛氏《えいし》朝鮮**を建国し（BC195年）、王剣城（平壌）を都とする。

一方、あえなく敗北した準王のほうは宮人を率い、数千人が「走りて海に入る」。そして残党勢力を連れて南へと逃れ、馬韓を攻めて破り、自ら「韓王」と号した。この韓王の存在に対しては当地でもカウンター攻撃が起こったようで、馬韓人がまた自ら立ってそこで「**辰王**」をなしたという（『後漢書』）。

この『後漢書』の辰王をめぐる記述の直後には、「建武《けんぶ》二十年に韓人で廉斯《れんし》（地方名）人の蘇馬諟《そまし》等が楽浪郡に詣でた」という記事があり、「辰王」とその「辰王（統治）システム」の雛型が遅くとも後漢時代の西暦44年（建武二十年）前までには早くも存在していたことがわかってくる。ちなみに、その蘇馬諟を光武《こうぶ》帝が「韓」国の代表たる「**漢廉斯邑君《ゆうくん》**」としている記録も特筆されるべきことだ。というのも、この1世紀は、かの志賀島の「金印」で有名な「漢委奴国王（印）」などのように、後漢は周辺国を漢帝国の中華的な冊封《さくほう》体制（中国王朝が朝貢してきた周辺君主に官号・爵位を与えてその統治を認める君臣関係の体制）に組みこんでおり、蘇馬諟への冊封もその一環に相違ないからだ。反対から言うと、蘇馬諟も周辺国の「王」であり、相応の存在だったということなのだが、金印のような現物の資料がないこともあって、歴史ファンにおける蘇馬諟の知名度も評価も上々とは言えないのが残念である。

時は流れ、景初《けいしょ》中（237年～239年）の明帝の時代になると、「諸韓国の**臣智**」に「邑君印綬《ゆうくんいんじゅ》」が加賜《かし》されるとある（『魏志』韓伝）。この印綬の存在はまさに冊封体制の物的証拠となるわけで、この時代は238年に遼東《りょうとう》の公孫《こうそん》氏（帯方郡を設置した）が滅び、いよいよ半島が激動期に入ってきて、緊張感を増している時代相をも想起させてくれる。重要なのは、漢廉斯邑君と同じ審級であるかのように、「臣智」に「邑君」印綬が送られていたという点である。それだけ臣智の存在は大きく、三韓各地の小国家（クニ）の「長帥」（リーダー）のうちの「大者」（大首長＝トップリーダー）であって、もはや王同然なのだ。史料上では、馬韓には五十数国、辰韓と弁辰には合計二十四か国もの国ぐにがあった。とくに特定の国ぐにの大首長には、臣智という名ではなく、たとえば「遣支報」（臣雲新国／馬韓）、「踧支」（**弁辰安邪《あんや》国**／弁辰）、「不例」（臣濆沽国／馬韓）、「秦支廉《しんしれん》」（**弁辰狗邪《くや》国**／弁辰）といった特別の名前（号）が加えられていたという。要衛のその四国には「ビッグ4」のイメージがつく。

さて、臣智に次いで「辰王」のことである。早くも1世紀には辰王の雛型は生まれていたようで、馬韓人が自らのうちからこの辰王を共立し、月支《げっし》国（目支国）という馬韓内の一国（おそらく半島南西部でソウルより南方）に辰王は常駐しながら、「辰韓十二国」を治めていたという。『魏略』を見ると、辰韓の前に一時的に「辰国」という東の国があったようで、朝鮮の重臣が衛満の孫を諫めたが用いられずこの東の辰国に亡命し、相当数もつき従ったことが書かれている。もともと辰韓の辰の字は秦に通じ、その民もあの始皇帝の国である「秦」の秦人たちであって、「馬韓の東」に逃げた者たちに由来するという所伝が辰韓条にも述べられている。あまりにも太古のことであり、このあたりの「由緒書」は半信半疑の態度で臨むしかない。

ただ辰王に関しては『後漢書』韓伝とも通底する内容も多く、辰王は自ら立って王になることができない点や、辰韓内十二国に大号令をかけるというほどの存在でもなく、馬韓人たちに推されて立ち、代々受け継がれる職なのであって、自らは馬韓人であり（『魏略』では「流移之人」）、馬韓内部の月支国に駐在している辰韓十二国の代表ということらしい。少なくともわかることは「馬韓諸国」∨辰韓諸国」という力の差は明瞭にあったということだ。

さて辰王をめぐっては二つの考え方があって、単なる世襲の「管理者・駐在者のトップ」と捉えるか、三韓に覇を唱えた「偉大な王」と捉えるか、である。江上波夫はこのミステリアスな辰王を後者の「偉大な王」という方向性で捉え、「弁辰韓合わせて二十四国」のうちの「其十二国」を束ねる世襲の王と考えていた。というのも、『後漢書』韓伝では「ことごとく三韓の地に王たり」というふうに切り取り方次第で読める箇所がたしかにあり、辰王一派こそ半島南部の最有力な支配者であると江上は見ていたわけだ。江上説のつづきでは、3世紀後半に伯済《はくさい》国や斯盧《しろ》国が国力を増す一方で辰王の勢力は衰え、三韓に及んでいた辰王の力は弁辰領域内にのみ縮小してゆき、やがて《局面打開、勢力挽回》のために辰王かその子孫たちかが倭への進出に踏み切った——という流れになってゆく。

この見方が一つ説得的なのは、もしも半島の一部に覇を唱えていた辰王（子孫含めば辰王系）が倭国王に本当に転じたのならば、5世紀の「倭の五王」時代に、かつての支配地たる半島南部（百済、新羅、慕韓、秦韓など）の領有権を盛んに宋王朝に対して主張した点で筋が合うこと（結果、百済に関してはついぞ認められなかったが、新羅など幾つかは認められた）。とはいえ実際は、この江上説のような、辰王が倭において雄飛したという説には幾つか問題点がある。たとえば辰王は自ら立って王になれぬ人物なのにそこまでの覇権（つまり軍事指揮権）を持ちえたのか？という点。実は私が前の著作で辰王について語った時よりも、単なる「管理者のトップ」として見る方向に傾いてきたのが正直なところなのだ。というのも、臣智が実際に「韓地それぞれの王」のようなものだと捉えると、辰王の馬韓人に「制せられ」ている状況も鑑みて、辰王にそこまでの政治的・軍事的影響力を見出せられないというのが大きく一つ。また細かい史料読みで語るならば、たとえば江上は辰王政権を弁辰を中心とした領内勢力と見て取っており、これは弁辰領内には弁辰狗邪国というのちの盟主国があるから当然なのだが、実は辰王はこの「弁辰の代表者」ではなく「辰」の文字どおりむしろ「辰韓の代表者」だと捉えたほうが流れがよいと再考もされるからである。ここで解釈がだいぶ異なってくる。

具体的に説明しよう。『魏志』韓伝の弁辰条（二つあるうちの「第一弁辰条」）とされる箇所では、既述したとおり《其十二国属辰王。辰王常用馬韓人作之。世世相継。辰王不得自立為王》という部分があって、ここでの「その十二国は辰王に属す」が第一弁辰条にあるだけに辰王の統治国を「弁辰の十二国」と読めなくはないため、江上は「弁辰と辰王」を結びつけたはずなのだ（ほかにも、弁辰韓合わせて二十四国のうちの十二国を統治した、という解釈も流れのなかでは可能）。

しかし素直にここは「辰韓の十二国」としたほうがずっとつながりはよいのである。そもそも学界ではこの条を「第一弁辰条」と名づけているが、それはそのあとにもう一つ弁辰条が控えているからで、もともと二段に見える構成がおかしいのだ。だからその第一弁辰条なるものは「辰韓条のつづき」と取ったほうが、のちの『後漢書』韓伝との整合性も得やすいという考えを今は採用してみたい。古代史にロマンを求めたい人は、〝辰王ロマン〟を追ってみたらよいと思うが、どうも文意を詳細にたどるかぎり、辰王よりも臣智のほうに政治的な権限があるようにしか読めない（興味がある方は、原文を参照してみるとよいと思うが、こちらのほうが無矛盾なのである）。

というわけで、辰王は「辰韓十二国」の代表者であって——弁辰諸国とはほぼ関与せず——形式的な管理者・駐在者としてのトップであろうと今は結論づけている（次節で辰王の血脈も追いかけよう）。

２４６年争乱——二郡vs.韓軍から半島勢力の再編へ

このように、「臣智と辰王」による複雑な統治の仕組みが3世紀の三韓地方では敷かれていた。「後漢-二郡」、のちには「魏-二郡」による支配下で、半島情勢も局地的な火種は抱えつつも落ち着いたかのように見える時代だった。だがある大事件が起こる。魏が辰韓諸国のうちの八国を分割して、それを楽浪郡の領有にしようと意図し、言葉・翻訳の行き違いもあって、臣智や韓側が激怒したという（《分割辰韓八国以與楽浪、吏譯轉有異同、臣智激韓忿》）。ついに暴発した韓軍は魏側の崎離営《きりえい》を攻撃する。対する帯方太守の弓遵《きゅうじゅん》、楽浪太守の劉茂《りゅうも》はこれを征伐するが、弓遵は戦死。二郡はついに韓を滅ぼした——という大紛争事件である（西暦２４６年の夏五月中から秋八月以前のあいだ）。

背景としては、魏が公孫氏を滅ぼしており（２３８年）、帯方郡を直接支配するようになって、魏の半島南下策がいっそう強化されてきた様子が見て取れる。「分割辰韓八国」事件の前史としては、魏が２４４年以降、幽州刺史《しし》（河北の一地帯の長官）で公孫氏を討った勇将の毋丘倹《かんきゅうけん》を、対高句麗戦にあてていたことがあり、魏軍は２４５年、２４６年と半島北東の濊《わい》（東濊《とうわい》）や高句麗、濊貊にも遠征。半島の「東」「北東」サイドで緊迫した事態が進行していた。つまり魏は本気で東方支配をめざしていたのである。それらの戦闘エリアのすぐ「南」が弁辰韓の二十四国であり、そのうちの辰韓十二国が辰王の統治エリアであった。不穏な半島北東部の情勢において、半島の東南部（辰韓）へとついに火の粉が降りかかってきて、臣智と韓は黙ってはいられずに武力反抗を決意したのだ。そしてこの軍事衝突の帰結としては、《韓那奚等数十国各率種落降》（『魏志』三少帝紀（斉王紀））という一文がヒントになっている。韓の那奚とは、第一弁辰条にある「冉奚《ぜんけい》国」のことだと推察され、この争乱の中心にいた辰韓の国であろう。その国を中心に、数十か国が「落降」したと伝えているのである。「数十」が修辞《レトリック》ではなく、二十以上を本当に指すのなら、事は「辰韓十二国」にとどまらず、帯方郡に近い馬韓五十数か国、弁辰十二国にも及んでいた、と。そうでないと「数十国」の数にならないからである。「落降」とは敗北を認めて魏に対して朝貢国になった、というよりも霧散するように国が破れたと私は解釈している。負けた国の領土は空白地帯になり、より勢いのある国が勢力を伸ばすことになった。

ここで見逃せない点は、これだけの政治的な大事であるにもかかわらず、辰王の名がまったく登場してこないことである。辰韓をめぐる紛争であるというのに紛争当事者としての存在感ない。こうして、3世紀の半島情勢に激震が走り、数十の小国家がガラガラポンというか統治の再編に見舞われることになった。史料の文言としては戦いの終結として《二郡遂滅韓》とあるほどなのだが、実は、「韓」は本当に滅び去ったわけではない。なぜなら、この後の歴史を描いた『晋書《しんじょ》』に馬韓も辰韓も「外交主体」としてその名がすぐに登場してくるからである（もうそこには辰王の影すらない）。その意味では、「滅んだ」ものとは直接的には参戦した諸国の「韓」軍であるわけだが、実質は辰王を形式的にトップに置いた辰王統治システムとしての「韓」としか言いようがないのである。那奚を中心とした「数十国」が落降したという重要な字句には、影響が三韓全体に及んだことが含意されている。とくに帯方郡に近く辰王の所在地も抱える馬韓諸国と、戦乱の震源地だった辰韓諸国の劣勢・退潮は免れようがなかった。先に臣智とは別の称号を名乗れた四者の大首長がいると書いたが、「遣支報」（臣雲新国）と「不例」（臣濆活国）はともに馬韓勢であり、２４６年動乱にひどく巻きこまれてダメージを受けていた可能性がとても高い。しかしだからこそ、その荒れ地になったような半島諸国において、伯済国と斯盧国のような次なる胎動も起こりえた。

そして実は、この伯済国の興隆には、辰王がかかわっている可能性がなきにしもあらずなのだ。というのも、最後の百済王たる義慈《ぎじ》王の子に扶余隆《ふよりゅう》という王族がおり（６６０年の百済滅亡後に熊津《ユウシン》都督に任じられ唐で客死）、扶余隆の人物像についてその「扶余隆墓誌」に「**百済辰朝《しんちょう》人也**」と記されている事実があるのである。この墓誌情報を事実無根として看過するわけにはゆかない。もし、この辰朝を「辰王の王朝」としてオーソドックスに解釈するなら、ツングース系の夫余族とされる百済王たちの系譜のなかには辰王の「血脈」も（どこからか、いつからか）入っているということにならざるをえないだろう。辰王は、馬韓人とされているが、他方で「流移之人」と記されているとおり、もともと中国東北部のツングース系の出身でそこから移り住んできて「馬韓人」となったのかもしれない。それならば二つの条件を満たしうる。そのため、２４６年の争乱時は同じ馬韓内の伯済国に逃げ、辰王は夫余族と通婚して、そのことを、百済側が「故事つけ」し、あえて「辰王」とのかかわりを記録に残したのかもしれない。もちろん可能性を見た憶測にすぎないが、史料の条件とは背理していないのである。

「受け皿」弁辰狗邪国——盟主国「狗邪韓国」としての新生へ

では、246年争乱で、「落降」した国ぐにや領民たちは、どうなったのであろうか？　数十の国ぐにが巻きこまれて敗走したとなると、死傷者はむろんのこと多くの遺民・難民が生じたはずである。逃げずに帯方郡などの魏側に降伏した民もいたであろうし、勃発後の緒戦からして半島南部は動乱状態がつづいていたはずだ。その点、比較的に戦と無縁であり紛争地帯ではなかった南岸部の弁辰諸国に向かって、落ち武者はじめ難民たちは降り、弁辰各国が「受け皿」となってそんな将兵・領民たちを受け入れたというふうに推測できる。そこには受け入れの中心となった強いクニがある。ある「結果」からわかるのだ。それが当時の弁辰十二国のうちの「盟主」弁辰狗邪国であり、次いで弁辰安邪国である。弁辰安邪国は今の咸安《かんあん》郡で、金海に隣接はしていないが近くの西の集落国家である（のちの安羅国と等置され、阿羅加耶とも呼ばれる）。「結果」というのは、その後の3〜4世紀の金海の地の発展ぶりが明らかだということである。

この弁辰狗邪国と弁辰安邪国に関しては、臣智以上の特別の称号で呼ばれた統治者が存在していた（既述）。当然、よその国ぐによりも豊かで強盛であった。とくに弁辰狗邪国のほうはすぐ東隣り（洛《らく》東江《とうこう》右岸）の国・弁辰瀆盧《とくろ》国ともども同じような人員の受け皿になったことであろう。この両国は慶尚南道の金海市と釜山広域市（とくに福泉洞《ふくせんどう》古墳群のある東莱地域）に相当し、3世紀から4世紀の遺跡群がとても多いところである。一般的に「**金海・釜山地域**」とまとめて呼称されることもあって、

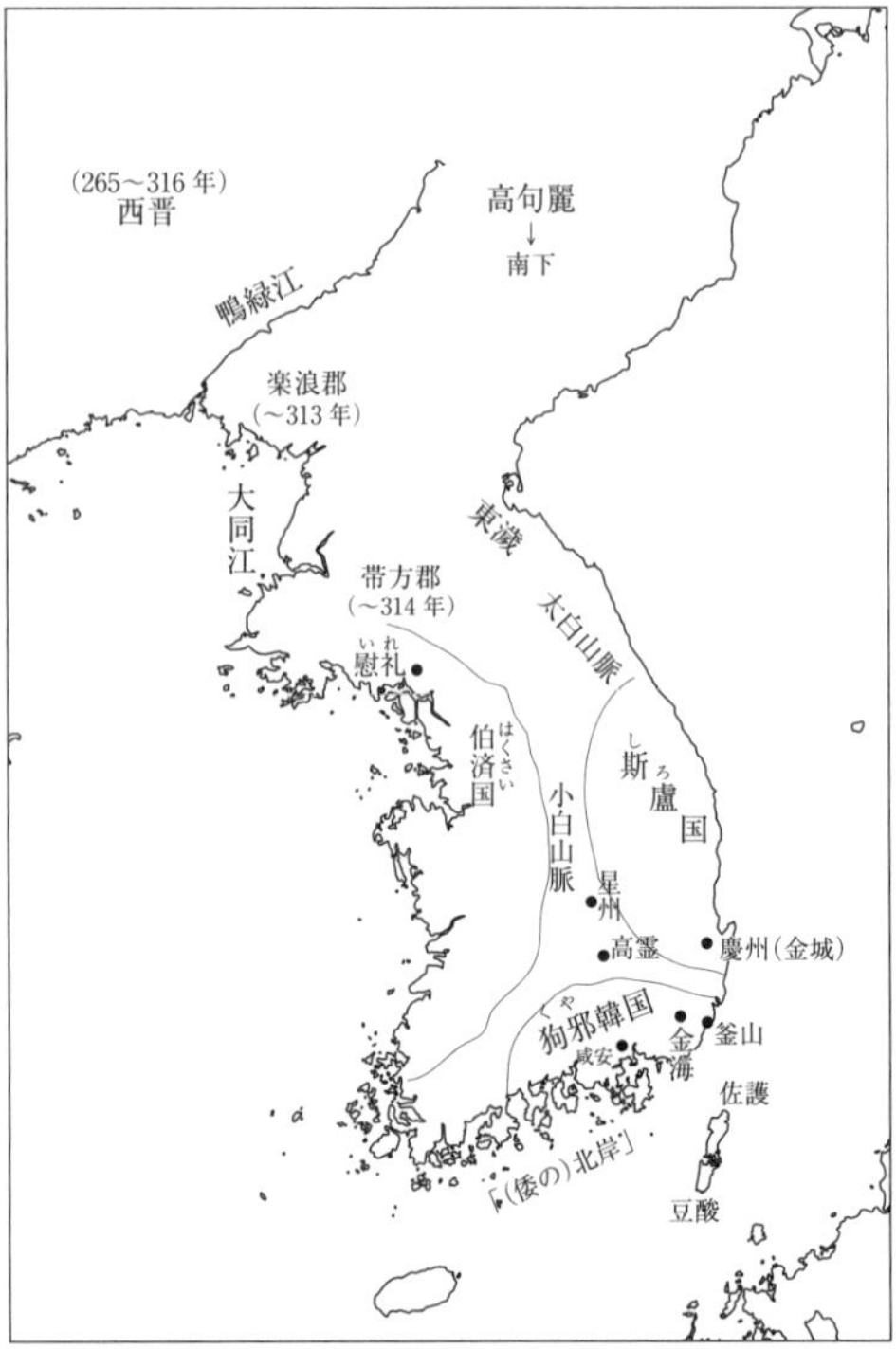

3世紀後半の半島勢力図(狗邪韓国が盟主に)

この密接したエリアに労働集約された古代都市が大いに隆盛した。現代にも残る遺跡群はなによりの結果、すなわち受け皿になりえた証拠なのである。

そもそも弁辰諸国の存在していた領土は半島中南部の諸国のなかで一等南側に位置し、弁辰十二国とは洛東江《らくとうこう》下流域の入り組んだ地形の上の小国群そのものだ。この地が小国に分離せざるをえなかったのは、それだけ地理的条件が厳しかったからであるが、他方で中華の魏から見れば、遠い弁辰は日本列島ほどではないにせよ遠隔地そのものである。地理的な厳しさという防波堤があったがゆえに大国からの包摂を回避しやすかった。主戦場から遠くあったため戦乱回避地としては辰韓の「南」に位置するこの地はより安全だったのだ。

ここで、先に私が提示した国名の謎とその解を想起してもらいたい。『魏志』韓伝にある「弁辰狗邪国」と倭人伝にある「狗邪韓国」は古代史の常識では同一国だが、それは時期的に「別物」であるというあの私説である。弁辰狗邪国は争乱後に難民を含む人材と技術を政治的に利用することで、より発展し、266年あたりまでには狗邪韓国へと成り上がった――。

まさに弁辰狗邪国が狗邪韓国へと発展していったのにはこういう政治史的かつ地政学的な理由があって、この辰韓争乱がその引き金になっていた、というわけだ。246年以降の混乱期からの十数年のあいだに、この弁辰諸国内の再編成が進んでいって、もともと強国であった弁辰狗邪国は、二郡からの流民ほか隣国の弁辰瀆盧国も一部を取りこみ、半島南岸に存在していた「倭」の人びととも協同して、最終的にはこの南岸の倭人たちをも吸収したと考えられる。なによりその証跡として、『魏志』倭人伝のほうになると、半島南岸にはもう「倭の影」が跡形もなく消えていることが挙げられる。結果的に歴史の地図に倭が残った場所は、対馬海峡さらには玄界灘の向こうの「倭人」たちの国＝日本列島《ヤポネシア》だけであった。そこにだけは「倭人」が残って、それらが後年、対外的に「倭」を指し示すようになっていった。この「落降」してきた兵や民を抱えこんだ懐の大きな国、弁辰狗邪国についてはさらに特筆すべきことが幾つかある。

金海周辺を治めた王たちの系譜――大成洞古墳群集団の支配層

弁辰狗邪国が位置していた現在の金海市には、大陸・半島の難民たちの受け皿となった具体的な「証拠」が目に見えて存在している。それが**大成洞**《たいせいどう》**（テソンドン）古墳群**という大規模な遺跡であって、金海には有力な〝大成洞集団〟による王朝が建設されていたまぎれもない事実があるということだ。大成洞古墳群には王墓があるほか木槨墓《もっかく》も有名で、短甲《たんこう》のような甲《よろい》と冑《かぶと》、馬具、鉄鋌《てってい》（鉄の延べ板）等、重要な遺物が大量に多種出土している。この古墳群の集団が狗邪韓国をも構成した。

また金海市西部には製錬施設が発掘されている良洞里古墳群があり、さらに王侯ではなく庶民層の墓群と言われる礼安里古墳、造りつけカマドなどで知られる府院洞遺跡、金海式土器の発掘で有名な金海貝塚、短頸壺《たんけいこ》の瓦質《がしつ》土器が出ている池内洞遺跡……と重要な遺跡群が金海周辺には集中している。これらの遺跡群は、「弁辰狗邪国」から――「狗邪韓国」を経て――成長した「任那」そしてのちの「金官国」ら各時代におけるその関連遺跡群ということになる。

この金海・釜山地域は漁労、交易、外交で早くから栄え、古代から繁栄を享受していた。弥生時代に相当する1世紀あたりから継続的に集落は発展し、日本同様の環濠集落を経て、やがて土城まで築城してゆくことになった。例の特別な号を名乗れた大首長（秦支廉）がこの地で栄えたというのもそうした強みがあったからだ。

246年争乱後の難民らの受け皿として、この金官加耶の領域が格好だったのもよくわかる話である。弁辰狗邪国も相当の危機に陥ったはずだが、そんな集積地・交易地としての実利と人員を生かし、「狗邪韓国」が新しく立ち上がった。「韓」の字を誇りのように入れこんでいるのが印象的だ。

その後も、加羅や任那加羅、金官国、南加羅などと国名を変え、そして別様に呼ばれながらも、狗邪韓国の「系譜」はつづいていった（最後は新羅によって滅亡させられるが）。国名・国号というか「呼び名」がこのように変化してきたのはそれだけ大陸・半島の動乱に左右されやすく、小国として脱皮しつづけて生き延びてきたというわけだ。

金海市の大成洞古墳群

予告的に言えば、この地の最大の大立て者は『三国遺事』駕洛国記にその伝説的な事績が書きこまれている**首露《しゅろ》王**（金首露／キムスロ）であり、古代半島南東部の王者である。首露王は西暦４２年に天から降ってくるようにして生まれている（降臨神話）。しかも赤い衣に包まれた金箱に入っており、箱の内部には金の「卵」があった。つまり卵から生まれた伝説の王が首露王なのである（卵生説話）。その金箱が降臨したのが亀旨峰《クジボン》（金海市）だ。西暦１９９年まで生きたという長寿伝説もあるがこれは虚構で、むしろ大成洞古墳群の最盛期を見れば４世紀の人物だったことが推測できる。

なお、『三国遺事』では「**五加耶**《ごかや》」と呼ばれる他の加耶地方も登場し、それが阿羅加耶（咸安郡）、古寧《こねい》加耶（尚州市咸昌）、大《だい》加耶（高霊郡）、星山《せいざん》伽耶（星州）、小加耶（固城郡）である。とくに大加耶は５６２年までしぶとく残った強国であったし、池山洞古墳群が有名。その大加耶も含め、古寧加耶は新羅寄りになるのでちょっと異なるが、それ以外の四つの加耶は、首露王全盛時の境域とかぶるものである。ただポスト首露王の時代になって、加羅が全盛期を下りはじめ、北寄りの大加耶（慶尚北道）が別途国勢を整えて加耶地方の新盟主となってゆくのは事実である。そのため、南端にこもるしかなかった残った金海の加羅の主要部は「南加羅（南加耶）」などと名乗ったか名づけられて、小国家としての存続を企図することになる。それがのちに「金官国」とも呼ばれる国の本体である。このいきなりの「金官加耶→大加耶」の主役交代劇も、枢要な大成洞古墳群集団による列島への政治的な進出と移遷という行動があったからであって、そう考えればなんの不思議もないことである。

この首露王以降の王統が統治したというのちのこの金官国だが、その前身をたどってゆくと弁辰狗邪国以来の正確な変遷がしのばれる。この金官国も駕洛国も同時代史料にあるわけではないし、首露王時代の国名はまた後で検討しよう。

ともあれ、これだけの国名・国号が変遷しつつも王族の「魂」が一気通貫していること自体、このエリアには最大の「歴史の謎」が秘蔵されていると語りかけてくるかのようではないか。幸いなことに、エース格の大成洞古墳群を含めた加耶地方七つの古墳群がユネスコの世界文化遺産に登録されたばかりだ（加耶古墳群　Gaya Tumuli　2023年）。倭韓の勢力が交差した貴重な地帯として現代でもいっそう注目されるべき場所である。次節では、首露王の系譜を過去へと遡行して見てみることとする。弁辰狗邪国よりもさらに前に遡って、首露王たち大成洞古墳群に眠る王たちのさらなる源流をたどってみよう。それが倭の、いや日本の〝起源〟でもあるのだから。

首露王の起源をたどる――「金氏の起源」としてのある「邑君」

『三国遺事』駕洛国記に登場するこの首露王の時代は、3世紀後半から4世紀代のどこかというのが通説になっている。決して史書どおり、1~2世紀の国と人物というわけではない。私もやはり、首露王は4世紀中盤から後半に活躍したと考えている。ただ、首露王の超人性やあまりの長寿などは不自然で、金官国の名称にも疑問があり、なんらかの定義や制限が必要である。たとえば、『三国史記』に見える列伝の筆頭には、新羅の朝鮮統一の推進者である将軍「金庾信《ゆしん》」の項目があり、この金庾信の「十二世の祖」が首露その人であることが記され、首露はどこの人物かわからない、と正直に書かれている。ただ、「亀旨に登り、駕洛の九村を眺め、次いでこの地に来て国を開き、国名を加耶と言い、のちに金官国と改名した」とつづく。だからこの後世の「改名」は、倭国がのちに日本になったようなもので、通例の「金官国」の呼称を使う場合は、あくまで後世の呼び名であるという点を含んでおいてもらいたい。

語ってきたように、列島への大量渡来があったとして、政治的領導まったくなしに、すなわち三韓や二郡の領民たちがこぞって勝手に列島へと渡来してゆくことは考えづらい。「移民政策」というとあまりに近代的な文言になってしまうが、DNA解析が伝えるところの「東アジア」系の人びとが日本列島へと大挙して往《ゆ》く場合、少なくとも、政治的指導者がすでに列島に先乗りしており、同じ民族の仲間の多さとその夢見られた大地を心強く思って自らも渡来した、という心理的な環境を踏まえないと、このDNAの内実のほか、人口の実態は説明できないわけだ。

そこで、大量渡来の先導者「第一候補」が、この首露王にほかならない。彼がいったい「何者」であったのかを探るべく、もう少し史書の奥深くに分け入って当該の人物たちを俎上に載せてみたい。首露王の「祖」をたどるためである。

まず私が足がかりにしたいのは、『後漢書』韓伝である。先述したように朝鮮王の準王が衛満にだまされて落ち、平壌《ピョンヤン》あたりから西の海を南下して馬韓を攻め、ほどなくして韓王となったことが書かれている。その先では、準が滅んだのち、辰王が立ったという記事にちらっとふれた後、すぐのところで、《建武《けんぶ》二十年、韓人廉斯人蘇馬諟等詣楽浪貢献。光武封蘇馬諟為漢廉斯邑君、使属楽浪郡、四時朝謁。》とつづいていて西暦44年（建武二十年）という年次を明らかにしつつ、「韓人」（旧三韓人）のうちの「廉斯人《れんしじん》」（おそらくは弁辰韓のうちのある有力な地方人）である蘇馬諟《そまし》が、後漢の光武帝に朝貢し、「漢廉斯邑君」に任じられた記録がつづく。重要なのはこの蘇馬諟なる人物も少なくとも周辺国の「王」かそれに準じる位階であったという点。同様の貢献記事は、光武帝紀では《建武二十年秋、東夷韓国人、衆を率い楽浪に詣りて内附す》とあり、韓の国を代表して朝貢しているのがわかる。これが倭の場合なら、《東夷倭奴国王遣使奉献》とあって、明瞭に王の扱いである（あの金印「漢委奴国王」）を授けられる）。要するにともに同時代の周辺国「国王」による朝貢行為の一環であったということが再確認できる。

ここで照合したいのが、『魏志』韓伝が引く『魏略』において、「廉斯」つながりで名前がそっくりな男のエピソードが登場してくることである。意訳して部分的に引用してみよう。

王莽《おうもう》が「新」の創建者として君臨した地皇年間（西暦20年～23年）、韓の廉斯の人、鑡《さく》はその辰韓の右渠帥（ナンバー2）であったが、楽浪郡が美しく豊かで人民が安楽にすごしていると聞き、亡命を望む。そして鑡が辰韓の集落を出ると、ある男と出会ったが、言葉が韓人とは異なる。男は漢族だった。「我らは仲間一五〇〇人と伐採しているところを韓に襲撃され奴隷になった。もう三年になる」と。鑡は楽浪郡に降るところなので一緒に行きたくないかと訊き、鑡と男はともに辰韓を出、楽浪郡の含資県に行く。県は楽浪郡に事態を伝え、郡は鑡を通訳として、大船に乗って出発し、辰韓に入った。仲間の一〇〇〇人を救出したが、すでに五〇〇人は死んでいた。鑡は辰韓に対し言った。「五百人を還せ。もし還さないならば、楽浪郡は万の兵を船に乗せ汝を撃つだろう」。辰韓は「五〇〇人の死んだ人数分に値するものを贖う」と言った。辰韓側は一万五〇〇〇人と布一万五〇〇〇匹を提出した。鑡は相当する分を徴収して郡に還った。楽浪郡は鑡の功を称え、褒美を与えた。その子孫も安帝の延光四年（125年）になってもこの功のゆえに便益を受けた。

時代は二〇〇年ほど異なるも、こちらの楽浪郡との通好をはたして出世した韓人（廉斯鑡）の話と先の廉斯人・蘇馬諟の話（『後漢書』韓伝）は名前の共通性で対のようになっている。片や一言で片や長めの挿話で語られたものである。二人の「廉斯」の男たち——という具合だ。楽浪郡がまるで王道楽土のように描写されているところも注目であるが、漢族たちの半島への大規模な「移動」がこうして行なわれることがあった事実も知られる。

蘇馬諟に関しては、意外や専門史学者たちの評価は高い。半島南東部のローカルな首長が後漢時代に光武帝に朝貢し、韓の国の代表として「漢廉斯邑君」に冊封されるという客観的な事実の強さゆえである。そうした大立て者が出現した背景には、半島南東部の古代社会が成熟しはじめ、交易ができるような対外的に魅力のある生産品を抱えはじめてきたということがある（ただ歴史ファンも含めてこの人物の認知度はおそろしく低いだろう）。

さて、私は『「倭国」の誕生』で、首露王につながる系譜探しをし、結論的にはこの蘇馬諟の系譜に注目した。この意外な大人物・蘇馬諟をめぐって言えることは、弁辰狗邪国の大首長の「号」が特別に「秦支廉」と呼ばれていて、その名前が蘇馬諟の出身地「廉斯人」に似ている点である。その珍しさ具合からも、蘇馬諟の一族との濃厚なからみを覚えさせられる。さらに秦支廉の「秦」とは辰韓の元ネタたる「秦」国の字であって、『魏志』辰韓条では、秦からの亡命者グループが韓に来たのが辰韓の源であるというルーツ説が取り上げられている。辰韓ナンバー2だった廉斯の人「鑡」は辰韓人であることもわかっているため、蘇馬諟のいた廉斯の地も辰韓内にあった可能性はある。

つまり私の一つの考えはこうだ。「廉斯の鑡」（『魏志』）は辰韓のナンバー2であり、「廉斯人の蘇馬諟」（『後漢書』）は漢廉斯邑君に冊封された「韓」の国を代表する大首長である。両者は時代差を超えて縁戚同士の見込みが高い。挿話的な「廉斯の鑡」よりも、『後漢書』光武帝紀で入貢記事の見える「東夷韓国人」蘇馬諟のほうがより客観的な実在者であると推したいところだ。そこで、この蘇馬諟の系譜の子孫たちは、出自は辰韓の廉斯かもしれないが、時代を何代か経て、いつしか隣国の弁辰狗邪国で権力の座に就くようになっていた。すなわち、この蘇馬諟の子孫たちのうちの2～3世紀のある勢力が、混融した「弁辰韓」（『魏志』韓伝では「弁辰と辰韓」は南北に限りがない）のうちの有力国・弁辰狗邪国の大首長になっていたのだ――と。その政治力は抜きん出ており他国の臣智よりも高みにあったため、「秦支廉」とも特別に呼称された。その意味でこの一族たちは弁辰韓の地において自らの家格が高いことを自覚はしていたことだろう。

あるいは、こういう考え方もできる。秦支廉の一族は、その「臣智」以上の力ゆえに、別途「号」を名乗る機会を許された時、かつての廉斯人蘇馬諟の故事を知っていて、そこに「故事つけ」て、秦支廉という呼称を選んだ、と。つまり、この秦支廉の子孫こそがのちに金家（金姓）を建て、数代ののちにはそこから首露王が誕生した——と私は言いたいわけである。

この「**首露王＝漢廉斯邑君の子孫**」説において、ダメ押しのような傍証があるので披露したい。それは蘇馬諟が「漢廉斯邑君」を冊封された輝かしい年度は西暦で言うと４４年。他方、のちの首露王が即位した年度はほど近い４２年なのだ。もちろんこれは研究者たちも信じぬ造作であって、実際に学界でも、なぜ首露王の即位がこんな早い年次に設定されていたのかは不明とされている。実際は干支五運を下げての３４２年が正しいに相違なく、昔からの石渡説もそうである。１世紀の建国などこがましく、そもそも御冗談をというほどのものなのだが、たとえば実際の即位年３４２年から建国神話を飾るため、首露王側の編者たちは過去へ古代へと「干支六〇年の倍数」を遡行させていった可能性がある。その折、大祖先で大功労者である蘇馬諟の冊封年（４４年）を意識しないわけがなく、そこにほど近い西暦４２年をまさにこれだと言わんばかりに即位年に選択したというわけだ。そしてもし蘇馬諟の即位年が本当に西暦４２年であったのだとすれば、首露王の即位年を４２年に「設定」したことの意味づけとしては実に完璧な理屈が成立する。４４年に漢から冊封された事実からしても、蘇馬諟が４２年に即位したという見立てもかなりリアルではないだろうか？　これが首露王の系譜と蘇馬諟の関係性の証しである。

ちなみに、前著では、辰王系の血脈は首露王とは直系的にはつながっていないだろうが長年の辰王ネットワークの強力さゆえに後継的（傍系的）にはつながっている可能性もかろうじてある旨を、私は打ち出した。むしろ今は、辰王の系譜は伯済国へとつながっていった可能性のほうがより強いように考えている（私のなかではそれが辰王問題の現段階の決着である）。

ただ、古代史ファンのなかには「ロマン」を求める方もいると思うので、以下に整理したような成り行きもあったかと思われるので、可能性として提示する。つまり——辰王はその力は限定的だったとはいえ、世襲の名門出身ではあるので、その実力を利用したい勢力もあったはずだ。となると246年争乱後、独立心も旺盛だった弁辰狗邪国を頼って落ち延びていって、互恵的に合力したこともありうる。外交・交易・交通・情報などの辰王ネットワークは強く、「負け戦」において、戦乱から遠い地の弁辰狗邪国の秦支廉を辰王一派が頼るのも理の当然かもしれない。そこで当地の秦支廉（の当主）と合作した。ただしそこでの新生のための国づくりをめぐる内実には程度問題があって以下が考えられる。

（1）辰王が「主」（政治的先導）で、狗邪国が「従」（秦支廉の子孫としての金氏）→金氏に辰王の血脈がやがて入り、金氏は傍系に

（2）辰王が「従」（亡命者のよう）で、狗邪国が「主」であり辰王は使える客人扱い→やがて辰王の血脈は途絶える

（3）辰王は死し、その王族・高級貴族が亡命、狗邪国は大義名分のみを得る（ほぼゼロサム状態で、

秦支廉が完全トップ）

可能性としては、このなかでは（2）（3）をまだしも推すことができる。末期の辰王勢力を取りこむ形で、辰王ネットワークを後継できたことが、金官国のその後の興隆の一因にもつながっていったと考えられる。（1）を強く推せないのは、半島南東部の蘇馬諟が「韓の国」を代表して後漢から認められている時点で、辰王の力はすでにピークアウトしていたと受けとめることができるからだ。この弱体化し有名無実化していった辰王という見立てこそが、246年争乱における辰王のまったくの存在感のなさを物語っているのではないかとも思える。

私は前著では、「辰王の伯済国への亡命」も否定的に捉えていたが、先述したように、扶余隆の墓誌にある「百済辰朝人也」のようになんらかの血脈のつながりを伯済国が「故事」つけられるだけの実態があった蓋然性は低くはないと今は考えている。とくに月支国と伯済国の馬韓内での地政学上の位置取りがそこまで遠くなさそうだからである。

弁辰狗邪国から狗邪韓国、そして意富加羅国へ——4世紀前葉に起こった完全独立への道

さて「伝説」とは異なり、3世紀半ばの弁辰狗邪国の時代には、この秦支廉の家＝「王家（のちの金家）」に生身の「首露という男」はまだまだ生まれてはいなかった。246年争乱における弁辰狗邪国の秦支廉（当主）は、数十年もの時間差を踏まえれば首露の「高祖父世代」ぐらいであっただろう。私のシミュレーションでは「一世代＝二五年」として計算し、秦支廉の男系の玄孫《やしゃご》が首露王ということにもなっている。あくまで試算なので厳密ではないのだが、逆に言うと「首露王の高祖父」が

２４６年時の秦支廉その人だという仮説を提起したい。半島と列島をまたいだ連合王国があったと推理しているわれわれとしては、高祖父から玄孫まで五世代にわたっている王統について、各世代における「役割」を掘り返ってみたのだ。

では、首露王の系譜と国を時系列で見てみよう。秦支廉が統治していた弁辰狗邪国は２４６年の争乱後、落ち延びてきた兵のほか領民の受け皿になりつつ、近隣の領地を併呑していった。そして弁辰狗邪国はいっそう勢力を拡張し、「**弁辰狗邪国＋南岸の倭勢力＋α**」で西暦２５０年前後から遅くても２６６年までのあいだには「**狗邪《くや》韓国**」へと国名を変えたはずだ（首露王の曽祖父世代による）。この間、魏はクーデターも食らってついに滅び、どさくさまぎれのように晋（西晋）が建国（２６５年）、やがて司馬一族によって中華帝国は短い統一の時期を迎える（もっともせっかくの「三国志」の統一事業も、司馬一族の子孫に英明な者がおらずにすぐに瓦解してしまうのだが）。とはいえこの時点で西晋にはまだ力が残り、半島への圧力も強かったはずなので、「辰王統治システム」が滅びたとはいえ、秦支廉の立場のまま新生したその集落はしぶとく混乱期をすごしていったことだろう。争乱後も変わらずに交易、鉱山の発掘、鉄生産、農業生産、漁労などなどで富み栄えていったのは、遺跡・遺物から見てまちがいない。また、秦支廉とともに有力首長だった踧支も自らの弁辰安邪国の拡充に努めたはずだ。その安邪国の東方にあった南岸の卓淳《とくじゅん》（昌原市）や喙己呑《とくことん》あたりまで、狗邪韓国は押さえていた可能性があるし、南岸のほうでは倭人たちの領地をも含みこんでいた。

その後、４世紀が近づくにつれて、二郡の力が弱まっていったため、半島中南部にも本当の独立の風が生じてきた。西暦３００年の八王の乱はじめ、西晋の国内では内乱が頻発し、西晋も半島情勢にかまっている余裕がなくなってゆく。高句麗ものちの難敵となる美川《びせん》王が即位して勢力を強め、半島北部にドンと押し出してきた。西晋の終焉はそこから遠くない316年のことである（その後、司馬一族が317年に建業で東晋を建国）。とにかく楽浪郡が滅亡した313年というのは、次の新展開を呼びこむ年次だった。

　そのあたりの時点で、首露王のおそらく祖父世代らは、従来の秦支廉の号を捨て、中華帝国から与えられた「邑君」の金看板もはずし、宿望だった地域の独立王になったと推測される。魏・西晋の支配下にある「辰王‐臣智システム」からも完全に離脱したというわけだ。そこでようやく己れの家柄を押し出し王家の台頭にもなっていったと考えられる。ただ「金氏」自体の導入は後年のものかもしれないし後づけされたものかもしれないので、さほど重要ではない。のちに首露王を生む「王家」の誕生こそが重要なのだ。

　私は、このように秦支廉の直系もしくは傍系の子孫が王家の金氏になったと今のところ考えているわけだが、その理由は、この地に鉄生産と海上交易という二つの生業の強みがあるため既得権の近くにいた王侯（上級貴族や高官も含む）のほうが小国家を建設・運営するのに都合がよいからである。完全独立は権益者にとって歓迎すべきことであったのだ。

　のちの金氏系となるこの王家の台頭によって、狗邪韓国は次の「国号」をも編み出してゆく。それが教科書どおりなら、金海の古地名を冠した「金官国」なのだが、述べたように改名された国名であるから、この時、新たに生まれた小国家の名前は、金官国ではなく、「**意富《おほ》加羅国**（**大加羅国**）」（垂仁紀）もしくは単なる「加羅国」にほかならない。当然ながら狗邪「韓国」の「韓」の字を崩してこの「カラ」音を導いてきたわけだ。韓の字は漢の昔から朝鮮半島を象徴する記号そのものであるわけで、いわば本歌取《ど》り的な崩しである。

私は、国名（国号）の変遷にあえてこのように細かくこだわってきた。それを史料的に無矛盾になるように照らして調整することで、3世紀から4世紀中盤にかけての半島そして列島で何が起こったのかという政治情勢がより判明してくると考えているからだ。意外なことに国名の変遷に学界の研究者たちはそこまで精妙にアプローチしてきたとは言いがたい。史料と同時代状況を照合して、そこにある「客観性とリアリズム」を追求するのが本書の役目であり、その再現のためには他の研究者が言及せぬ時系列の変遷を改めて明示する必要があると考えている。

ところで、司馬遼太郎は『韓のくに紀行』において、この金官加耶という一連の国ぐにが変遷した土地について、とくに「任那」を取り上げて、こう興味深い指摘を行なっている（傍点原文）。
《馬韓が百済国になったころに辰韓も新羅国になったが、倭人たちはそのあいだにはさまれて大いに難渋したに相違なく、自然のいきおいとして、日本地域に住む同種の倭国にたすけをもとめることが多かったにちがいない。南鮮における倭人たちは、やがて「任那」という一種の国家をつくった。》

ここで司馬が語っている時代背景は4世紀中葉の話である（百済、新羅の成立期が判明しているため）。私の時代観ではすでに3世紀中盤に狗邪韓国が南岸の倭（倭人）を取りこんでいたと考えるので（「地図」上にも倭の姿がなくなる）、「任那」を倭人たちこそが主体的につくったという司馬説には首肯できないけれど、任那の成立時期は同意できる。のちに任那の中核になったのはさすがに狗邪韓国以来の韓人たちだったし、そこに倭人たちも協力態勢を敷いて、国ができていったぐらいが真相だろう。倭人たちも任那成立時に大量にいたことはまちがいなく、この倭人たちの国という司馬の視点は本質を衝いている。この「倭人」とは半島南端にたくましく生き勢力を保持していた海洋民たちである。この集団がやがて半島南端の任那の内部を構成したことを司馬はすでに明言していたわけだ。70年代前半の時期に素晴らしい洞察であるが、かつてはここまでが古代史の常識だったのである。いかに、その後の80年代以降のヤマト中心主義、在地主義がひどかったかの証左でもある。

この倭人たちがツングース系の「**韓人**」と人種的にもあまり変わらないという司馬の観点において、そこでの差異は「度合」にすぎない、ということらしい。すなわち在地の倭人ならぬ韓人たちについては、司馬は《南鮮に土着して農耕の歴史を古くからもち、遠祖の故郷がどこであったかも忘れてしまっているツングースたち》と独自の定義を与えている。そして、《「釜山・金海あたりの連中は、厳密には倭人であって韓人ではない」》という民間伝承をも紹介しているほどである。私が先に「金海・釜山地域」をことさら強調したのとも筋が合うだろう。実は、司馬は倭と韓の関係についてはかなり踏みこんでいる作家である。「**日朝同祖説を何となく確信的にもっています**」と言ってはばからぬ司馬は、「ぼくはどうも両地域の人間どもは同じ種族のように思いますね」と座談会「日本民族と『帰化人』」で言っている。そして両者では「混合の度合」が違う部分があるとはいえ「朝鮮人とは兄弟というよりも、もっとそれ以上の仲といえましょうね」とも語っている（座談会「日本歴史の朝鮮観」）。この度合とは、盟友の金達寿《タルス》がその割合をより多めに考え、司馬が少なめに捉えている、というような血の話であり、今どきの言い方ならDNAの混合具合といったところだ。こうした実感は蒙古語部出身である司馬の本領発揮であり、戦国期と幕末の司馬史観しか知らない読者には意外に感じられることかもしれない。

古い中国史料に見られるように「倭」の名はもともと大陸に多くあって、北方にも南方にもその出自候補を見出すことができる。肝心なことは、「列島人たる倭人」が大陸・半島に進出したのではなくて、大陸人・半島人たる倭人が加耶地方に当初からいたという点。この順番だけはまちがえてはならない。

「三韓」と呼ばれていた馬韓、辰韓、弁辰（弁韓）のうち、馬韓と辰韓はこう司馬が書いていたようにわかりすい状況にあり、「後身」としてそれぞれ百済と新羅が「古代国家」として勃興した。しかし弁辰のあった加耶地方はと言うと、狗邪韓国や意富加羅を経て4世紀中葉以降～400年までのあいだに「任那（任那加羅）」が出現し、そのまま盟主的存在にはなったが、弁辰内での他の小国家群は、結局、その後も分立したままであった。強力な権力支配でまとめられた「古代国家」にまでは、結果的に任那も含めどの国も成長しなかったのである。それがのちに「加耶諸国」あるいは「加耶連盟」と呼ばれる所以《ゆえん》である。

そんななかでも、首露王の生まれた（意富）加羅は盟主として存在感を強め、覇を唱えていた。そして遂に、加羅国内にいた倭人たちの助力を大いに受け、首露王の祖父か父世代の時代に、王侯一派がまず列島への進出を敢行していった――という流れがこのあとにつづく。そして、この説は別段、突飛で大胆不敵というわけでもない。

たとえばあの松岡正剛は、《**任那あたりから崇神らしき大王の一派がやってきたという仮説は、いまなお否定されきってはいない。**》と崇神の名を出してわざわざ述べているほどなのだ（「松岡正剛の千夜千冊」1491夜『古代の日本と加耶』）。

この「崇神らしき大王の一派」が列島渡来したという説を次章以降、明らかにしてゆくつもりなのだが、もうおわかりのように、この崇神の正体こそが首露王であるとわれわれは同定しているわけである。首露王らが主導的に倭に渡来し、やがて倭王になっていったという流れだ。その歴史的文脈は単純なものではないため、背景の説明にいささか言葉を要した。最短でかいつまんで説明しようにも、第1章以来これだけの古代半島情勢を語ってきたことでも歴史的背景の複雑さはとうにおわかりだろう。首露王本人の来倭だけではなく、その先祖が金海で勃興し、首露の父や祖父の世代が渡来・移住の計画を準備して、実働部隊が4世紀になって動き出した――という成り行きがより現実的だ。そうした準備があればこそ、4世紀に大量の渡来民たちが海を越えてやってきて、現代日本人につづくDNAすら変えていった――東アジアの成分が増えていった――という結果にようやく結びつくわけである。大事な結論としてまとめれば、この首露王こそがのちに倭王「旨」となり、それはすなわち第十代「崇神天皇」というのちの漢風諡号を冠された大王（天皇）ともなるわけだ。

第2章では、この4世紀段階における半島側の政治的な状況変化、また倭国の特殊な状況について具体的に述べてみよう。倭韓勢力の採用した当時の「国のかたち」は意外だが着実な進展を遂げてゆく。そうして、いよいよ列島への進出が見えてくるのである。

第2章　「任那」の誕生と列島への進出・移遷

――「渡来王」崇神によるヤマト王権の成立へ

最初に、日本そして日本人の「故地」である3世紀から4世紀にかけての加耶地方における「国名（国号）」の変遷をこれまでの「歴史事項」も踏まえ、まとめて確認しておく。中国などの文献史料と金石文をもとに「確定的に言えるところ」を踏まえる意味で、である。年表風に事件史も掲げるので、ざっと目を通してもらいたい。国号や国王名など重要なものは墨付きカギ（【 】）で囲って、※で出典を明らかにした。そのあとに「流れ」を再確認してみよう。

加羅国の「列島進出」決断――首露の祖父・父世代の「連合王国」構想から

半島の政治勢力と倭をめぐる政治史的な年表を左に掲げてみた。結果的に「謎の4世紀」ぶりをそのまま期せずして表現することになっているはずだ（時折参照しながら以後、読んでいただきたい）。第2章の冒頭では、首露王の生まれた国の変遷を倭ともからめて通時的に時間軸で振り返ってみよう。

当然ながら、西暦42年の首露王の即位は、真実たりえない。即位は4世紀の前半と考えるべきだ（石渡は、干支五運＝三〇〇年下げて、342年と）。なぜこの年次が選ばれたのかには私の見出した説を紹介した（首露王の祖先こそが漢廉斯邑君であり、その冊封年を意識）。当の3世紀中盤までは、

４２年　「駕洛国」（金官国）、首露王の即位　※『三国遺事』駕洛国記

４４年　蘇馬諟、漢廉《れん》斯《し》邑《ゆう》君《くん》（＝「東夷韓国人」の朝貢）　※『魏志』韓伝／『後漢書』光武帝紀

１５７年　延烏郎、倭に渡って王になる　※『三国遺事』

１８０年代～１８９年（「桓霊の末」）　「韓濊」が強盛で、公孫氏（鮮卑系）が攻める

２０４年　帯方郡、公孫氏（鮮卑系）により設置

２３７～２３９年（「景初中」）　臣智は邑君印綬を加賜される→秦支廉など有力四国は特別の「号」を

２３８年　公孫氏が滅亡→帯方郡は魏が接収・直接経営　２４４年、魏、高句麗の丸都城を陥落させる

２４６年　「辰韓八国分割」事件　【弁辰狗邪国】（王は、臣智以上レヴェルの秦支廉；首露王の高祖父）

【倭】（半島南岸の倭のこと）　※『魏志』韓伝

２４６年　戦後：弁辰含めた三韓の混乱期→収束期

辰王‐臣智」の統治システムが終わる　金海・釜山地域の繁栄（大成洞古墳群など）

２４８年～２６６年～　【狗邪韓国】（弁辰狗邪国＋南岸倭＋α）に発展／首露王の曽祖父　※『魏志』倭人伝

２６５年　魏が滅び、晋が建国（→　２８０年　呉滅び、中華統一）

２６６年　台与、西晋に遣使（この後４１３年まで、中国史書に倭記事なし）

２７４年　平州を設置

２７７年　馬韓、西晋に遣使

２８０年　辰韓、西晋に遣使

２８５年　慕容廆、大人に　→　遼東・朝鮮北部で勢力拡大

３００年　首露王、この頃の生まれか（仲島説）　八王の乱（西晋ゆらぐ→五胡十六国時代へ）／高句麗で美川王が即位

３０３年　玄菟郡、滅亡（高句麗による）

３１３年　楽浪郡、滅亡（高句麗による半島南下）　美川王と慕容廆の戦いつづく

３１４年　帯方郡、滅亡（二郡からの大量の漢族が半島南部へ移動）

３１６年　西晋滅亡　→　３１７年　東晋建国（都は建業）

３２０年代　狗邪韓国は意富加羅国（大加羅国）に改名。加羅国の王侯政治勢力による列島への進出、領民たちの流入始まる

（首露王の祖父世代からの計画、父世代が主導か）

３３３年　慕容廆、死す→　慕容皝が跡目

佟寿は高句麗に亡命（安岳３号墳壁画の騎馬行列）→のちに楽浪郡管理（３５７年死）

３３７年　前燕の誕生（慕容皝が燕王に）

３３７年　首露（王子時代）が倭に来着　← 延烏郎（１５７年）

３４２年　慕容皝が丸都城を陥落させる（美川王らの墓荒らし／翌年、故国原王は前燕に朝貢）

★３４２年　首露王が「駕洛国」（「任那加羅」の誕生）で即位← 西暦４２年＝壬寅年の干支五運繰り下げ※『三国遺事』

（壬寅）　首露王、新羅の領土紛争仲介（新羅よりも強い）←西暦１０２年＝壬寅年の干支四運繰り下げ　※『三国史記』

任那から倭への移動・定住がいっそう進む

３４６年　百済、建国（近肖古王＝余句の即位）

この頃から３６９年のあいだ（３５０年代か）　首露王が倭の纏向で【倭王旨】としても即位（移遷）

（連合王国／ただし百済には後塵を拝す「侯国」扱い）　※七支刀銘文

３５６年　新羅、建国（奈勿王＝楼寒の即位）

３６６年　羅済同盟（対高句麗）

３６９年＝泰（＝太）和四年　百済が「**倭王旨**」に**七支刀**を造る　※七支刀銘文

３７０年　前燕、滅亡

３７１年　百済の近肖古王、高句麗の平壌を攻略し、故国原王死す

３７２年　「百済」（初出）が東晋に朝貢　**鎮東将軍領楽浪太守**に冊封

３７６年　前秦、華北統一　→　３７７年に「新羅」（初出）が前秦に朝貢（高句麗とともに）

３７９年　崇神天皇、崩御か？　※駕洛国記「己卯」（１９９年）の干支三運繰り下げ

３９１年～（４０４年）　対高句麗一五年戦争（高句麗で広開土王が即位）　倭＋任那の戦い

４００年　【任那加羅】（庚子年）と倭（垂仁）の負け戦　→　４０４年にも倭は敗北、任那も大打撃　※広開土王碑

大成洞古墳群の勢力縮小へ／高霊（池山洞古墳群）勢力が台頭→「大加耶」へ

こののち４００年代中か、小国家・任那→【金官国（＝南加羅）】に国号変更　※『三国史記』列伝など

新羅、高句麗に入朝（以後、広開土王の下に）

４０２年　倭と新羅、通好（人質を送る／未斯欣）

４０８年　倭（倭人）、対馬島に軍営を置く　※『三国史記』新羅本紀

４１２年　広開土王、死す

４１３年　倭の讃が高句麗の長寿王（４１３年即位）とともに東晋に遣使（中国史書に久びさ登場）※『晋書』

４２０年　宋、建国

４２１年　讃、宋に朝貢　※『宋書』

半島情勢は不透明ながらも第1章で綴ってきたように比較的に安定していた。それが246年の「二郡vs.韓連合軍」の戦いののち、「三韓」は混乱に陥ったわけだが、それが収束してゆく流れを、確認できるはずである。

246年争乱ののち、三韓の混乱期がしばらくつづくが、傷の浅かった弁辰狗邪国を中心に落降した韓人や漢族の多くが半島南東部から南岸部で受容され、収束が図られる。「辰王－臣智」の統治システムは終焉し、各地域の臣智たちのうち有力者は各国で諸侯となってゆく（弁辰国屋国では首露王の高祖父が活躍か）。その「収束」の一つの結果が、わかりやすい金海・釜山地域のその時代の繁栄なのである（大成洞古墳群などの古墳文化の精華より）。騒乱の影響が少なかった半島南端であったため、逸早く政治的・経済的に発展しやすく、地の利を生かした形だ。

そして、時期の範囲を史料から狭めると、248年～250年のあいだ、もっと後ろに伸ばせば266年までのあいだに、狗邪韓国（『魏志』倭人伝）が成立する。

他方、東アジア世界情勢をつかんでいないと自らの存立が危ういと察知できていた当の倭も、西晋成立の翌266年、台与《とよ》（と思しき女王）が慶賀のために西晋へ遣使している事績が記録されている。ところがこのあと413年まで中国史書に倭関係の記事が絶無なのが、倭における「空白」期の混乱とドラマを想像させるものにもなっている。その点、渡来王朝説ならば、その空白期にすっぽりと収まりがよい。半島側の狗邪韓国から見て、国勢が退潮しているのがはっきりと目に見えていた邪馬台国を叩けば、北部九州が手に入り、本州への道筋も開けるということを、領国民化した海洋民、すなわち倭人たちがもたらす情報等で、狗邪韓国は従前から知悉《ちしつ》していたにちがいない。

狗邪韓国へと新生したこの加羅勢力の系譜はその古墳から「大成洞古墳群集団」と呼ぶこともできる。そして4世紀にかけてこの勢力は徐々に盛期を迎えてゆくことになる。台与による統治の消息が霞のようにフェイドアウトして噂も残っていないのと裏腹に、半島南東部でこの政治集団はその政治的・文化的な実力を見せつけていたのである。

西晋がかけていた政治的圧力は魏の時代より弱くなっていたし、小白山脈《ソベク》という天然の壁に守られている狗邪韓国とその東の辰韓の両エリアは華北から遠いという地の利に恵まれていた。混乱期にちょっかいを出されずにすんだのである。いっそう大成洞古墳群集団は勢いを増してゆき、鋭利に政治化し、4世紀前半がその勢力のピークとなった。

とはいえ、4世紀にもなれば、大陸・半島の政治情勢は徐々に厳しさも増してくる。4世紀には異民族の反乱が中国で乱発し、高句麗は北から半島南部へと圧力をかけてくる。二郡を直接支配していた西晋も4世紀になるとその統治システムは弱体化してしまい、乱世の様相を帯びてくる。

他方、狗邪韓国のこうした半島南端での発展とは別に、半島南西部ではツングース系の王族が韓人を束ねる**伯済国**《はくさい》が地力をつけてきており、半島南東部の北寄りでは、**斯盧国**《しろ》が今の慶州市（慶尚北道）を中心に版図を拡張させていた。馬韓を代表するようにして伯済国が、辰韓を代表するようにして斯盧国が、それぞれ百済、新羅へと徐々に脱皮を遂げつつあった。ライバル国の成長である。

半島の他の小国家群もゆさぶりをかけられ攪拌され、南東部の加耶地方にかぎらず、生き残りをめぐって厳しい政治判断を迫られていた。半島南部の西と東にそれぞれ独立国が立ち上がって力をつけてくると、川筋と谷で分断されている南岸の狗邪韓国は分が悪い。周囲の加耶諸国同士でゆるやかな連盟まではできても、そうした「部族（集落）国家」から先に進んだ中央集権的な「古代国家」にはついぞ到達しなかったのである。ただし弁辰韓エリアには今も有名な鉱山（勿禁鉱山や達川鉄山などが代表的）が豊かにあるため、当時もそれに類したような採掘場が数多くあったであろう。それゆえ鉄生産と製錬の技術を保持しており、鉄製品の供給地としての圧倒的な強みがあった。また、当時の古金海湾は海岸線が近く、港湾の利を生かして海上交易にも活路を見出せた。なんせ西の馬韓諸国と南海岸の海洋民たちの倭、東の辰韓諸国の真ん中に存在していて「中継貿易」ができたため、狗邪韓国は民族・部族の多様性とそこから生まれる利をもっとも勝ちえていた。半島と列島にまたがっていた倭人たちはもとより、二郡経由の中国人も辰韓人も数多くが領内にいたから、サバイバルのための選択肢はそれこそ人種的にも多様に担保されていたわけだ。

だからこの同時代、狗邪韓国側も手をこまねいていたわけではない。さらに国力を発展させ、国を強固にさせていったように考えられる。ただ転換点となったのは、無力化していた二郡が滅び、すぐに西晋まで滅亡してしまったことだ。伯済国と斯盧国にしてみれば敬して朝貢までしていた大国がもろくも崩れ去ったわけで、各王族たちも自国の保護を求めるつもりが、一転、好機も来《きた》れりと権力意志の野望を燃やしたはずだろう。

「昔の名前」がまだ効いていた二郡が高句麗と韓人勢力によって相次いで滅ぼされてしまったことは、半島南東部でどっこい生き延びてきていた狗邪韓国（大成洞古墳群集団）にとっても良くも悪くも打撃であった。半島に小国家が群立していればこそ、狗邪韓国は独自の交易で伸長していた国柄だったはずなので、来たるべき〝国盗り〟時代は本意ではなかったはずだ。とはいえ、強すぎる外圧は消えて、地域勢力の「王」と「王国」を新規に名乗る時機はやってきていた。それが王家の金氏の名乗りであり、意富加羅国（大加羅国）への改名である。この時の特殊な事情は二郡からの亡命者たちを多く受容できた点である。人口も増えたであろうし、文化度もさらに上がる。首露の祖父の晩年か首露の父世代の王の時代、320年前後のことと考えている。

高句麗はなおさら強大化し、勢いをつけてきた伯済国と斯盧国はますますその軍勢を半島南部の狭い平地に出張らせてくる。そして4世紀前葉には、国の勢いとしてもその先進性としても先行していたはずの加羅国は、押され気味のなか打開策を練っていた。侮れないのが伯済国と斯盧国の両小国家で、ともに後発ながら古代国家への道を歩み出していた。数十年後のことだが、結果として、346年に伯済国から国号を変更した**百済**が成立し、**近肖古《きんしょうこ》王**が即位する（372年に東晋に朝貢）。356年には斯盧国から国号を変更した**新羅**が成立し、**奈勿《なもつ》王**が即位する（377年に前秦に朝貢）。正式な成立年は言うまでもなく曖昧なところだが、およその時期であることはまちがいない。それぞれが激動の東アジア世界に堂々と登場して、加羅国王がついぞ占めえなかった古代国家の端緒の位置を両国は得たわけなのである（先に、司馬遼太郎の引用文で見たところ）。

こうした地政学的な背景と経緯を踏まえて、首露の父世代（かその上）の首領たちの主導で、年表にあるような「加羅国の王侯政治勢力による列島への進出、領民たちの流入」ということを企図し、実行することになる。半島情勢は変化が激しく、東西からの挟撃、とくに新羅勢力からの圧迫は、加羅国にとってかなり厳しいものがあったはずである。列島へのマイグレーション（移民）の取りかかりは早ければ320年代中になるだろう。

もちろん、進出そして移動の理由は、こうした大陸・半島情勢の不穏さのようなマイナス要因だけではない。他方で、列島という新天地には王道の可能性が光って見えていたはずなのである。端的に言って、列島の邪馬台国は266年に遣使した台与の時代以降、下降期を迎えていたのを加羅勢力はよく見、研究していたはずだ。その後の記録も長らく途切れるほどに中華へ遣使朝貢する余力もなく、かの国は北部九州で黄昏を迎えていた。南の「隣国」の弱体化は加羅国にとってはまさに好機にほかならない。韓地の倭人集団たちからの賛同も大いにあったはずだ。さらに忘れてならないのは、気候変動である。3世紀後半から古墳時代前期にかけて、東アジア地域でひときわ気候が寒冷化していた事実が理化学的に解明されている。列島には台風こそあれその温暖で湿潤な気候風土が魅力的に見えていたのは言うまでもない。渡来の「条件」は月のように満ちていたと言えるはずだ。

そこで、いよいよ軍事攻勢を伴う**列島進出**が実行に移されることになる。当初から「**移遷**」をめざしていたというよりは弱体化した邪馬台国の征服・占領とその上での連合国家成立が旨であっただろう。そうした政治意図だったと私は考えている。この「倭韓連合王国」という概念は江上も石渡もともに使用したものだが、私もこの概念は少なくとも最初の時期だけは効力を持っていたと思う（首露王が亡くなるまでは）。

私のシミュレーションでは、早ければ320年代、首露王の祖父以来の計画と父世代の決断・実行によって、連合国家をめざすべく加羅国は鉄製武具集団を移動させ、渡海させていった。争いののちに邪馬台国は滅び、一時期、半島南部と北部九州による連合国家は成るが、のちに半島側と列島側は別々の政権になったため、結果としてそれは国の中心つまり宮都（宮室・都城）まで移動する移遷の形をとって見えるようになったのである。戦闘の証拠は多くはないが、邪馬台国の都とされる吉野ヶ里遺跡でも銅鐸が破砕されており、異文化の進出をうかがわせる事態を見ることができる。

政治集団移動の神話・伝承――首露王のモデル人物、337年の渡来

それではこの時期、半島からの政治集団が列島へと移動したことを思わせるような神話・伝承や「気配」が日朝の歴史資料に残っているだろうか？　もちろん、あるし、むしろ、多い。

まず、首露王の父（と思しき男）が新「加羅」王として立っていったことが史料に残されている。正確には「意富《おほ》（大）」の字もついた「意富加羅国」の王子の父としてである（『日本書紀』）。この時、意富加羅の王子「ツヌガアラシト」が列島の穴門《あなと》（長門）や出雲を経て、笥飯浦《けひのうら》（敦賀）に来着していたという伝承を垂仁紀《すいにんき》が記している。ポイントは、ツヌガアラシト（王子）のことを描きながら、きっちりと父の「意富加羅王」が故国にいることと意富加羅国の名が存在していることを記録としてチラつかせていることだ。私の想定では、国号をそのように変更している時点で、西晋が滅んだ310年代よりは後の事柄だと考えている。ちなみに、崇神《すじん》や垂仁は『書紀』においてBC1世紀から紀元をまたぐ頃の人物たちになっており、7世紀の編史官の大歴史主義がしのばれるが、実情はどの研究者も3世紀から4世紀のあいだと考えている。われわれは崇神王朝が4世紀中葉、垂仁王朝が4世紀後葉から5世紀にかけて、というふうな年代観を持っている。

この時の加羅王やその先代からすると、このまま加耶地方で勢力を維持する選択肢を採るほか、領土内に包含している仲間・輩《ともがら》である倭人たちのいる日本列島へと進出してゆく、あるいは合流して

ゆくという別の選択肢もともにあった。この事績から逆算してゆくと、来倭したツヌガアラシトは首露王の象徴的記号であり、その一代前、首露王の父世代が4世紀前半の加羅国の統治者だったはずだ（ひょっとすると名誉職的な総司令官は祖父かもしれない）。そうなると、首露王の祖父世代が王（首長）だったすなわち3世紀末あたりから、倭へと進出する下準備ははじめていたと考えることができる。意富加羅からやってきたツヌガアラシトは「王子」であるが、「王の名」はない。いわば王Xの情報は書きこまれていない程度に、この意富加羅はヴェールに包まれている。それでもここには、意富加羅が数代はつづいていた事実のほか、この意富加羅の王子がまるで入れ替わるように死んだ崇神とごく近しいエニシを担っている点、もっと言って「崇神の本質」を伝える暗示的・象徴的な人物であることが含意されている、と私は読む。

このツヌガアラシトという「王子」の来倭記事のほか、それに酷似したソナカシチ（蘇那曷叱智）という「任那人」が朝貢使として崇神朝に来倭している記事（崇神紀六十五年）もが『書紀』に書きこまれている。このように、この半島の王侯（上級貴族、高級武官含む）の渡来も、当時ある程度は一般的であったのであろう。事実かどうかは怪しげだが「新羅本紀」で描かれるところの３１２年における倭の王侯と新羅の娘の婚姻記事（新羅の重臣クラスの娘を倭の王子級が妻にめとる）を見ても、そうした往来はわかる。新羅本紀では倭羅間の争いが多く記述されているからこそなおさらだ。だから王子（皇太子）時代の若き首露は、主要な瀬戸内海ルートではなく、ツヌガアラシトのように日本海（北ツ海）ルート、敦賀ルートで実際に倭入りしている事績もありうる。

もう一人、重要な「来倭王子」の系譜にいるのがアメノヒボコ（天日槍『書紀』／天之日鉾『古事記』）である。そもそも垂仁紀でツヌガアラシトの記事の直後にアメノヒボコの渡来記事が並ぶような思わせぶりを『書紀』はやっていて、意図性を隠さない。アメノヒボコは新羅の王子という「設定」ではあるが、結論的に言えば、加羅系のツヌガアラシトと同一の「源流」にある渡来者像なのである。

というのも、たとえば『古事記』応神条では、アメノヒボコが惚れこんだ美しい娘がいたというのだけれど、娘は自分はアメノヒボコの妻になるべきではないと言い出し、そのもとから逃れ、難波の比売碁曽社に行ったという説話が残る（娘は「アカルヒメ神」だということになっている）。方や垂仁紀のツヌガアラシトもある女と交合しようとするが娘は逃げ去り、難波と豊国国前郡の比売語曽社の神になったという伝承があるのだ。話の詳細な設定は異なるが、ともに「ヒメコソ（比売碁曽社＝比売語曽社）のアカルヒメ」という共通の女でつながっていて、ツヌガアラシトとアメノヒボコは神話構造における役割としては同致しているのである（実際に今に残るのは大阪市の比売許曽神社）。

つまり、これら半島からの王侯渡来記事の本質とは、もはや加羅も新羅もないという点に尽きるのだ。「**半島から来た王子**」という説話構造で一致しており、ただ同源のものを複数に分岐して伝えているだけである。重要な点は、どの国出身かというより、どの天皇紀にあるかということ。すかさず確認しておけば、『書紀』の崇神紀、そして『古事記』の応神条ということがわかる。ともに二つの渡来勢力の本体、加羅系の崇神王朝と百済系の応神王朝にほかならず、示唆に富む。

そこでいっそう想起されるのが、たとえば、『三国遺事』「延烏郎《ヨノラン》と細烏女《セオニョ》」説話である。延烏郎という男と細烏女という女のある夫婦が新羅の国の東海岸に住んでいたというのだが、夫の延烏郎が動き出した岩に乗ったまま日本列島へと運ばれて行ってしまう（そこでのちに妻も追いかけてゆく）。そうして、その地つまり日本において、ただ者ではないと見こまれた延烏郎はほどなく王に推戴されて即位したという伝承である。西暦157年の事績であることになっている。延烏郎が去ったあと、新羅では太陽と月がなくなってしまった……という状況も語られており、太陽と月はむろん輝く王の威光とも技術の光（たとえば製鉄の火や炉のような）とも解釈できる。空想的な伝承譚にすぎぬようでいて、『三国遺事』では、ともに著名な金閼智《あっち》と未鄒《みすう》王の項のあいだに一項としてわざわざ挿入されているのが注目されるところなのだ。新羅から日本の王になったなどという記録はないだけに、寓話的で印象に残る挿話である。

この延烏郎が来倭した西暦157年を干支で三運（六〇年×三運＝一八〇年）下げて、西暦337年と見る見方がある（石渡信一郎説）。この時期なら首露王の父世代あたりの治世時と見て取ることができ、この年に半島の王子が来倭し、五年後の年（壬寅）に王子が加羅で王位に就いたというふうにもつづけて読めるのである。

要するに、半島の加羅国の王子・首露ことのちの崇神天皇がこの337年に初めて来倭し、父王の政務の手助けまたは方面軍の軍事を司りながら、342年にいったん故国の加羅に戻り、そこで連合王国の王として即位した、という流れと平仄《ひょうそく》が合うわけだ。

つくづく、この「王子の来倭」伝承とは、首露による満を持しての来倭を告げている。なぜなら、父世代以前からの念願であった移動・定住計画ははかばかしく進み、「崇神父」らが領導する政治勢力は、瀬戸内海ルート（今の中国地方）を内側（南岸沿い）に進み、吉備地方に至るまで西日本に勢力を伸長させていた。岡山平野（倉敷市）にある楯築《たてつき》墳丘墓は弥生時代のものとされているため「墳丘墓」扱いだが、実質は「古墳」であって、木槨や排水溝など半島系の技術が凝らされている遺跡である。そこで強勢を保ちながら、河内湖を見、その東の山々の地、つまり奈良方面にも狙いを定めていたことだろう。

ちなみに崇神天皇の父は『書紀』上では開化天皇（第九代）であり、崇神の伯父はオホヒコ（大彦命／大毘古命）となっている（開化の異母兄がオホヒコ）。オホヒコは崇神の妻――その名も「ミマキヒメ」――の父でもあり、崇神朝のいわゆる「四道将軍」の筆頭格で、北陸道を担当していた。つまり、私が言う「首露の父世代」の代表がこのオホヒコ的存在であって、もとより日本海ルートにはこの伯父もすこぶる縁が深いのである。たとえば敦賀から来倭した崇神（＝首露）は、逸早く来倭して方面軍として活躍していた王族将軍のオホヒコと協力し、北陸道の援軍にまわっていたのかもしれない。そして状況が落ち着いてヤマトに達した時、崇神（＝首露）は意富加羅国に帰還し、父王の跡を継いだ、というストーリーも描き出せるであろう。日本海ルートを押さえたオホヒコの存在は崇神＝首露王説の数多い傍証のうちの一つとして示せるところだ。

「任那加羅王」の誕生――加羅からついに「ミマナ」加羅へ

経過を確認すると、3世紀後半に「狗邪韓国」となっていた南岸の既存勢力＝「大成洞古墳群集団」は、西晋滅亡後、意富加羅国（大加羅国）を経て、西暦400年までのいずれかで「任那（任那加羅）」となっていった、あるいは名乗ったことがわかっている。というのも広開土王碑では、庚子《こうし》年（西暦400年）に、倭人たちが高句麗との戦いで「任那加羅」へと敗走し、それを高句麗軍が追撃、任那加羅の従抜城《じゅうばつ》を陥落させたという文言が出てくるためであって、この年次より以前にすでに任那加羅という呼称が内外に生じていたことが判明しているからである。だから逆算すれば、任那の名乗りの時期は「400年までのいずれか」でお尻を限定できるわけだ。

周囲の部族や領民を包含しながら自国を拡充させてきた首露王の新加羅王権としては、つねに盟主国たらんとする意志があったであろうし、自らの一体性を認識するためには新しい国名は必要であった。そこで首露王という不世出の英雄が下した判断が新国号「任那」の創出である。

この任那誕生の時期についての手がかりは『日本書紀』に書きこまれている。それが垂仁紀二年（癸巳《きし》年）の記事である。崇神天皇の晩年に来倭してきたという例の意富加羅国の王子ことツヌガアラシトが崇神の死後、故国に帰ることとなる。その際、垂仁天皇は王子に対して、崇神帝の名前「ミマキ」から名前を取って王子の故国の名にしなさいと命じ、そして加羅国は「彌摩那《みまな》」国になった、というものである。人名から取った完全な「任那＝固有名」説である。

この説話には重要な情報が託されている。「意富加羅」とは、狗邪韓国の「韓」の字を踏まえられており、狗邪韓国がこの「（意富）加羅」を経て任那に名前を変えたという過程がちょうど示されていることだ〈狗邪韓国→加羅→任那〉の順）。

そして、この命名譚のちょっとした構造について考えてみよう。『書紀』が欽明時代あたりまでずいぶん「任那」にこだわっているのはよく知られているところだが、往時の編史官たちは任那と倭の密接な関係、つまり倭韓交差王朝説の説く内実――加羅国の王が来倭してヤマト王権を樹立した――

を7世紀以降の編纂時でもよく知っていたはずだ。その点で、この説話では「起こったこと」「やったこと」の方向と順番が逆になっている。常識的に考えて、ミマナという名前の国が先にあったからこそ、それにちなんだ名前を冠した統治者（＝ミマキ／御間城天皇『書紀』）が「別の国」である倭で誕生した、というほうがずっと自然である。第一、崇神天皇（御間城天皇）の皇后も「御間城姫」（例のオホヒコの娘）という名なのだから、皇后の名前もミマキであっては命名譚としては過剰で不適切だ。なぜ夫婦ともに固有名がミマキなのか、しかも親戚（従姉弟）同士でと本来ならばツッコミが入るところである。

このあたりの入り組んだ国名情報の乱舞を、私は一つの理論で一統することができると考えている。それは、崇神の父や祖父の代あたりより計画されていた倭への進出が320年代から滞りなく進み、大量の渡来民たちもすでに移動しているこの状況下で、首露王は従来どおりの父らと同じ「加羅国王」として即位したのではなく、新名称の「**任那加羅王**」として342年に金海の中心部で即位した、という新説である。

すなわち、国号「任那加羅国」の誕生は、上記したように4世紀末ギリギリではなく、342年の即位時に決められたもの、と断案したいのだ。これは本書で初めて披露する私の考えだが、実はそう捉えると、以下に記すように政治的な流れがスムーズにつながる。

当時、崇神父時代の加羅王権において、倭でも戦闘、交渉、統治などで大いに力を振るっていた王子・首露の功績は自他ともに称えられており、不世出の大王となる予覚が貴族・武官らの支配層にも広がっていたと見なすことができる。だからこそその即位とほぼ同時かすぐのちに、新時代の到来の意味合いもこめ、自分たちの半島の王国を「ミマ・ナ（ニム・ナ）」（主の国）と改めて命名したという流れになる。広開土王碑に刻まれた「任那加羅」という呼び名が内外にあったように、後ろにはきちんと「加羅」を添えて従来の「意富加羅国」との差異性とともに継承性をも保っているところに念の入った工夫が見られる。単なる「任那」ではなく「任那加羅」としての固有名詞がしかと「ものを言っている」のだ。「主」である自認があるかぎりそれに対応する臣下の「従」の国ぐにに安羅国や瀆盧国のほか、もちろん列島の倭の存在も大いに意識していたはずだろう。

つまりこの任那加羅王として、首露王＝崇神大王は改めて日本列島に征《い》って君臨したということになる。それゆえに「ミマナ」から渡来した大王として、日本側の7世紀の編者たちも「ミマキイリヒコ」という固有名を大王の名として尊重した上で記録したことになる。当然ながら、こちらの順番ならば、その皇后も任那出自なのだから〝御間城姫〟であって不思議はないのである。

「旨」＝ミマキとしての来倭と治世――ヤマト王権の樹立は３５０年代か

首露王は金海でのこの３４２年の即位後、しばらくはお家芸の鉄生産と鉄加工（鍛冶）に力を入れ、海上貿易を隆盛させて王国内の内政に従事していたと考えられるが、やがては連合王国たる倭の地へと再度、その足が向かった。

具体的に推定すると、金海で首露王として即位した時期よりずっと前の段階において（それは３２０年代以降のいずれかのことだが）、首露の父世代はすでに吉備地方あたりまでの列島西部に出張ってきており、その地域の統治を行なっていた。もとより加羅派遣軍は本国に匹敵するような主力部隊を準備したはずで、この攻勢に本腰を入れていた。加耶地方ならではの「鉄製武器」を扱う製鉄民族の強さは列島上陸後からして弥生人たちをさぞや圧倒しただろうし、北部九州での戦闘・争乱もそう長くはつづかずすぐに決着はついたと考えられる。北部九州では末期症状の邪馬台国をたやすく制圧し、以後、瀬戸内海を進んできた。その分、その二、三〇年で倭韓の混血も相当に進んでいたはずだ。

したがって、首露が王子時代に最初に列島に来た時分（337年）においてすら、湿地帯の河内（川のウチ）越しに遠くさらなる東の山並を遠望するあたりの位置までは加羅勢力はあったはずである。かりに河内までは届かなかったとしても今の岡山か神戸の手前あたりまでは進出していたと推定される。そしてこの頃に、首露の父の死去が相前後したかと思われる。そこで改めて、首露は加羅国にいったん帰り、倭韓連合王国たる任那加羅の王として金海で即位したというふうに考えるべきだろう。何度も何度も倭韓のあいだを往来していたとは考えにくいが、一回や二回の渡海はそこまで王たる者の労苦ではない。

ヤマト入りの前後で金剛葛城《こんごうかつらぎ》山系の武装集団のような抵抗勢力も畿内に少なからずあったが、なんとかそれらを押さえて、念願だった新しい「国のまほろば」を得た。崇神（ミマキ＝旨）は「中心─周縁」の鋭い意識で改めて四道将軍を軍事的に編成し、各方面にあたらせた。内政面としては、戸口調査と課税のことが崇神紀に明瞭に記されているように「ハツクニシラス」実践的な統治が行なわれた。いわゆる**三輪王朝**＝ヤマト王権の仕事である。

もし「首露＝旨＝崇神」としての「倭における二回目の即位」があったとしても、もうあくまで形式的なもの、ほんの儀式《セレモニー》にすぎなかったと思われる。意識の上ではまだ「本国＝宗主国」は半島側の任那加羅だったからであり、半島の領国周縁部での国境紛争も気がかりだったはずだからである。ともあれ王子だった首露が初めて倭に渡来してから十数年のうちには、ヤマト地方は完全に掌握されたはずだ。おそらく首露王が崇神（＝旨）として倭王に立った時期はそうなると350年代といったところが妥当である。これに関しては、干支による検証はできないけれど、一連の史的文脈（政治史・事件史の流れ）からそうした年代が導かれうるということだ。崇神としての即位年も、首露王の即位年342年の〝同年中〟ではないかと考察してみてもよいのだが、それではさすがに近い連合王国内とはいえ忙しすぎると私は見て取ったので、やや現実味を出して、この350年代のヤマト王権樹立という線を考えた次第である。

覇王の横顔――「首露王＝崇神天皇＝倭王旨」説の秘密

この4世紀の中盤、大成洞古墳群集団の出自を持つ首露王という大立て者が任那加羅の支配者に立ったことは、半島じゅうに轟いていた。この時の任那加羅はそれだけ強力で、王も英明、百済や新羅を寄せつけなかった時代というわけだ。それが上記した即位年＝342年から数年か十余年かの「全盛期」ということになる。この頃の任那の王城は大成洞古墳群に隣接した鳳凰《ほうおう》土《ど》城《じょう》（金海鳳凰台遺跡）とされており、そこに秦支廉以来の代々の盟主たちが居住していた。この金海市と隣接した釜山広域市東萊（有力な福泉洞《ふくせんどう》古墳群がある）にかけてが加耶地方の中核的な文化圏である。東萊地域は述べたように弁辰瀆盧国に相当し、倭とも隣接していたことが史料に描かれていて、倭人たちも多かった地域だ。この福泉洞古墳群集団は弁辰狗邪国以来の首露王一派にとっての盟友や姻族であったと考えられる。

この首露王の力に関しては、『三国史記』新羅本紀に、新羅王（実際はまだ斯盧国王）が首露王にローカルな国境問題の仲裁を頼む事績があるので、その横顔と強権ぶりを知ることができる。

西暦102年（壬寅《じんいん》）、新羅（辰韓）内の小国間の境界争いが起こった際、困った新羅王（尼師今《にしきん》）はその仲介役を首露王に頼んだ。土地問題の裁定の話が首露王のところに来るということは、要するに、当時はこの新羅王よりも任那加羅の力のほうが図抜けて強かったということを示す。そしてそこで、ある事件が起こった。

事件の推移はこうである。音汁伐国と悉直谷国とが境界争いをしており、その調停を新羅王に願い出、王は、英明な首露王にその審議役になってもらった。首露王の判定で係争地は音汁伐国に帰すことになる。一件落着となり、首露王をねぎらうため新羅王は国内の六部（六つの部族国家）で饗応の酒席を設けさせたところ、漢祇部だけが位の低い者が担当したため、首露王の怒りを買い、漢祇部の首長を首露王は下僕に殺させて、自らは帰国した。下僕は音汁伐国に逃げこんでかくまわれていたが、新羅王は仕方なく音汁伐国王にこの殺人者の身柄引き渡しを求めた。が、音汁伐国王はそれに応じなかったため、新羅王は音汁伐国を討伐する羽目に。やがて音汁伐国は投降、あわせて悉直谷国・押督国も新羅に服属することとなったという。

結果、新羅も漁夫の利で焼け太りはしたわけだが、なぜ他国の首露王に裁定を委ねなければならないほどなのか――という話である。それだけ半島南部において、まだまだ「加羅＞新羅」が明白で、とくに首露王の国がいかに強大だったかをこの挿話は伝えている。新羅本紀に収められている挿話であることもその勢いをしのばせるはずだ。しかも新羅直属の部の首長が首露王によって殺されても、その王に報復すらできていないなど、当時の新羅＝斯盧国はずいぶん下手に出、忍従している態度にも見える。やはり加羅国が「主」であって力強く、金海・釜山地域から遠くはない慶州の新羅も「従う」しかない。新羅王が自力で係争を裁定できないというその権力基盤・支配力の弱さをも思わせる。

　実はその後、４世紀後半以降ともなれば、東方の辰韓諸国のうちから斯盧国（新羅）が勢力を拡張してゆき、この加耶地方はむしろ逆に侵食されるようにだんだんと狭められてゆく。だが時世の流れとしては、まだまだ斯盧国に利はなかった。それだけ加羅の首露王とその先王らが盟主として半島南部に覇を唱えた時代はかなり長くつづいていたのだ。ちなみに加羅と新羅とのあいだには《（新羅国は）もとは弁韓の苗裔《びょうえい》》という血脈上のつながりを示唆する記述（『旧唐書』新羅国伝））があり、そうした底流があって宗主家には頭が上がらない可能性までもがある。

　この件は西暦で１０２年の事柄で、１１２年まで王だった婆娑《ばさ》王（第五代）の時代となっているが、こんな古い年次のことではありえない。たとえば朝鮮史の井上秀雄はこの事件を４世紀の新羅建国まもない時期のことと見ていて、私もそれに賛同する。肝要な点は、こうした大家が事件を４世紀後半と見ているように、首露王の実在に関して、西暦４２年に即位したという記録は完全に捨てていること。４２年（首露王の即位年＝壬寅年）から干支五運した西暦３４２年にこそ真に首露が即位し（その後、列島でも）覇を唱えていた――とする石渡理論を、まったく別口から証明してくれているようなものだ。それだけ石渡理論もピンポイントであり、しごく収まりがよいことがわかるであろう。首露王が率いた任那加羅の勢力が４世紀前半の半島南部で一頭図抜けていたことがこう示されてもいる。

私がこの時代の人物たちを探究していてしみじみ思わされることは、首露王の父やその祖父は当然のように自分らの息子（孫）に期待をかけていたはずなのだろうが、たまたまのようにその「子」が鬼人のような胆力ある英傑に成長を遂げていったことに祖父と父は驚いたのではないかという想像である。たとえとして言えば織田信長の父・信秀や、武田信玄の父・信虎などを考えてみてもよい。中世・近世と時代が下るにつれてそうした歴史的な人物像は血の通った相貌を見せてくるものだが、遠く古代世界においても、傑出した人物が出たことでブレイクスルーが起こるのをまざまざと思い知らされる。

日本側の史料を見ても、崇神は『日本書紀』では識別力が敏く、幼少から雄略（大きな計略）を好んで心は寛大で慎み深いと手放しで肯定的に書かれるほどの、やはり稀代の英雄像が描出されており、首露王とかぶるところが多分にある。考えてみれば、そもそも崇神にはミマキ（イリヒコイニヱ）の名前が残るとはいえ、本名とは言いがたい。その点で、たとえば七支刀の「受け手」を当時の崇神大王（＝倭王旨）と考えるかぎり、本名は「旨」であろうかと思われる。この字は現代日本語では「ムネ」もしくは「シ」であるが、古代朝鮮語にも「ムル」の訓み方（表音）があった。N音とR音は交替しやすく、「ムネ→ムレ（ル）」のような変化があったかと推定できる（「ツヌガ（アラシト）→敦《つる》賀《が》」も代表例）。

旨字といえば、なにより首露王が降臨した亀《ク》旨《ジ》峰《ボン》（金海市亀山洞／亀山の西端の峰）との関連性を想起させ、崇神と首露が同致する証しになっている。この亀旨に対し上田正昭はクシムルとルビを振っているほどで、やはり旨字にはムルの音韻が立ち上がるのだ（私の類似イメージでは、四阿屋《あずまや》の表記から屋が取れた「四阿」でも「あずまや」と読むようなものである）。知られるように、記紀では天孫ニニギが降臨する場所が「クシフル」（久士布流多気／槵触之峯）とされる箇所があり、亀旨峰との強い類似性が明らかで、首露王が「外部」から降臨した倭王であると目される強固な理由の一つとなっている。古代の「旨」字には「山嶺」の意味があり、たとえば神功紀に登場する百済内の「辟支山《ヘキノムレ》」の山には「ムレ」と音訓が振られているくらいだ。

そのほか、前著で語っているのでここでは簡単に説明するが、「首・露」自体が「ス・ロ」のほか通常は「モ・ロ」と読めることも大きい。「首」字は韓国語で今も「モク」（モK）音であるからで、首露は「モロ」と訓めるのだ。この事実は捨て置けない。というのも崇神霊が眠るはずの三輪山はかつては「御諸《みもろ》山」と表記されており、その内実は「ミ（尊称）＋モロ」であったことも推理できるからである（「御諸山→三輪山」）。三輪山は太古から宗教性が濃く、神が磐座《いわくら》に出現する神奈備《かんなび》（神体山）だが、ヤマト王権の祭祀対象のほうはこの崇神霊であるはずで、その本体が首露（＝モロ）である可能性をこうかがえる。

念のため言うと、中国語では古代から現代まで「首」という字は量詞として用いられており、音は「シォウ」だが、日韓のような首の意味はないとのこと。その点、首露の「首」字と倭王旨の「旨」字はほぼ「シ」音つながりで日韓にまたがるところも意味深く感じられる。意味だけではなく「音韻」つながりとしても「首→旨」の移行と選択はありえたと私が考えるところである。このように亀旨峰の亀も旨も丸くて突のある山嶺の意味を持ち、とくに旨字には首露の代行性（表現性）が強く嗅ぎ取れる。倭に渡ってからも旨字がムレ・ムロとなまって表象の幅を広げていったことが跡づけられもするのだ。

このように「倭王旨」とは「首」としての「ムロ／モロ」の意味から来ただけではなく、「ス（古代朝鮮語）→シ（音読み）」のように音韻の近さゆえに音写したとすら見込める。加えて「旨と首」は字面も酷似している点も意外に重要だ。首露王と倭王旨とのつながりはかくも強いのである。読者のなかには「そういえば、崇神天皇という名前のス・ジンもそもそも首露王（ス・ロ・ワン）の「ス」と同じじゃないか！」と気づかれる人もいるかもしれない。そこも主要な論点の一つに置いてもよいのだが、崇神のような名は漢風諡号《しごう》（諡《おくりな》）と呼ばれ、命名は奈良朝の後世とされている（8世紀に淡海三船《おうみのみふね》がつけたという説がもっぱら）。たとえば代々の「申し送り」情報が存在していて、のちに史書を書き上げる際は、「ス・ジン」の諡号を名乗らせよというお達しがあったとしてもおかしくはない、とだけ書きつけておきたい。ともあれ、首露と崇神を結びつける石渡理論には一理以上のものがあることは、倭韓交差王朝説がお初の読者にも少なからず伝わってきたのではないかと考えているがどうだろう。

逆転劇――百済の急成長と「侯王」の倭

これまで首露王＝崇神天皇の倭における即位をめぐって自説をもろもろに展開してきた。倭王としての在位期間については、369年という年次がヒントを与えてくれる。その年、百済王（近肖古王）が国内で七支刀を製造させて倭王に下賜《かし》し、372年に倭王旨こと崇神がそれを受け取っている事績があるからである。私のシミュレーションでは首露＝崇神は西暦300年前後の生まれなのだが、それだと崇神はこの時七十二歳となっていて、すでに晩年の一時期である。つまりここに来て、半島の勢力図に逆転劇——百済が任那・倭をしのぐ——が起こっていたわけだ。

370年に前燕が滅び、その冊封を受けていた高句麗は百済との371年の戦いで敗北。百済軍は平壌にまで攻めこんで高句麗王・故国原王を敗死させたほどの強さであって、半島での盟主の座を一時的とはいえ百済が奪い取っていた。翌372年に百済が東晋から受けた国王号「鎮東将軍領楽浪太守」が輝かしい。そこで369年に製造させた七支刀を百済が倭王旨に贈ることになるのがこの時期であり、これは協調への謝意もこめられた倭の「侯王」へのねぎらいの贈答品だった。4世紀の倭はまだ無冠であり、もはやこれを対等関係であるとはとても言えない。

すなわち当時の極東アジア勢力では「百済>倭>任那」が明らかな情勢であったから、倭側も「侯王」としての呼び名も甘受せざるをえなかった。主の国《みまな》を称していた首露王=崇神天皇にとって、半島情勢は思った以上に早く動いてきており、列島での新しい国づくりは順調であっても、本国での持続的な領国経営のほうは瀬戸際のぎりぎりになっていたのである。

4世紀後半のこの時代は、このように新興の百済の躍進が著しく、事実上の始祖・近肖古王が破竹の勢いで高句麗をも押し返していた。倭や任那加羅からすれば、急成長の百済の後塵を拝していたわけである。このあたり、高句麗、百済、倭、加羅、新羅らの政治的な勢力図は年々激しく塗り変えられてゆくような塩梅だった。首露王は歴史的な英傑だが、首露王とて年齢には勝てなかったと思われる。かつて新羅本紀に強大な政治力を記されていた王も、古代の七十歳なら体も頭もあまり無理は利かなくなっていたということだろう。列島の倭を掌握はしたものの、半島における盟主の勢いはすでになく、百済との立場は逆転していたのである。

「ナラ」の系譜――任那加羅から金官という「（ス）ナラの国」へ

4世紀半ばには早くも「任那（任那加羅）」は半島南東部に小国家として首露王の領導のもとに誕生しており、それから数十年後、広開土王碑（金石文）に「任那加羅」の事績（西暦400年）が登場することへとつながった。首露王の王代となって従来の「加羅」国は自他ともに任那加羅になっていったわけである。海峡をもまたがる倭韓連合王国の「あるじ」としての形を示したわけなのだろう。

ただし、この首露王が名乗ったはずの任那加羅国は、後代の半島側史料では「駕洛国」や「金官国」としての国号で通されており、近しい同時代史料としてなら任那という国号は日本のほか宋、高句麗によって、つまり対外的に名指されたような形になっている。自らの名乗りとしてはやはり「加羅国」がらみの表記と音韻を通したのが『三国史記』と『三国遺事』の編者たちのプライドのように感じられもするところだ。「その心」とは、日本列島に旅立っていってしまった政治集団よりも、残った政治集団をこそ彼ら編者たちは記録として残すことに自民族の意義を見出していた、と。それでも『三国史記』強首列伝に、「臣本任那加良人」という表記があるのがまだ例外的で、加羅から転じた「任那加羅」の記憶はこうして半島内部でもとどまってはいる。総体的には半島側にとっては見慣れない国号である分、かえって「崇神天皇（ミマキ天皇）」と首露王（ミマナ国）」のつながりを見て取ることができ、首露王率いる渡来勢力が移遷したことの証左だと考えられるわけだ。

その後、首露王＝崇神天皇の指揮する移民政策の状況が進むなか、半島側における宗主国・任那加羅でも、新しい後継者が定まった。そして第二代のその居登《こと》王（首露王の子）以降の後継王の時代のどこかの時点で、今度は「金官国」を正式に名乗ることになる（『三国史記』にある「改名」のこと）。

　ただこの国名は、たとえば統一新羅の文武王の時代、６８０年に「金官小京」を加耶に設置した事績だとか、『三国史記』が6〜7世紀の人物である英雄・金庾信の史伝を描く際に、金庾信が首露王の後裔である事実を「金官国」の名とともに記している例だとか、ずっと後代の国号なのである。『日本書紀』においても「金官」の名が見えるのは6世紀の継体紀の段階であるからやはり遅い。明らかに内外で用いられたのは早くて5世紀、遅ければ6世紀で加耶勢力の後期といったところである。

　ちなみに神功紀における「加羅七国平定」というトンデモ記事では、神功皇后に平定されたうちの一国が「南加羅」（ありひしのから／「あり」は古代朝鮮語で南）であり、南加羅は任那の別名である。記事ではそのまま加耶地方の往時の地理的状況を地名で説明もしている。神功紀は3世紀の事績が綴られているものの、通常、干支二運を引き下げてそこに一二〇年を足し、たとえばこの「平定」については西暦２４９年ではなく３６９年と見て取るのが通説となっている。とはいえ『書紀』が編纂されたのが7世紀後半以降だと考えれば、この南加羅も後期の呼び名であるのはまちがいない。

　三韓征伐はじめ、こうした神功紀の勇ましい事績はむろん後代による「虚構」であって、前節で取り上げた七支刀についても真逆の解釈を『書紀』は展開していたほどだ。神功紀五十二年（３７２年相当）のほうではなんと百済が倭に七枝刀《ななつさやのたち》（＝七支刀）を献上したという内容になっているのである。もちろんこれは七支刀銘文の情報に「寄せて」書かれたものであって、現代風に言えば歴史修正主義そのものであり、ひたすらイタい。まあ現代人が見ても巧みな歪曲で、白を黒と言うほどの説明だ。

どのぐらい巧みかというと、広開土王碑などとの史料上の照合ができるという点で三韓征伐が史実である傍証だ！と思いこんできた研究者や古代史ファンがかつては後を絶たないほどいた、という程度には、というところ。実際のところは、先述したとおり、百済は倭に朝貢する立場にはなく、倭のことを「侯王」の国と見て七支刀を下賜しているのが正しい実情であった。

七支刀拝受から数年ほどたって、旨（崇神）は崩御し、次の垂仁時代に移る。石渡は、首露王の崩年が西暦199年（己卯年《きぼう》）であることから、そこから三運下げた**379年**（己卯年）を首露王＝崇神の死亡した年次と見ていて、両者を同定するかぎり私もそれが合理的と考える。そしてこの説にはもう一つダメ押しがあるので追加の説明を。実は新羅の第四代王に脱解王《だっかい》（尼師今《にしきん》）なる英傑がいて、むろん神話伝説上の人物ではあるが、その脱解の出生地が倭国の東北一千里にある多婆那国とされ（『三国史記』）、船で半島沿岸部に箱に入って来着した挿話が語られているのだ。象徴的なのは最初に箱が流れ着いた場所が駕洛国（首露王の名も登場）とされていることで、のちに箱は今の慶州市の浦で拾われてそこで脱解は長じた（やがて大出世して王の娘婿に）。これは『三国遺事』の説話だが『史記』では卵であるためいっそう首露との同一性が強い（卵生説話）。最初の漂着場所といい首露王が大歓迎した様子など、首露王とのシンクロ率がやけに高いのである。私がダメ押しと言った点は、この脱解の崩年が『遺事』では建初四年（西暦79年）であってこれがなんと干支では己卯年であり、首露王の崩年干支と同じなのだ。倭人であることが示されているとおり、脱解神話には倭に渡った首露王の姿が打刻されていると考えられる。とはいえ脱解の新羅王としての史実性などは単純な造作と見るべきで、脱解と首露はまるでライバルのような描かれ方もされ、脱解は倭に向かった首露のあたかも「陰画」のような存在である。

さて、首露王＝倭王旨の全盛期がすぎると、任那加羅のほうは退潮を迎える時期がもう迫っていた。ここでは半島南端に「残った任那加羅」のその後を語る必要があるだろう。残った任那加羅ものちの倭（倭国）とのかかわりは深いし、日本の故地「任那」として望まれつづけながら、別の発展を遂げ、最後は滅亡の道をたどることになる。両国の運命を決める岐路がこの4世紀終盤にはすでに見えていた。こののち、連合王国はついに袂《たもと》を別つことになる。

列島への移遷と移民政策という偉大な功績をなした首露王が倭の地で死してのち、任那加羅のほうは西暦400年を境に衰退期を迎える。その契機は対高句麗一五年戦争に倭・任那加羅、そして百済が決定的な敗北を喫したからだ。極東東アジアで最強だった百済軍の雄姿はもうそこにはなかった。高句麗に復仇されたのである。

すでに崇神王朝は二代目の垂仁朝に移って国づくりを固めており、大陸情勢にこれ以上手を出すのは危険性《リスク》がありすぎた。その最後の挑みが404年の帯方地域への侵攻だったが、こちらも高句麗軍に蹴散らされて終戦である。任那加羅の領民たちのほうも一段と列島＝倭への渡来が促進されたであろうし、その分、勢力の弱まりは大成洞古墳群の首長墓築造が頓挫している状況からもうかがわれる。なんとも皮肉なことに大成洞古墳群集団には「行き場」があったために国内勢力は踏みとどまって戦う必要はそこまでなかったのである。

「任那」の国名が東アジア世界に流通していたこの5世紀の初頭、任那に生起していたのは、負け戦による渡来の促進と、残った者たちによる別勢力の伸長である。任那加羅にかわって、慶尚北道の高霊郡では別の加耶勢力（いわゆる「大伽耶（高霊加耶）」）が伸長してゆくことになる。5世紀を描く中国史書では「任那」と「加羅」をそれぞれ別の国として認識しているのが明らかで、その場合、「任那」は首露王系の駕洛国の後裔であり、「加羅」はより北の「大加耶」に相当する（意富加羅国の「加羅」とは別なので注意）。こののち任那（金官国）は532年に新羅に併合され、大加耶のほうは少し遅れて562年に同じく新羅によって滅亡することにはなるのだが。

このように任那と加羅（大加耶）は南と北でそれぞれ勢力を伸び縮みさせていたなか、任那のほうに先に退潮の影が差した。その任那では金氏の国であることの自認を強めていったゆえか5世紀のうちには任那から「金官国」へと名を改めていった。そして述べたように「北の加羅」に対する「南の加羅」という自他の認知もあって、同時期に「南加羅」の呼称も生まれていった。自国の退潮と競争国である同族のような高霊加耶の発展に伴って、近代的な言葉を用いるなら、任那勢力は歴史的な国の自己同一性《アイデンティティー》も求めたであろうし、王統譜も充実させる必要を認めたであろう。金官国や南加羅（南加耶）の国名が生まれたのはこうした次第である。そして内地に残った彼らのなかには移動していった政治勢力の記録はないものとされた。

古代史の書籍では、とかく狗邪韓国の次段階としてすぐに金官国が誕生したといったような大雑把な記述が散見されることも多く、それには驚かされる。国情の変化が大いにあるからこそ、国号の変更につながってゆく「時点」を見据える必要があるのだ。このように時系列の変遷を丁寧に見てゆかないことには、「政体」の変化を追うことができないはずである。まとめると、

〈弁辰狗邪国→　狗邪韓国→（意富）**加羅→**（**駕洛国＝**）**任那加羅　→　金官国**（南加羅）〉

という国号の変遷をここで厳密に再現することができる。狗邪韓国は3世紀後半にすでに名前が見えていたが、その後は、中間的な国名として「加羅」が幅をきかせていた。これはほとんど1～2世紀の大昔の「韓」国から来る、ほとんど普通名詞に近いような固有名である。その分、首露王による「駕洛国」という後世による国号の名づけもわかりやすいところだ。「正統」を名乗らせたい意気込みが編者たちにはあったのだろう。意富加羅から生まれた稀代の王が建国したために、任那加羅は「駕洛国」と特別仕立ての別名も冠されたわけである。

たしかに国号というものは秘密を宿しているものだ。『日本書紀』に書かれたこの任那（駕洛国）に対する呼称は、「金官」（継体紀）のほかに「**スナラ**」であり、「須那羅」（継体紀）、「須奈羅」（敏達紀）、「素奈羅」（推古紀）といったものが見られる。これらの頭にある「ス」音は金属・金・鉄を意味し、「ナラ」音は知られるとおり古代朝鮮語の「国／クニ」の意である。弁辰韓にいかに鉄資源が豊富であったのかをそのまま表現しているわけだ。言うまでもなく、『万葉集』「あをによし**奈良**の都～」の「ナラ」（寧楽）という音韻の決定的な淵源が、この古代朝鮮語「ナラ」ということになる（としか考えられまい）。加羅＝金官国の高官含む住人たちが列島に移動してきて、定住した土地をそのまま「ナラ」と呼びならわしたという事実がすっかりあらわになっている。継体時代は「奈良の都」の時代よりもずっと前で、そっちが先なのだ。

半島・加羅国の王（首露王）の父らは、4世紀前半のどこかで弱体化していた邪馬台国を滅ぼして、勢力を列島に拡大させていった。後継の首露王は国（＝ナラ）をヤマトの地に最終的には求め、年月につれてそこは自然にナラと呼称されるようになっていた。7世紀に成立した自国の歴史書『書紀』

で「ナラ」（寧楽＝奈良）の都に住む編纂者たちがここまでわかりやすく「金官＝ス・ナラ」の同致ぶりを期せずして明かしているのが注目される。

「短甲」と思いがけぬ「ムル」の意味——加耶文化と畿内前期古墳文化との類似

こうした次第で、首露王ら半島勢力の軍隊を「鉄製武具集団」と呼んでよいと思うし、金官をめぐる別名にも「鉄や金属」のイメージが色濃いことを指摘してみた。次にこの鉄製武具のような当時の新技術、そして加羅文化、やや広く言えば加耶文化に関して語っておきたい。この加耶文化（武具、墓制、信仰）と日本の畿内前期古墳文化が酷似していることが、渡来王朝説の証明につながってゆく。

これまで私は、自著二冊で「半島南部勢力（加羅系）によるヤマト王権樹立」に関し、墓制と土器をめぐる影響関係、その近接ぶりを多めに説明してきた。たとえば金海貝塚で発見された短頸壺《たんけいこ》——古式陶質土器もしくはその前段の瓦質土器——が日本の「土師器」（とくに畿内における丸底の「布留式土器」）に影響を与えた、というような話である。

ここで取り上げたいのは、武具（防御具）としての「甲冑《かっちゅう》」——それぞれ訓読みすれば「よろい・かぶと」の意味だが——についてである。第一に「よろい（甲）」に焦点をあててみると首露王と倭の新しい関係性が浮上して見えてくる。古代の甲冑のなかでも「短甲《たんこう》」と呼ばれる丈の短いヨロイがあり、これが「加耶地方と倭」にしかほとんど出土しないことが知られていて、両者の深いつながりを証し立てるものとなっている（新羅や高句麗では使用されていないのだ）。短甲という呼び名が特徴的なのはそのとおりで、その後の6世紀以降に中心となるヨロイ＝「挂甲《けいこう》」は丈がずっと長いもの

になる。下半身まで覆うタイプは重すぎやしないかという疑問も湧くが、その点、この短甲というシロモノは内臓・上半身をガードすることに特化されており非常に合理的な武具であった。

古代甲冑はその歴史は古く、ただし日本の弥生時代には当然ながら初期甲冑は木製だった。それが4世紀になってから初めて金属製（鉄）に変わる。それまでは木製短甲（木甲――刳抜甲と板綴甲の大枠で二種）中心だったものが、渡来文化による鉄加工の技術革新でそちらも使用できるようになったわけだ。

2022年に「加耶展」が東京国立博物館で開催された際にも、加耶をめぐるイメージ写真が多くリリースされていた。その代表例として「加耶の甲冑　金海市退来里《テレリ》出土」である「縦長板釘結板甲」というものが全面に押し出されていた（写真）。4世紀以降の加耶地方で検出された典型的なものだ。こうした短甲が列島に波及してゆく流れがあったのである。その退来里所業遺跡の甲《よろい》は4世紀の「在地」ものであって、その後の進展として、甲は革紐で綴じるタイプの「革綴《かわとじ》」や、鋲を打って留める「鋲留《びょうどめ》」のものが数多く加耶地方そして日本から出土している。首露王が治めていた金海周辺で言っても、大成洞古墳（2号墳）の短甲、同じく金海の三渓洞から出土した板甲なども有名だ。大成洞古墳群で出土する鋲留短甲は4世紀後半のものとされており、任那加羅（駕洛国）の首露王時代のまさに典型的な甲そのものである。

一般的には、加耶製の短甲では上記の写真のような「縦長板」を使用したものが初期の定型となり、「縦＝竪」の形で推移してゆくものの、これが倭製になると、時代を下るにつれ「横矧板《よこはぎ》」と呼ばれるような形式で製作される短甲が主流になってゆく。横矧板鋲留短甲の代表例として5世紀後半の江田船山《えたふなやま》古墳出土のものがある。日本にはこの縦系の「縦長板」短甲の系譜を引くと思われる「竪矧《たてはぎ》板革綴短甲」という短甲があり、文字どおり細長い（縦長の）薄い鉄板を革紐で綴じていったもので、大枠でこれが上記加耶系の縦長板釘結板甲を倭で後継したパターンになると考えられる（比較的古い4世紀に出土）。同じように細長い鉄板や正方形に近い鉄板を上下左右に組み合わせて綴じたものが方形板革綴短甲で、これもその線上に発展したものだ。

こうした古墳時代初期の短甲が、直接的に加耶の「縦長板」系の直接的な系譜を踏んでいることを確認しておく必要がある。たしかに加耶短甲と倭短甲は細かい形状と構造に着目すればまったくそっくりというわけではない。が、「短甲」というところでのつながりは密であり、人とその技術の移転そして直接的な発展・改良ぶりを思わせる。

そもそも「鉄製甲冑」の場合、原料となる「鉄素材」が必要なので、弁辰韓地域にあった古代鉄鉱山の近傍で甲冑製作は行なわれており、一帯はそれゆえに隆盛していた（『魏志』韓伝第一弁辰条の「国出鉄」など）。甲冑の先進地帯は大本の技術という点では中国華北もしくは東北部であるが、半島南部でも甲冑の技術が磨かれ進化していったのも事実である。その先端地域であるはずの加耶地方では、5世紀以降になると甲冑を倭から逆輸入した形跡もずいぶん多く見られる。発祥の地で培われた技術がまるまる別の地に移転するかのような現象はやはり妙な話なのであって、そこに両エリアの単なるつながり以上のものを感知できる。単なる技術の移転というものは現代とちがって起こりえないわけで、工人・職人たちの多くが倭に渡っていったことのこれは証跡になっているはずだ。「国をあげて」の政治的な移動・定住の影がこういうところにも見られるのである。半島南部の「政体」が列島に勢力を伸長し、大きく発展したゆえ、半島出自の多くの人びとも先導者たちに従っていった。そこで身を立てるために渡来民たちは自らの技術を提供し、武具や器などを製作し、製造法の情報も互いに供与しあっていった、というそんなありようが想像されるところである。

　さて話を少し横滑りさせるようだが、甲冑の話と関連するので具体的に述べると、生駒山の北、大阪府交野《かたの》市には森古墳群という遺跡があって、この古墳群の代表格・雷塚古墳（加耶系の竪穴式石室）は箸墓とほぼ同時代のものと言われている（同時代というのは賛成だが、築造年代は箸墓と同じように3世紀末とされていて相変わらず「早すぎる」のが難点）。それはともかく、雷塚古墳の被葬者候補はニギハヤヒの子孫である伊香色雄命《いかがしこをのみこと》とされている。この男の姉・伊香色謎命《いかがしこめの》は開化天皇の皇后となり、初代の崇神天皇を生んでいる「王の母」設定である。伊香色雄命は開化・崇神の二代にわたって重用される物部連氏の祖。そして「肩野《かたの》物部」とも名乗り、今の交野市にもつながっている。もっと言って『日本書紀』では、この崇神の母たる伊香色謎命は物部氏の先祖・大綜麻杵《おほへそき》命の娘（女）となっており、物部の祖となっている。つまりここでは崇神の母系が第一降臨氏族の物部系であることを隠していない。

　交野の地は、天磐船《あまのいわふね》に乗ったニギハヤヒの降臨の地「河上哮《たける》ケ峯《みね》」がある場所であり、磐船神社周辺と比定されている。このニギハヤヒ降臨が天孫ニニギの降臨よりも先立っていることを『書紀』がやけに正直に記しているため、先住渡来氏族として物部氏はことのほか特筆されている。

物部は七支刀を祀った石上神宮《いそのがみ》の管理者であったように崇神王権とほぼ一体化しており、軍事そして宗教儀礼を司る同族のようなものである。先に「首露王＝倭王旨」のところで、「スロ＝モロ＝ムレ（ムネ）」の等式を示したばかりだが、実はあの論証にはもう一つおまけの補強材料がある。それが、物部の「物」という字は韓国語で「ムル」と読むという事実である。これは古代朝鮮語でも同じであったはずなので、すなわち、「ムル（ムレ）」こと首露王（＝旨）は、同族・支族として「物（ムル）＋部」氏を自らの血族から分岐させた、という仮説にもつながるわけである。つまり固有名のムル（旨）の借音字として倭においては「物」字をあてた可能性があるとこれは示している。この音韻への着眼は石渡理論の補完的な傍証になってくるはずである。

また、この森古墳群の近在には森遺跡という代表的な鍛冶遺跡・遺構もあり、珍しく鍛冶炉が発掘されている。すなわち鉄鍛冶を可能とする一族がいたのは明白で、それらの集団は鉄鍛冶加工の盛んだった加耶地方の出身である可能性がこれまた高くなるはずだ。車塚古墳群という有名な古墳群もそのそばにあり、こちらの1号墳からは4世紀後葉とされる三角板革綴（襟付）短甲が出土している。長方板よりも工程や構造は複雑なのが三角板とされ、短甲のなかでもポピュラーなものだ。この三角板革綴短甲や三角板鋲留短甲は加耶地域でも数多く出土している。加耶地方から列島に渡来してきた技術者とその後継者たちが製造したものであると考えるほうが、半島からの輸入品と考えるよりも自然だろう。物部とからむ交野の実例をここではあげてみたが、そこで、

〈旨――ムネ・ムル――「物（ムル）・部」――磐船神社（交野）――ニギハヤヒ（日神）――第一

降臨氏族――鍛冶・加工（鍛冶炉）――石上神宮（七支刀）――鉄――短甲――加耶――竪穴式石室――渡来者〉

――という重要な語群が乱舞しながらも一つの「環」に収束してくるのがわかることだろう。

太陽神「アマテル」は外来神――〝タカミムスヒ革命〟で変わったこと

この物部の祖先（祖神）とされるニギハヤヒは、「**太陽神**」（**日神**《ひのかみ》）と結びつけて考えることができる。ニギハヤヒはアマテラスの孫（ニニギノミコト）に先立って降臨した神であり、アマテラスと同じようにそもそも太陽神的な性質を有している。ここは肝の部分なので、細かく見てゆこう。

この考えの下地になっている学説が、近年のタカミムスヒ重視の論調である。それが〈タカミムスヒ（ニニギの母方の祖父）は、もともと外来の北東アジア系の神で「太陽神」であり、アマテラス（天照大神）に先行した国家神だ〉というものである。これはなにもわれわれ〝渡来王朝派〟ならではの理論ではない。もとより、アマテラス以前の国家的「皇祖神」が別（先）におり、アマテラスと似て非なるその太陽神（日神）こそがタカミムスヒであるという説があった（岡正雄らが主張）。そして今や、このタカミムスヒこそが「皇祖神」つまり日本の「主神」であるということに異論を唱える研究者はもはやほとんどいないという状況になっている。それを受けた溝口敦子の『アマテラスの誕生』（岩波新書）では、さらに踏みこんだ観点でこう述べられている。

《タカミムスヒが天孫降臨神話とともに朝鮮半島からやってきた、外来の神である可能性はかなり高いのではないかと考えられてくる。》と。

つまり溝口によれば、北方ユーラシア（北東アジアのアルタイ語派に属すモンゴル系、ツングース系の住む地帯）によく見られる「天＝日の神」のヴァリエーションがこのタカミムスヒにこそ相当するという考えなのである。このことは日本神話におけるアマテラスの圧倒的な存在感を覆す古代史学界の〝タカミムスヒ革命〟だったと考えていい。

この説は広く北東アジア系にまで由来の射程を伸ばしているのが斬新である。たとえば高句麗の始祖王・朱蒙《チュモン》の父は「天帝」などと史料には記されているが、『魏志』高句麗伝では「日」であり、墓誌では「日月」となっていることを明らかにした上で、この特徴が匈奴の単于（王号）における「天と日月」の同一視ぶりと通底していることを示し、こうした北方ユーラシア系の「天＝日」の観念が、半島経由で列島の神話イデオロギーにも移植されたというふうに氏は展開したわけである。ほかにも、たとえば新羅王の名「脱解《タルヘ》」「南解《ナムヘ》」などに使われる解字の音韻は太陽の韓国語「ヘ」と同じで、それすなわち日神であると指摘している。この太陽神の流れは本命の加耶王にも及んでおり、後世の史料だが、大加耶の王と金官国の王はなんと兄弟同士で、その名は悩窒朱日と悩窒青裔（＝首露）とされていて（兄弟の父は天神で、母は神母）、やはり日神を想起させるものとなっている。

この革命の流れは十数年以上の今もつづき、タカミムスヒ評価が学界で上がったこともあって、タカミムスヒなどの「日神」が北方由来という説が定着してきたのはありがたい援護射撃である。中沢新一にいたっては《北東アジア産のタカミムスヒ》と『アースダイバー　神社編』で明言しているほどであり、こうした風潮を生かしているのかもしれない。

そこで、**〈タカミムスヒ　⇩　アマテラス〉**という皇祖神の「転換《シフト》」が行なわれた事実を、溝口は記紀文献の細部から拾って提示している。氏の論証は明瞭で信憑性は高い。たしかに記紀では、両者の併存・二元化がほうぼうで見られる。そして男性神だったその日神が「アマテル（天照）」名を経由して、アマテラスへと女性神化していったことも特筆されるべき点だ。日本（倭国）のもともとの皇祖神が実は女性神ではなかった――という驚愕の事実も含め、私たち石渡派は、その溝口説をさらに換骨奪胎した。そしてタカミムスヒにおけるその日神性という性格から、ニギハヤヒも同じく日神と捉え、「タカミムスヒ＝ニギハヤヒ」という等式を導き出した。この補助線を引くことで、この理論はさらに大きな射程を備えて飛んでゆくことになる。

けだしニギハヤヒは先乗りの神であって、のちの物部氏や穂積氏の祖神ということになっており、『先代旧事本紀《せんだいくじほんぎ》』においては、ホアカリ（天照国照日子火明命／『日本書紀』）と同体化し、天照国《あまてるくに》照彦天火明櫛玉饒速日尊《てるひこあめのほあかりくしたまにぎはやひのみこと》という長い名前になってその性質をあらわにしている。この名前に含まれる「天照～」とは、実は「アマテラス」のことではない。読み方も**アマテル**となっているように、アマテラス以前の神「アマテル」ということになる。ホアカリがからむ場合はアマテルという呼び方で通すものが多いのだ。アマテラスが太陽神なのが言うまでもないように、アマテルもニギハヤヒもホアカリも性格としては太陽神にほかならない。

ホアカリは、『書紀』本文や幾つかの一書では「ニニギの子」もしくは「ニニギの兄」ということになっており、設定に微妙な差異はあるものの天孫ニニギとの同質性・親縁性は史書でもまったく隠されていない。ホアカリの一般的な子孫は**尾張連氏**の系譜が主流であって、つまりはニギハヤヒの子孫である物部氏や穂積氏ともども、尾張連氏も崇神大王家の「本体」と見て取ることすらできるわけだ（『「倭国」の誕生』で検証）。

その大王家（天皇家）の「祖霊神」がいわゆる「天皇霊」（敏達紀《びたつ》）ということになる。そこで踏みこむと、天皇霊の正体が崇神死後の「崇神霊（大物主神）」であってみれば、これが日神としての「ニギハヤヒ＝ホアカリ」すなわちアマテルと同一神であるとわれわれは考えている。天皇霊とはむろんのこと8世紀の後世の言葉だが、「人ならぬ神」であり、ただし元は人かもしれぬというようなものだ。天皇家（大王家）の信仰の対象ぐらいに今は考えておけばよいと思う。

崇神天皇の本体が倭に渡ってきた首露王であるのならば、その加耶地方における強い日神信仰が列島にも持ち越され、いっそう霊験あらたかに信奉されたと推察することができる。旅と遠征の守護神として、それこそ「朝鮮半島からやってきた、外来の神」（溝口）としてのタカミムスヒの光明は韓人や倭人たちにはひときわ輝いて見えていたはずである。

この日神を信仰する大きな一派――具体的には、尾張連氏、物部氏、穂積氏――あたりは第一先住王家（加羅系渡来勢力）の中核を占めた一族・支族である。とくに物部家は鎮魂儀礼としての「ミタマフリ」でも有名だ。これは「北方（北東アジア）シャーマニズム」との関連性が強く、鎮魂とは魂を「鎮める」だけではなく、むしろ魂を振り起こすという「ミタマフリ」（文字どおり、御霊＝御魂を振動させる）に直結している。物部が司った石上神宮の鎮魂の儀式がまさにこの様式と通底するところである。たとえば折口信夫などは鎮魂という二字に対して「ミタマフリ」とルビを与えているほどで、この物部的な鎮魂の術をかなり能動的な行法《ぎょうほう》と捉えていることがわかる。

『書紀』編纂の時代、編史官らが、いかに神武天皇以来の天皇家の王統を神格化しようとしても、この物部・尾張連に代表されるような、しかるべき勢威を8世紀当時も誇っていた準皇族たちの氏族グループの実力と意向を、むげに無視することはできなかった。そこで「先王たちの系譜」は揉み消しもせず残すことにして、ニギハヤヒとニニギの親戚関係をわりときっちり書き記した。そして第一の天降り集団としてニギハヤヒ（＝ホアカリ）を信奉する集団をムル音から物部として設定した。

この先住氏族の太陽神（＝ニギハヤヒ＝ホアカリ）の素となった「アマテル」について、もう少し掘り下げてみよう。先の溝口は、『延喜式』の神名帳には「天照《あまてる》御魂《みたま》」の表記のあるものが《畿内に五例》あると書いている。名指しはしていないが、おそらく以下の四社に茨木市の「新屋～神社」の三つを一つとカウントして、計五例なのだろう。

木嶋坐《このしまにます》天照御魂神社（京都市左京区太秦／天御中主命など）
鏡作坐天照御魂神社（磯城郡田原本町八尾／天照国照彦天火明命）
他田坐天照御魂神社（桜井市／天照大神荒魂、天照国照彦天火明命説もあり）
粒《いいぼ》坐天照神社（兵庫県たつの市龍野町／天照国照彦火明神）
新屋坐天照御魂神社（茨木市西福井／天照皇御魂大神・天照国照天彦火明神）
新屋坐天照御魂神社（茨木市宿久庄／天照国照天彦火明神）
新屋坐天照御魂神社（茨木市西河原／天照国照天彦火明神）

［※カッコ内の下は一般的な主祭神］

実は石渡は９０年代初頭に刊行した『日本書紀の秘密』（三一書房）において、アマテラスの前身としてのこの「アマテル」について早くも言及し、『延喜式』より八座のアマテル系神社を掲げている。まことに慧眼であったとしか言いようがない。以下がその残りの三つである（五つは上と同じ）。さすが石渡理論と言えるのは、射程が長く、対馬の阿麻氐留《あまてる》神社もきっちりと挙げている点だ。

天照玉命《たまのみこと》神社（福知山市／天照国照彦天火明櫛玉饒速日尊）
天照大神高座《あまてらすおほみかみたかくら》神社（八尾市／天照大神、高皇産霊神）
阿麻氐留神社（対馬市美津島町／天日神《あめのひのみたまの》命＝別名・天照魂《みたまの》命）

神社名の下のカッコ内には念のため主祭神も添えたが、文献等によっては諸説がある。石渡は木嶋坐天照御魂神社と天照大神高座神社はホアカリと直接関係はないかもしれないという但し書きをつけているけれども、『神社志料』では木嶋坐神社の祭神を明瞭に火明命としているようにやはりアマテルのつく神社はホアカリ系と結ぶことはできるだろう。ただ後者は現在も社名を上記のように「アマテラスオホミカミ」タカクラと訓じているのでアマテル＝ホアカリ系だと断ずることはできないのだが祭神のもう一柱に高皇産霊を挙げているのでやはり列挙した。

石渡理論と溝口理論では、それを「アマテル」とあえて名指すかどうかで分かれるとはいえ、「**タカミムスヒ＝太陽神＝外来神＝アマテラスの古層（アマテル）**」という等式までは、同じように見て取っている。しかしアカデミズムの中央にいる溝口説では、その等式に継いで、明瞭に「**＝加羅の**

神」というふうにつづけることには躊躇があるようだ。トップの神が外来神という見方はヤマト中心主義史観への見事な批評性すら示していて、氏はその本文でも記紀のクシフルと駕洛国紀の亀旨の相同性にまでふれ、北方ユーラシアとのゆかりを語っているにもかかわらず、「その先」までには踏みこめていない様子である。学者ならではの節度と保守性ということなのだろうが、そこいらが痒いところに手が届かない感じではある。

逆に考えて、ここまで明瞭なこと――真の国家神タカミムスヒという存在と、そこからの「皇祖神」アマテラスへの交替劇――が、西暦も2000年をこえなければ、氏の新書のような一般書で知られることがなかったという事実に、私は改めて驚かされもする。ヤマト史観という牙城の守備は一枚一枚とはがされてきたという印象はそれでもあるのだが。

そこで、常識的に考えて、そうした北東アジア系の王権神話のうち、対高句麗戦での手痛い敗戦を喫した古代日本が、その神概念だけを「はやりもの」だからという理由で「敵国」のほうからわざわざ採用したとは考えにくい。そういった導入説を採るよりも、7世紀後半から8世紀初頭にいたるその歴史編纂時代において、かねてより日本のヤマト王権の中心には渡来者たちがからんでいたために、ごく自然に北東アジア系のイデオロギーを日本神話にも取り入れた、というほうが話がずっとすっきりするだろう。

北東アジア系の王権イデオロギーが来た道――半島→対馬→列島・ヤマト

そこで、アマテル（天照）系神社のなかで音韻にも字面にも場所にも一番手に注目されるのが、対馬市美津島町（旧・下県《しもあがた》郡）にある阿麻氐留《あまてる》神社（式内社）の存在である。その由来はすこぶる立派なもので『日本書紀』も念入りにこう語っている。

　顕宗《けんぞう》紀三年、当時、任那に遣わされた阿閉臣事代《あへのおみことしろ》が「月神」からの託宣を受け、「わが祖・高皇産《たかみむす》霊《ひ》（天地を鋳造したという）」に田を奉れと命じられ、阿閉臣事代はその旨を奏上し、山城の田を献上した（壱岐県主の先祖・押見宿禰が「祠」に侍《はべ》る）。さらにその翌月、今度は「日神」が人に憑いて再び事代に磐余《いはれ》の田をわが祖・高皇産霊に献上せよ、と言う。そこでまた田を奉り、今回は対馬の下県直が「祠」に侍った、というのである。この「日《ひ》・月《つき》」の差に修辞以上の意味はほとんどなく、ともに北東アジア的な天上の神という同体性に収斂されるものだ。見落としてならないのは、任那に渡っていた時に、月神がわが祖タカミムスヒと言っていることで、タカミムスヒの本拠が列島内ではない可能性、すなわち加耶地方との共時性の高さもこのことからも察せられる。さらにはタカミムスヒの「天地鋳造」という金属神的な比喩も注目されるところだ。わざわざこの言い方を用いるにはそれなりの社会的文脈があるはずで、タカミムスヒが鍛冶製鉄一族たる加羅王家に関係が深いことが含意されているはず。下県直が侍った祠の場所は字句どおりなら磐余（ヤマト）だが、わざわざ対馬の下県直を持ち出してくるあたり、『書紀』編者も対馬下県の霊性の高さをよく知っている。この時の祠に関連したものが阿麻氐留神社ではないかと思われる。

　またこの神社は、対馬南端にある豆酘《つつ》の多久頭魂《たくずだま》神社内にある高御魂《たかみたま》神社との隣接性でもクローズアップされる。というのも、タカミムスヒの表記は『書紀』の高皇産霊尊のほか『古事記』の高御産巣日神、『出雲風土記』『新撰姓氏録《しんせんしょうじろく》』の高御魂《たかみむすひ》もあるため、豆酘の高御魂神社もやはりタカミムスヒと関連するはずなのである。〈タカミムスヒ―日神―「わが祖」〉という言葉が一直線に並んでいることに注目するべきだろう。

もう一つ、南の多久頭魂神社と並び立つ対馬の神社として、佐護湊（上県町）の天童《てんどう》山麓に位置する天神《あめのかみ》多久頭魂神社がある。こちらの近隣に神御魂《かみむすび》神社があり、御神体は通称「女房神」と呼ばれ、腹部に日輪を抱えている神像（木造）である。日輪を抱える女性神とはなかなか神秘的だが、北東アジア系・朝鮮系に多い「日光感精」説話を表象したものにほかならない。カミムスヒのほうは正確にはタカミムスヒとは別立ての重要な神であり、タカミムスヒと同様に宮中の「神八座」（宮中八神）に含まれるものだが、太陽神であることには変わりはない（アマテラスはこの八神に入らず）。

天神多久頭魂神社は『延喜式』神名帳にも載る古社であって、ことに「天神」が冠についた例は式内社のうち四社しかないほど珍しく、そうした社が対馬に存在しているのも奇妙な事実である。天道山には古よりの「天道信仰」があって、俗に「おてんとう様に顔向けが……」などと近現代人が語りつづけてきた道徳律的なアレであるが、本来はまぎれもない「神格」なのだ。

顕宗紀では日神からの託宣を授けるという非日常的なスペクタクルが記述されるほど、太陽の霊力をめぐる精神文化は古代から盛んであった。民俗学的・宗教学的には、これを対馬固有の天道信仰と見て取り、「対馬神道」の名で呼ぶこともできる。ただこの対馬の太陽神信仰は、古代人たちが半島から対馬に上陸した際に、彼らが奉じていた太陽信仰を地元にこぼし、そこでのちに花開いたものとして捉えたほうがよいだろう。大陸・半島から列島へと向かう道のりにおいて対馬はまさに途中の経由地なのだから。もっともこうした移動・移民自体は弥生時代以前からも行なわれていたはずで、か

対馬の白嶽（雌岳）と浅茅湾（向こうに半島の陸影が見えることも）

なり最古層で土着化していたものと捉えたほうがより合理的である。

もともと弥生来の古層にあったそうした信仰形態を拾い上げて古墳時代に時の政権がアレンジして公認化したのか、加羅勢力がゼロからそれをもたらしたのかは正直なところわからない。いずれにせよ、大陸由来の北東アジア系の太陽神信仰が「アマテラスの古層」であるアマテルとしてこの地に、そして西日本・畿内にもだいぶ根づいていることが重要だ。

言うまでもなく、対馬という場所は玄界灘の向こうに浮かび朝鮮半島のイメージが強い島である。対馬の地に立ってその向こうに望めるのが一衣帯水の釜山方面であって、半島の陸地が目路に入ってくる。とくに本州に住んでいる日本人にはなかなかこの地帯の実感が湧かないものだろうが、海の彼方に釜山があるというのではなく、もうすぐの目睫の間に半島が位置しているのが望見できる。

この対馬が独自の存在なのは。このアマテル的な太陽神をめぐる信仰が残っていることだけではなく、もう一つ豆酘の地に赤米神事という祭祀が残っている事実からもうかがわれる。赤米は現在でも中国の雲南省で食されており、水稲耕作の原郷が江南地方であるという説をこれは補強する。と同時に「江南↓半島↓列島」という太古の渡来民たちの通り道をも想像させてくれるわけだ。対馬はまさに日韓の通り道に相当する。

対馬を介在する諸事実からも「**太陽神**（日神）＝**タカミムスヒ**（天地鎔造）＝**アマテル**＝**加羅王**（製鉄民族）の神」というラインが改めて浮き彫りになり、半島～対馬～列島への太陽神信仰の道筋が鮮明になってくる。「**国家神**」あるいは国家理念の出所がこのようにわかれば、日本の古代王権における外来性の少なくとも一断面は実証されうる。すなわち加羅勢力が半島南部から対馬を越えて、しかも日神信仰と信仰者たちを携えて、列島へとやってきたことのちょっとした傍証にはなってくるだろう。

そののち加羅系の倭王が長らく統治した倭国において、その征服王・崇神の死後、当時盛んだった王侯たちの日神信仰の影響下で、崇神霊を日神に重ねるようにいわば習合的に三輪山の祭神にしたという行程が推定できる。そんなふうに、半島にあった王権の霊統はまさに「日嗣《ひつぎ》」のようにして列島の王権内に移入しており、物理的な祭事《まつりごと》＝政治も三輪山西麓で執り行なわれたと私は考えている。

「海を光らせて来る神」の正体――「神代」の謎が崇神紀で解ける構成①

次いで、この外来系の日神と三輪山のかかわりについて確認してみたい。

まずアマテルのことを持ち出すならさらにずっと有名な「アマテラス」についても言及しておいたほうがよいだろう。アマテラスこそイメージどおり「日神」の仲間なのだから、これら太陽神の系譜の神々とアマテラスは似た者同士である。ただそれはあくまで似て非なるものだ。一番の差異はアマテラスが女性神だということであり、次いでやはり伊勢神宮との関係のありなしである。アマテルのほうは伊勢とは縁もゆかりもない。このアマテル＝タカミムスヒ系の男性神が女性神へと転換していった過程と契機は複雑精妙なところがあり、そちらの「神祇制度の問題」は別の書籍でまとめるつもりである。さわりだけ言うなら律令国家の成立した8世紀前後に、アマテルは女性化され、そんな女神としてのアマテラスを頂点とする神話体系が整えられたということになる。

　肝心な点はそうした神祇制度確立以前のより原初的な古代人の信仰形態を探って見出してゆくことであり、結果、石渡史学では見事にアマテルへと遡行しえた。たとえば、伊勢神宮は宇治山田に位置するが、それ以前のアマテラスの故郷は瀧原宮（度会郡）と伊雑宮《いざわのみや》（志摩市）だったという説がある（そして「元伊勢」という名で呼ばれるヤマト地方の檜原《ひばら》の地もある）。とくに皇祖神のような「神」の問題を扱う場合、その初現期がどういうものであったのかの探求は必要不可欠である。

　より原初的な国家神の形態を探ることでおのずと最初の「古代国家」が誰（どんな主体）によって建てられたかが浮き彫りになってくる。このタカミムスヒの源流が北方ユーラシアに求められるというのが確かな事実ならば、ヤマト地方における最初の古代国家の宗教的な理念は北東アジア由来であることがわかる。すなわち古代国家を運営したヤマト地方の崇神王朝は外来系の王権思想をいだいていたのだ——という具合に。現状では、溝口説は学界でも主流派であるにもかかわらず、そこから渡来王朝説の可能性にまで言及してゆくという勇ましい学界「内部」の声はほとんどない。

　偉大なる首露王＝崇神天皇の死後、その「神格化」を王朝内部の人びとは推し進めていった。当然のように三輪山が崇神天皇霊の鎮まる聖地として選ばれた。しかし現在の大神《おおみわ》神社の聖なる御神体は三輪山そのものとなっているし、崇神とは異なる。それは後で決められたものであって、原初の形からは曲折する過程があった、ということだ。そもそも、三輪山には蛇神や雷神、酒の神の性格を持つ祟り神がいたという古来の伝説も残っており、その地はもともと霊力（モノ）が磐座《いわくら》越しに噴出しているパワースポットだったのである。中沢新一はこの三輪山に潜む「モノ」のことを「人間を超えた霊力」と説明している。渡来勢力のなかにはこの霊地の霊力と感応した者らがいたに相違なく、加羅勢力の行き着くべき約束の土地は自ずと定まったのかもしれない。

そこで、崇神が死してのち、最初の国家的な皇祖神プロジェクトが立ち上がる。それは、崇神を日神的な「祖霊神」として、そして崇められてきた既存の日神的な霊力にも重ねて三輪山に祀る――というものになった。こうした三輪山に天皇の祖霊神（天皇霊）が祭祀されていてそれが信仰されてきたという考えはなにも石渡の独断ではなく、実は上山春平も70年代の昔に語っている説であって、突拍子のないものではない。纏向や檜原《ひばら》（元伊勢）、石上、泊瀬《はつせ》などは古墳のほか宮都も神社も多く、天皇ほか祖霊を奉じる霊場・聖地としても特別な場であった。

通常、三輪山には「大物主神《おほものぬしのかみ》」が眠っているとされ、雄略なども『日本書紀』によるとその神との遭遇を望んだほどだった。大物主神自体は『日本書紀』「神代」（上）のラストで突然、登場する。それは海を光らせて海上からやってきたまさに「外来神」の様態であって（《神光照海、忽然有浮来者》）、やはり列島の外部（日本海）からやってきたその外来性を隠していない。その神は「吾は汝の幸魂奇魂《さきみたまくしみたま》である」と出雲のオホナムチ（『古事記』では大国主神）に対して答え、「三諸山（三輪山）

に住みたい」と言ったのである（『古事記』では「倭の青垣の東の山の上」）。
この「光の神」が北方そして海からやってきた「日神」であり、三輪王朝の建国者だった崇神ら王族たちが拝んだ神である。「神代」（上）の最後の最後に、降って湧いたように「三諸山」の名前を登場させるところが心憎い演出なのだが、素直に読めば、この『書紀』のずっとあとに登場する三諸山の箇所が重要なんだよと説いているようなもので、いわば予告編である。実際の時系列ではここではまだ「大物主神」を名乗らせることもなく、何の解き明かしもしていないのだ。大物主神の名前と三輪山とのこの関係が明らかになるのは『書紀』の崇神紀だ。そこに至るまではその神は正体をあらわさないのである。

当の崇神紀の記事では、国内が疫病等で乱れていた世に、崇神は天神地祇に祈り、解決策を探る。いったんはアマテラスと倭大国魂《やまとおほくにたま》の「二神」を殿内に並んで祀ったものの神勢のあまり二神の共存は無理であると悟り、アマテラスのほうを豊鍬入姫命《とよすきいりびめのみこと》に託してヤマトの笠縫《かさぬい》邑（「元伊勢」）に祀らせる。次いで倭大国魂も別の姫に祀らせたが姫の髪は抜け落ち病んでしまい祭祀が不可能になってしまう。崇神は神々を招いて占ったところ、倭迹迹日百襲《やまとととびももそ》姫命（崇神の大叔母）に神が憑いて答えた。その神は自ら大物主神と名乗る。そこで大物主神を祀ったがなかなか国内は鎮まることがないため、崇神は斎戒沐浴し、夢でお告げをくださいとさらに祈った。そうしたところ、大物主神は崇神に対する夢告で自分の子「大田田根子《たねこ》」をして吾を祭らせよと命じたのだ。そこで田根子を茅渟《ちぬ》県（大阪府南部）の陶邑《すえむら》に見つけてきて田根子を大物主神の祭祀者とし、倭大国魂神の祭主を市磯《いちし》長尾市《ち》（倭直《やまとのあたい》の祖）にさせた。その際に伊香色雄（前出／物部連の先祖）を「神班物者（かみにものをささげるもの)」として採用した。そうして世の乱れは収まった、という一連の話が語られている。崇神と物部(ニギハヤヒ系)による祭政一致的な政事が三輪西麓で行なわれていた一端がうかがわれる。

天皇霊としての「日神=大物主神」——「神代」の謎が崇神紀で解ける構成②

われわれが今、再確認しておくべきなのは、あの「神代」(上)のラストで語られた「海を光らせて来る神」の壮大なフリをここ崇神紀でようやくウケて、真相が判明するということ。崇神は北東アジアの外来神を信仰する加羅王一族の子だが、その王代の一大事績を語る段になってやっとヤマトに影響を与えた神の名前がわかる構成だ。その神の居場所(三輪山)から、それは神代で登場していた光の神であることに、やっとつながるのである。

——異形の光の神の海からの登場。三輪山発言で三輪山が注目される。崇神紀でやっと名前(大物主神)を出す。三輪山つながりで、あの渡来してきた神との同一性を解き明かす——。こうした流れで崇神の外来王的な性格が『日本書紀』ならではの筆法で書きこまれている、と捉え返せるのだ。

そしてその神=大物主神は、崇神の大叔母である倭迹迹日百襲姫命《やまとととびももそ》を妻としていたというわけだが、このモモソ姫が箸墓の被葬者であることをなぜか『書紀』が明言していることも肝要である。だからヤマト派はこのモモソ姫を卑弥呼となんとか等置させようとするけれども、彼女モモソ姫が登場するメインイベントが崇神紀のそれであり、崇神の大叔母というあたりに箸墓の「真の主」の内情が秘められていると推察できるはず。崇神こそ箸墓の被葬者なのだ。

さらに、大物主神の子であるという祭祀者・田根子が「陶邑《すえむら》」という今では陶邑古窯址《こようし》群として有名な古代の窯地から連れてこられたことが、編者たちによるほとんど当てこすり的な明示である。この場所は名前のとおり須恵器の生産を請け負った一大古代窯（日本三大古窯の一つ）であって、通常、須恵器の生産開始は5世紀からが初現時期とされており、その最初の最初が「加耶系の須恵器」であったこともよく知られている。私はもう少し早く4世紀後葉でもよいと考えているが、少なくとも、箸墓関係の古墳・遺跡が3世紀になることはありえぬとここからも断定できる。これは須恵器という歴史資料からはめられた「くびき」になっているはずなのだ。

　したがって、箸墓は4世紀後葉の建造時期、そしてその被葬者は崇神、崇神は本名が「旨《シ》」といい「ムレ」や「ムロ」と呼ばれる外来王ということになる。少しふれたように崇神の死後に推し進められた神格化作業で、三輪山（御諸山）は聖地として格好の場所であったおかげで、のちに「モロ／ムロ／ムレ」の名がつけられ、日神とともに祭祀されることになった。そこで祖霊神としての死後の崇神は天皇霊（大王霊）となって信仰対象になった。

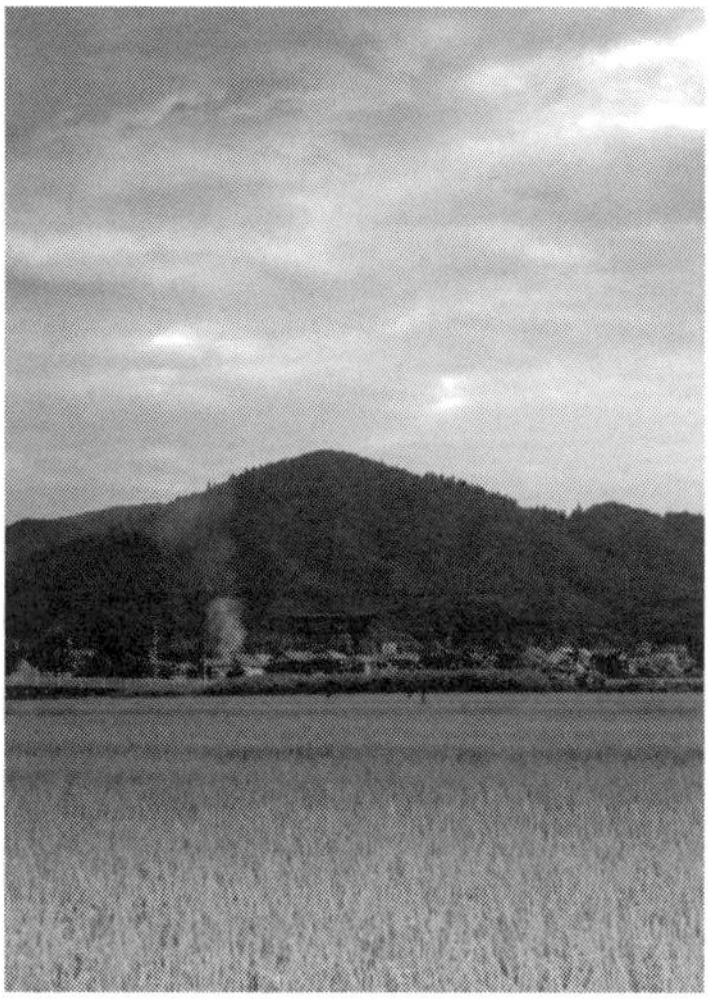

三輪山（御諸山）

　今につづく天皇の代替わりで行なわれる大嘗祭（新天皇の即位後の最初の新嘗祭）では、この天皇霊を新王に入魂し付着させるという密儀がある。あの神秘的な儀式の内容がいつ固められ制度化されたかは謎であり、折口信夫が言うように《伝来久しい神事だけにいろいろなものが複合していて、容易に一面からのみ説明することができないのである。》というのは本当のところだろう。ただ威のある天皇霊は古代から認識され、北東アジア由来の強大な日神と重ねられて古代国家の守護神として重要視されていった。

この複合性・重層性とは、やがて水田耕作がさらに拡充してゆくにつれ、トップの天皇霊には農耕を司る神としての農耕神・穀物神の性質も民から期待されるようになったため、大嘗祭に農耕的な意味合いが付加されたことが一つ挙げられる。大嘗宮として悠紀《ゆき》殿・主基《すき》殿が設営され、そこでは卜《ぼく》定《じょう》された東西のそれぞれ悠紀田と主基田から収穫された米などが「神」に捧げられ、それを新王は「共食」し「共寝」するという秘儀が行なわれるという。つまり稲魂《いなだま》の存在感がどうにも強い（この農耕神としての稲魂の最終形態は、伊勢神宮外宮の豊受《とようけ》大神である）。大嘗祭は神人共食共寝の儀礼として説明もされるように、天皇は農耕の「神」でありながら農耕神を祭祀する「人」でもあって、ここの二重性は天皇霊がまるでイエス・キリストのように「神人」という中間的な媒介者である証拠でもあるのだろう。このように原初的な祭儀がのちのち農耕など他の要素を取りこんで形式的にも整備されてくると、日神の神事を超越したものになってゆくこともわかるはずだ。

天皇霊の話から大嘗祭の内容にまでいささか踏みこんでみたけれども、崇神に戻って語るならば、『古事記』崇神条には疫病で人民が死滅しそうになっている時に、困り果てた崇神が「神床《かむとこ》」に座して夢のなかに神の教えを聞くという箇所が描かれている。神床自体は『書紀』崇神紀にはないシロモノだが、「沐浴斎戒」（崇神紀）したのちに神床で教示を受けるという順序であるならば、それは大嘗祭における廻立殿《かいりゅうでん》で湯を浴びてから大嘗宮に籠りいるという形式にいかにも類似していることになる（大嘗祭では夢告はないが、登極《とうきょく》・即位することが最初の仕事）。その点で、やはり崇神の記紀での姿と行動が祭祀の古式を伝えていることはずいぶん興味深い。「ハツクニシラス（スメラミコト）」でもある崇神が、天皇霊たる日神の神威＝言葉を身に浴びて、天皇親政に覚醒してゆくというこの神話は、元をたどれば「神代」の「海を光らせて来る神」の存在からはじまっており、ここ崇神紀でいったん環《リング》は閉じられたということになる。

本節の最後にひと言。古墳時代以後の「半島」由来の高度な技術の数々――たとえば須恵器、鉄製武具・鉄製農具らの製作技術、水稲耕作とそれに関連した干拓・灌漑の技術、また土木建築らの技術に至るまで――を、列島に移入して全域に広めてきた最初の「主体」を、私は加耶系の半島人（半島南部に住む倭人も含め）であるというふうに見て取って展開してきた。政治集団が渡来してきた結果、そうした技術の移入が容易に起こったという成り行きになる。

ただ外来してきたものは、純然たる「技術」だけではない。こうした諸技術と隣りあって、より大きな文化の産物たる「文物」（学問、宗教含む）の存在も多くそして強くあって、そちらも大陸・半島から列島へと流れこんできたわけだ。暦や天文などの学芸のほか、仏教などその最たるものである。天の日神を奉ずることも太陽神信仰と変わりはなく、宗教的な「精神世界」「思想」全般が渡来してきたのだと言ってもよいだろう。たとえば、上田正昭はこう語っている。

「そういう古墳の文化そのものが、外来的なものですから、朝鮮の民俗信仰のなかには日本に入って主流を形づくってゆくシャーマニズムの原像みたいなものがあるのではないでしょうか。」

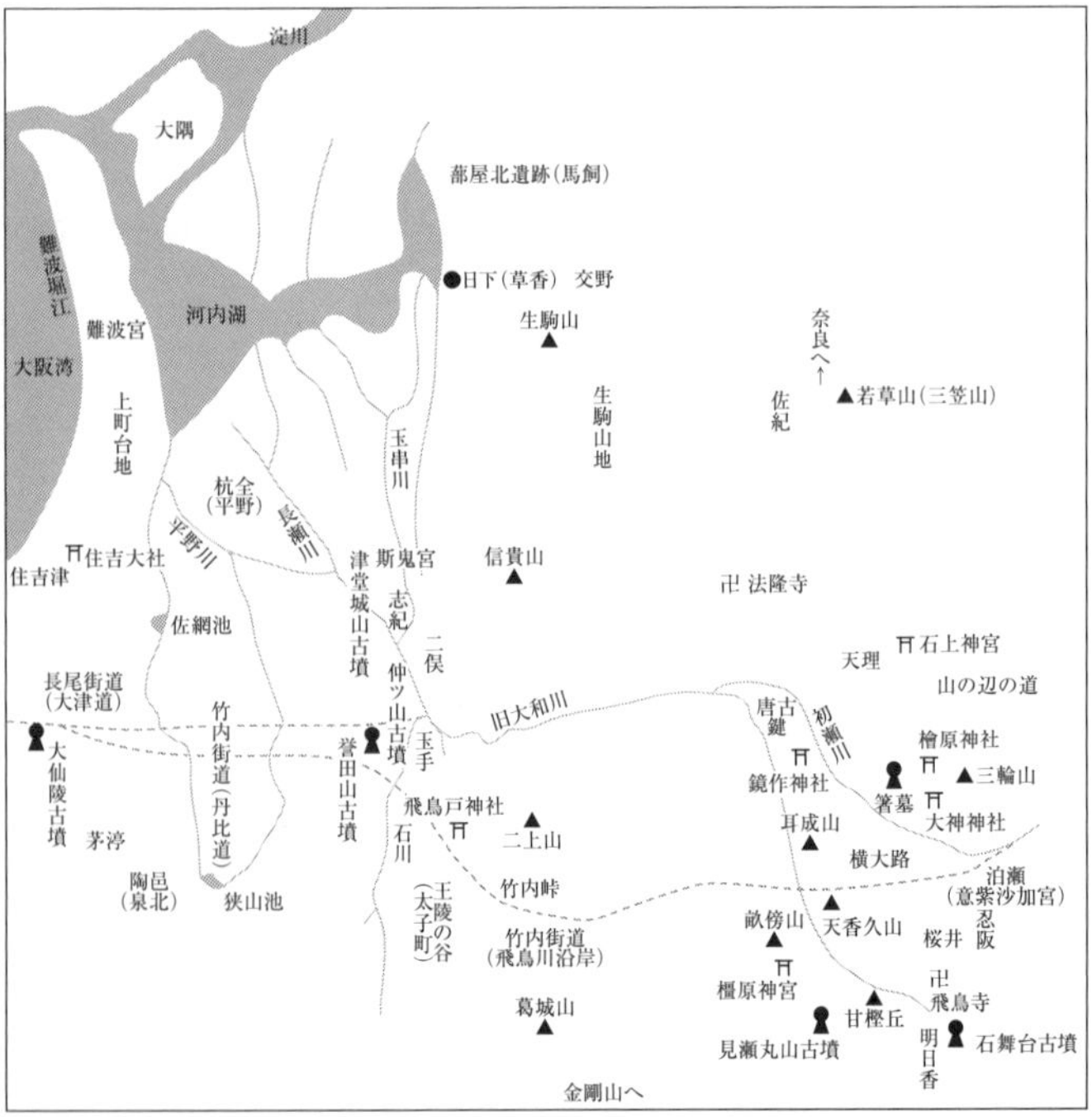

古代の河内とヤマト（山処）

「仏教渡来以前の固有信仰にも朝鮮などの固有信仰が入っているわけですから。そういう前提がまずあって、そこへ仏教が入ってくるわけですね。」（上田正昭　座談会「仏教文化の伝来」）

　また、上原和は、「天から降りてくる神話は、どなたもおっしゃるように朝鮮から北九州にはいって、日本の天孫神話を形成することになるのでしょうけれども、〈略〉」という一文を残している（座談会「日本古代文化の成立」より）。

　上田や上原はともに渡来王朝説を説いた人ではない。が、日朝関係の近しさに関しては多く言及してきた論者であり、とても素直な表白である。外来思想に対してオープンになると、いわゆる日本神話の二元論――「天ツ神」と「国ツ神」の存在――もわれわれはかなり率直に受け入れ、解釈することができる。すなわち天ツ神的な神概念が列島の国土に降来して、それまで「原住」していた国ツ神たちを征服・支配したことを神の世界を借りて表明しているわけだ。渡来説は従来からの神々の二分法に実に親和的な考え方である。

馬具と土器の真実①――箸墓3世紀説は無理筋の極み

太陽神を中心に置いた倭韓の霊統の話はおいて、次に馬具と土器から渡来説の実証をつづけてみる。再々言ってきたように、首露の父世代の代ですでに今の吉備地方あたりまでは加羅系渡来集団の支配下にあったから（山陰の出雲や但馬・丹波路あたりはまだ押さえられていなかったとしても）、子の首露の代では制圧の駄目押しと総仕上げの時期だったはずである。

改めて来倭した崇神（首露）に導かれた勢力は、河内湖（沼沢地）を北寄りに通過し、生駒山西麓などにも拠点を設け生活の場を置いた。おそらくは日下（旧河内郡）経由で生駒山を越え、眼下の地を「虚空見日本国《そらみつやまとの》」（ニギハヤヒの言／神武紀）と認識し、ヤマト地方に来着。日下の地には草香山があり別名が饒速日《にぎはやひ》山であるようにこの経路はまぎれもなく日神信仰を持つ一族の本拠が置かれた可能性が大だ。奈良盆地は狭いながらなかなか多様な地域だが東南部の磯城・高市が最終ゴールのように渡来勢力に目されたのは、やはり神奈備たる三輪山の清々しくも霊的な姿を見そめたからであろう。川筋の多い「かわ・うち（河内）」に比べれば奈良盆地特有の風光の美しさはまことに「山処《やまと》」と呼ぶにふさわしく、やがては「国のまほろば」と特別視されるだけの妙なる王都候補地だった。西に二上山・葛城山・金剛山らの山系を仰ぎ、東にはこの真澄める三輪山を控える盆地の景観に、任那の人びとは（半島倭人たちを含め）大いに魅了されたにちがいない。当然であるかのように東遷はこの土地で停止となった。このように「ヤマト＝山処由来」説を「ヤマト（大和）」という音韻の一番の由来だと私は考えている。今でも学界内外の研究者でこの説を推す人たちは少数だがいる（上原和、中沢新一など）。たとえば松岡正剛は「山の門《と》」説だが、やはり山の由来は同ラインである。三輪山西麓に広がる纏向の地は崇神・垂仁ら初期王権の都城であって、とくに纏向遺跡とその代表格である箸墓は築造年代としても決して卑弥呼の時代の遺跡ではなく、この崇神王朝三代のものと考えるのがもっとも妥当である。

そこで、崇神と纏向とのつながりを考えるにあたって、ここでは馬具と土器を切り口にしてみよう。今の古代史研究が隘路に陥っているのは、端的に言って、古墳の築造年代を「古く古く」見立てているからである。たとえば、二十数年前までは**「古墳時代：西暦３００年〜西暦６００年」**（4世紀〜7世紀）という〝良識的な基準〟が守られていた。にもかかわらず、古墳時代のスタートがその後一〇〇年も「前倒し」されてしまい、〝3世紀からが古墳時代〟というひどい学説が流布されるようになってそのまま悪く定着してしまった。それを私は古代史の蹉跌の一因と考える（もちろんそれを批判している研究者もいる）。

その誤った情報をベースに置くために、かつては弥生時代にすぎなかった「卑弥呼の時代」（3世紀の前中盤）を「畿内ヤマト説」と結びつけて対応できるということに相なった。よって邪馬台国が「都」していたのは纏向遺跡内であって、その畿内ヤマトの邪馬台国勢力の後続に、引き続いてヤマ

箸墓と纒向の地

ト王権が誕生・拡充したかのようなトリッキーな見立てができてしまった。そんな畿内ヤマト説は私たちからするとツッコミどころだらけである。たとえば三輪山西麓の崇神王朝へのつながりが悪すぎるし、5世紀の五王の時代までの「空白期」が不自然に長すぎるのだ。

古墳時代が3世紀の前半から開始したというこの理論——本来的には「奇説」であるにもかかわらず——は、卑弥呼が箸墓被葬者であることを推進している「ヤマト中心主義者」がとかくに喧伝する正統の説にまで成り上がってしまった。まことにおかしな悲劇である。だからあの箸墓は西暦250年ぐらいの築造年代と強引に見なされているのだが、しかし箸墓が昔どおり、350年以降、4世紀後半の築造年代であってみれば、箸墓は卑弥呼の墓にはなりえない。崇神王権と関連の深い箸墓には5世紀に近い陶邑の器の年代が付随してくるのが通説への反証にして「くびき」になっているのである。結局、こうした誤った見立ては、年輪年代法、放射性炭素C14年代測定法の信用しきれぬ結果と、土師器や須恵器、そして馬具らの「編年」がおかしくなっていることに拠《よ》っている。

この編年のことを語ってみよう。たとえば、香芝市（奈良県）の下田東遺跡で、木製の鞍（後輪《しずわ》）が検出され、これが日本列島最古クラスとされている。このすぐ近辺では、5世紀前半の土師器も見つかっており、これで、この鞍の時代が土師器からも推定できる、という成り行きになる。従来、馬具関係の副葬品は5世紀中期以降に築造された古墳からよく出土していたので、馬の導入や使用はこの土器類の検出から案外もう少し早かった――5世紀前半――のかもしれない、などというふうに解釈が変わることもありうる、と（こういうものはよいでしょう）。

ところが、この馬具に関しては、いい意味でトンデモない発見が二〇年ほど前にあった。箸墓周溝で見つかった「木製輪鐙《わあぶみ》」という馬具の一種があり、これは土師器の布留Ⅰ式期土器とともに見つかったもの。通常、布留式土器の初現時期は4世紀初頭と考えるのが標準である（今どきの悪しき流れに乗って、これをさらに3世紀後期にしようとする説もあるけれど／表参照）。他方、5世紀の中盤スタートとされる乗馬（つまり騎馬使用）をめぐる通説に対して、こうして木製輪鐙が出土したのだから、これまでの伝でゆくと、その布留式土器の初現時期「4世紀初頭」にまで一気に一〇〇年も乗馬の時期が遡らされてしまうのではないか――という危険視する声もあがるところだったのである（が、曖昧なままにおわった）。当たり前のことだが、問題の真の所在はそこ――乗馬開始の前倒しの可能性――にあるわけではなかった。要するに、単に馬具がこうして出土するくらいなのだから、箸墓のほうだって馬使用の通説（5世紀前半～）に近い4世紀後葉ぐらいに築造されたにちがいない――というふうに常識内に踏みとどまって事態を読み替えるべき契機だったのだ。ところが『なんか変だな』という空気は流れたものの、そこで学界内部でも方向転換をしようという大きな主張は起こらなかったのである。とにかく箸墓を3世紀代の築造としたいヤマト中心主義「ガチ勢」にとっては、この「輪鐙と布留式Ⅰ期土器の発見」は鬼子のような邪魔者になってしまったわけである。

この一事だけでも、箸墓の築造年代が3世紀なんておこがましいという事態が改めて判明になり、事の異常さも本来ならば共有化されるべきところだった。そもそも、本家の中国のほうですらこの手の鐙は3世紀後葉~末が初現時期とされているため、そんなに簡単に倭にまでは渡ってこないものなのである。箸墓の年代をゴリ押しで遡らせすぎていたら、挙句、こんな手痛いしっぺ返しが槍のように飛んできた、というこれは不測の事態であって、それゆえに頑なに無様な沈黙を学界も強いられている感じなのだ。

石渡信一郎は箸墓築造は4世紀後葉~というふうに断定しており、布留式土器やその前段の庄内式土器の編年も今のように妙に「前がかり」ではなく「後ろがかり」にしていた。御参考に掲げてみよう(なんなら私はこの「石渡編年」をわずかなら時代を前倒しにしても許容できるぐらいである。だいぶ氏は後ろがかりにされているので)。かつて、編年がまっとうだった時代は、「土師器は4世紀から」つまり「土師器は4世紀の古墳時代の土器」というのが定着していたものだが、今や庄内式土器など3世紀前半スタートにさせられている塩梅だ。意図的なイデオロギーが入りこみすぎているのである。

ここの石渡編年では、布留Ⅰ式期(410年~437年)は布留0式期の次の段階であって、とうに5世紀に突入しているほどだから、例の木製輪鐙の検出にせよ、一般的な馬使用の常識と併せて考

土器	［石渡編年］	代表的な古墳	通説
庄内0式（纒向Ⅰ式）	342~350年	楯築342年（墳丘長約83m）	180~210年
庄内Ⅰ式（纒向Ⅱ式）	350~360年	纒向石塚（墳丘長約96m）	210~250
庄内Ⅱ式（纒向Ⅲ式）	360~370年	纒向勝山（墳丘長約110m）	250~270
庄内Ⅲ式（纒向Ⅳ式）	370~380年	纒向矢塚（墳丘長約96m）	270~290（布留0式）
布留0式	380~409年	ホケノ山（墳丘長約80m） 箸墓393年（墳丘長約278m）	290~350（布留Ⅰ）

えれば、ごくごく妥当な時期になるはずである。今の学界では布留式土器の開始を4世紀初頭としているので、どうしても矛盾が出てしまう。やはり「一〇〇年は早い」と言わざるをえない。

このように、土器や馬具などモノの初現時期を踏まえた編年というのはこの上なく重要だ。精査して一度取り決められたものを安易にそして恣意的に運用して見方をあやまてば、それぞれの時代認識がまるで変わってしまう。結局、この「箸墓周溝馬具発見」という「事件」に対しては、畿内ヤマト派の多くがいる学界からは反省・見直しの言葉など出るわけもなく、白けた無反応のみだったというのが正直な印象だった。当然ながら、そもそも箸墓を3世紀半ばに持ってくる説に批判的な人びとのあいだでは、それ見たことかと言わんばかりに大いに物議を醸した。布留Ⅰ式期＝4世紀前葉という標準は、この馬具出土というカウンターパンチが浴びせてきた「常識」から言っても成立せず、布留式土器の時期は数十年以上ゆうに後ろに遅れざるをえないというわけである。

乗馬習慣の年度までうんと引き上げようとするほどの強引さは学界内部でも結果なかったのは幸いであったし、箸墓築造年の推定が古すぎるということが改めて露呈し、妙な空気を漂わせたまま今に至っている。そして今や、学界の内部にいた人たちからも、箸墓は350年以降の築造だとする声もあがっているのが頼もしいところ。

ついでながら、この手の矛盾を一つ語れば、ヤマト派たちが「卑弥呼の銅鏡百枚」に擬する三角縁神獣鏡が布留Ⅰ式期土器と共伴することがしばしばあったのだが。卑弥呼の時代は3世紀半ばだから、この三角縁神獣鏡と共伴する布留Ⅰ式期は3世紀半ばぐらいと見立てるのがヤマト派の論法になる。だが当然のように布留Ⅰ式期はそこまでは古くなりようがない。つまり、三角縁神獣鏡が卑弥呼の鏡ではありえないことはこれ一つとってもわかることだ。もっとも三角縁神獣鏡はとうに一〇〇枚以上出土してしまったため、今日あれを卑弥呼の鏡とする説も退いた。幾つもの矛盾点を衝いて、論理をフル回転させて、おかしな所説に対しては反論してゆかないと、通説・定説が岩盤のように流通して教科書に載ってしまう。古代史の妙な動きにはつねに注意を要する。

この手の共伴現象によって通説の論理が自壊し、新しい真実が割り出されるという文脈で、もう一例を。たとえば庄内式土器が出土した同じ遺跡から、陶質土器（半島の硬質土器で須恵器の源流）が共伴して出土しているようなケースである（近畿でよくあるパターン）。このケースでも、「庄内式土器が出たから、この遺跡は2世紀代後半ぐらいね」と無理矢理に言いたい研究者がいたとしても、そうは問屋が卸さないというわけなのだ。なぜなら、陶質土器は4世紀前葉以降において半島で誕生したものであって、十歩譲っても4世紀頭の誕生である。だから、庄内式土器の時代は310年を遡ることはありえぬと、三段論法的に反論することができる。陶質土器が時代を「後ろ」に引っ張ってくれているわけだ。陶質土器のような韓式系の土器は、半島南部で工人が製作したものがそのまま舶来してきたもの。この場合、庄内式土器を大事に保持してきたと考えられなくもないが、強度の問題もあれば、もう片方の新しい時代の出土物に合わせてゆくのが科学的な常識にほかならない。こういう場合なら、庄内式土器の製造された時期は４世紀代の新しいものだなと結論づけるのが、まっとうな考えだろう。

馬具と土器の真実②——加耶土器による列島土器へのインパクト

では、土器編年も踏まえ、次いで本命の「土器」の話に移ってみよう。弥生時代の弥生土器から、古墳時代の到来が近づくとそれに伴って新しい野焼きの土器、「**土師器**」が出現してくる。弥生時代には各地の村落でたとえば女たちが製作していたような土器が、古墳時代になると、土師部という職業工人集団が専門的に量産するようになり、製造の状況が変わってくる。「古墳時代からが土師器」——と私などは昔に習ったものだが、上記の編年表を見ればわかるとおり、ヤマト派の掲げる編年では土師器のうちの庄内式土器など2世紀後葉の出現としているほどで、弥生時代の土器ということに取り決められてしまったようなものだ。これはいわゆる「ポスト真実《トゥルース》」よろしくゴリ押しがすぎるというもので、「庄内式土器は4世紀前葉から、布留式土器は4世紀中葉から」というふうにいつかは戻さねば真実は遠くなってしまう。少なくとも三〇年前はそうだったということは強調しておきたい。

ここで比較対象のために持ちこみたいものが、朝鮮系（韓式系）の土器群である。とくに瓦質土器、金海式土器、古式陶質土器（＝新羅加耶早期様式土器）などの半島土器（韓式土器）のことで、それらを日本の土器と改めて比較してみるべきだ。加羅系勢力（広義では加耶系勢力）の列島渡来という大きな事実をそこからあぶり出せると思う。先に話題にのぼせた日本産の土師器に一番影響を与えたのが、加耶土器、とくに加耶土器の「器形・デザイン」である——という仮説を端的に語りたいのである。

「庄内式土器」と「布留式土器」はともに野焼きの「土師器」と分類されており、私は「**弥生土器＋加耶土器＝土師器**」という足し算もしくはかけあわせで土師器が生まれていったとざっくりした方程式のイメージで捉えている。というのも加耶土器には赤褐色の「軟質土器」と呼ばれる種類があり、それが実に土師器と似ているのだ（ずばり「韓式系軟質土器」と呼称される土器群も多く日本で見つかっており、南渡してきた渡来民たちが生活用品として自分たちの製作技法を列島で再現したのであろう）。半島南部産の軟質土器と日本産の土師器では、丸底などのデザイン的な共通要素のほか、埴質の軟質性も酷似している。土師器もごく一部ではロクロ成形したという説もあり、加耶土器のロクロ成形の技法が源流となった可能性もある。とくに土師器でも外面にタタキ目跡があるものは韓式系とされるので、その時点で土師器には半島系の技術が刻印されているのだ。たとえば金海市の礼安里古墳群では赤褐色の軟質土器（短頸で丸底の甕など）が数多く見つかっていて、これらの影響関係と刺激から次の土師器がもたらされたというわかりやすい過程を想像することが可能だ。とくに土師器も布留式土器になると丸底が定番化してくるので、渡来工人たちの技術移転の様子が明らかである。これを倭側だけの技術革新と断定してしまうのはさすがに無理がある。

列島では、こうした土師器から次の技術的な段階として「**須恵器**」（一般的には5世紀初頭～とされる）が登場する。須恵器が半島からの技術導入によって製造されたという考えに異論はない。とくに初期須恵器が加耶系（半島南部系）であるというのも完全な定説である。半島の「（古式）陶質土器」がその源流であって、半島作のものを陶質土器、列島作のものを須恵器とそれぞれ分けて呼ぶ。もっと言えば、いわゆる**金海式土器**と呼ばれるものも別名「初期陶質土器」と呼ばれることもあるほどで、４世紀前中盤から金海市の各古墳・遺跡で検出されている。これが陶質土器に成熟し、日本列島では須恵器になるというわけなのだから、金海地域での人びとが倭に来住してきたなによりの証拠品なのである。

先に大田田根子と崇神王朝と「陶邑」のかかわる挿話を記したように、茅渟県に一〇〇〇以上もの大きな窯跡が発見されていて、須恵器も大量に生産された（堺市の泉北丘陵のあたり）。須恵器とは「すえのうつわ」から由来してそれの音読みであるが、これが出土するエリアのそばには「はじ」のつく地名も多いとされ、ともに「同時代」つまり古墳時代を代表する土器となっている。そもそも須恵器は昭和のある時期まで「朝鮮焼（朝鮮土器）」と呼称されていたほどだから、昔の人たちのほうが「わかって」いた。もし現代の日本史Bの教科書に須恵器のかわりに朝鮮焼と出ていたら――と考えると、この呼称が「要請され」生まれたのも、むべなるかなと（瀬戸物、唐津物ととかく「焼き物」の呼称はその代表的生産エリアの名前を冠することが多い）。むろん須恵器がすべてに取って代わるのではなくて、土師器は庶民用に製造されつづけてゆく。

このように加耶系陶質土器の製作技法をまねて、技術移転が起こり、初期須恵器は製造されていった。類似点は多く、たとえば叩き板の痕跡である「タタキ目」の存在、鋸歯《きょし》（ギザギザ）文・組紐《くみひも》文のような文様などがそうである。どうあっても「初期陶質土器→須恵器」への流れは旧名のとおりの「朝鮮焼」ぶりを内包しているわけなのだから、それ以前の土師器段階も常識的に言えば半島由来だと言いきるしかないだろう。弥生土器も半島由来で古墳時代の須恵器も半島由来であるならば、真ん中の土師器も半島由来である――と、これは手堅い理屈ではないか？

しかも、布留式土器より前段の庄内式土器にせよ、かつてはヤマト中心主義そのものの考え方で、〈畿内（大阪府）で生産されてそれが北部九州などに伝えられていった〉――とされていた。が、むしろルートは「逆」と考えたほうが今や整合的なはずだ。「ヤマトから西へ」ではなく、「西からヤマトへ」というほうが自然なわけである（その「西」をもっと言うなら、半島サイドからの由来としたほうが淵源＝「故地」としてはより自然ということである。

当然のごとくに、縄文末期から弥生時代にかけてのあの弥生土器ですら、「朝鮮半島印」がきっちりと刻印されているような具合である。たとえば、半島の無文土器の影響で、北部九州の夜臼《ゆうす》式土器（突帯文をめぐらしたもので縄文終末期～弥生期の過渡期のもの）や遠賀川《おんががわ》式土器（弥生前期に西日本に広がる）が成立した、という考えが今もって有効である。土器におけるヤマト中心主義と在地主義は、弥生時代～古墳時代のあいだにあってはもはや通用しないと考えるのが常道であろう。

こうした土器の類縁関係や直接の影響関係というのは、次のような状況を思わせる。すなわち、古墳時代の政治主導による大量渡来が開始し、そこまでの大がかりな武力衝突がなかったとすれば（いざこざや小さな争いはあっただろうが）、半島渡来文化の数々は、在地の首長・小首長を介在させて在地の人びと（弥生人）のその生活と結びついた、と。というのも、この加羅勢力（狗邪韓国→加羅国→任那加羅）には、南岸にいた倭勢力も当初から含みこまれていたため、列島側との人種的な親近さもあったはずだからである。そこで、在地勢力と渡来民が接触し、交流して、古代の庶民生活が列島で花開いたというわけであり、こうした土器のありようはその証左である。これを現状の研究では、列島の在地勢力が渡来民を「迎え入れた」「包摂した」――という上から目線の在地主義的な図式に押しこめすぎているように見えるのが「問題」なのである。一般的に〈弥生土器が土師器に変容していった〉というような言い方がなされることが多いものの、変容の「契機」についてははっきりともの申さなければばならない。それこそが半島渡来者たちの大量の来着ということで筋は合うわけである。

加耶土器の器形・製作技法が列島での土師器（庄内式土器、布留式土器）に影響を与えた、というこの私説はことさら大胆すぎるというわけでもないはずだ。とくに「布留式土器と金海式土器」の類似性をとくに私は言い立てたいのである。

ちなみに須恵器のような土器製作には「窯」が不可欠で、5世紀以降に活発化するこの須恵器に関しては、瀬戸内海ルートに数多くの窯（初期窯）を見ることができる。これは、北部九州に上陸した加羅国の勢力（首露＝崇神の前世代）が東上する際に、文化・文物を落としてゆく経路と一致している。陶質土器以前の瓦質土器においては、斜面にトンネル状に掘ったこの「窖窯《あなかま》」による焼成でも一〇〇〇℃に達せず、それが陶質土器と須恵器では一二〇〇℃までの焼成温度が必要とされる（だから瓦質土器は焼成が甘い）。野焼きの土師器はせいぜい八〇〇℃ぐらいで焼かれるものであり、温度から言っても硬度がそう出るわけもない。とくに古代のことゆえこうした複雑な窯の仕様からして相当の技術力が要請されたはずだ。古代のハイテクには、技術者・工人の存在が必須そして前提なのである。私が言うところの「レシピ」だけでは現物は再現（再《リ》-現前《プレゼント》）されえず、「見本＝サンプル」とともに人間の指導があったほうがモノは伝えられやすい。その手本そのものが列島に来た渡来民たちであり、彼らが携えてきたからこそのハイテクなのである。

私の最初の著作では、神戸市の出合窯（古墳時代初期）についてふれたものだが、そこでは初期須恵器のみならず、瓦質土器も検出されている。イメージとしては、瀬戸内海ルートを進出してきた崇神父世代の勢力が神戸あたりにも拠点を置いて、河内から東をうかがっていたわけだ。ズバリ言って、半島における瓦質土器や次なる金海式土器、古式陶質土器（新羅加耶早期様式土器）のデザイン・器形には「短頸」で「丸底」のものが多くあり、畿内でよく検出される布留式期の短頸《たんけい》壺《こ》の典型的なシルエットの原像がそれらに由来しているように見える。これが「加耶土器」の列島に与えた影響と触発を物語る。とくに土師器に分類される小型丸底壺と同形のものが金海貝塚で発見されており、両者は酷似している。日本産の須恵器だけではなく日本産の土師器に対しても金海系の影響関係の強さを指摘することができるわけである。

金海式土器（金海貝塚出土　4世紀）

ルートとしては、北部九州から瀬戸内を通るように大阪、そしてヤマト地方（桜井市、橿原市あたり）まで弁辰韓系と思われる瓦質土器や次代の古式陶質土器がやはり点綴されるように検出される。こちらは「韓式」と呼ばれる半島の器であり、窯跡も含め生活拠点としてもこの瀬戸内海ルートでの移住を跡づけることができる。

ヤマト中心部たる纏向遺跡でもこの瓦質土器は検出されており、この層の近在は布留0式期と目されているため、4世紀以降に渡来工人や渡来商人などの集団がヤマトの内懐にまでやってきていることを明らかにしている（あくまで、4世紀以降というのは通説の編年。石渡編年なら、4世紀後葉以降でもっと「あと」）。隣接する橿原市の南山古墳群（4号墳）には騎馬人物形土器まで出土しており（5世紀前半とされる）、これは完全なる金海由来のものであって、当時の王侯・貴族たちの姿と騎馬文化を想起させるような特別なシロモノだ。どうあってもやはり、金海近辺の加羅勢力とヤマトが無関係であるという前提では、古代の日本史はもはや論じることができない。

他方、大成洞古墳群からは倭系遺物がたくさん出土しており、有名な筒形銅器・巴形銅器のほか、土師器も出土している。正確には「土師器系土器」が逆に半島側から出土しているというわけで、当時の倭韓の濃密な関係がしのばれる。土師器系土器の種類のうちで侃々諤々《かんかんがくがく》されるものに、釜山東萊貝塚から出土した二重口縁壺がある。たとえばホケノ山古墳（桜井市）で検出されたこの二重口縁底部穿孔《せんこう》壺が代表格だが、釜山のそれとそっくりで同形と言われる。この東萊で見つかったものが源流となって、その祖形が列島のほうに技術的に流れていったと私は捉えている。倭系遺物とされるものには筒形銅器などがあるが、出土量からして、かつては倭系と想定されていたものが逆転して半島系の出自に傾くようなこともありうる。こうした個別の出土遺物がどういう経路でその地に眠っているかを跡づけるのは難しく、その結論は恣意的になってしまうところもある。だが対馬海峡をはさんだ両族が思った以上に入り交じっていたことだけは確実だ。

いずれにせよ倭韓は交差し、倭人・韓人は混血・通婚して入り混じって、それを重ねていった先にはもはや人種的な区別は意味がなくなっているはずだ。序章から述べてきているようにそれがあのDNA解析データに反映された「古墳人」の「混血の割合」なのである。多大な交流・交差の跡はもはや明白でそこに政治的な往来を考慮したほうが具合はいい。

最後に土師器がらみで述べたいのは、古墳時代の開始を学界が3世紀半ばというふうにゴリ押ししてしまったために、土師器の初現時期も前倒しされてしまって、大きな矛盾が生じている点である。土師器は半島産の陶質土器と共伴して出土していることも多くあり、陶質土器の初現時期は旧三国時代も近い4世紀を遡るようなことはありえないのである。310年代に二郡が滅び、独立の気風が半島で眼覚めた際に陶質土器は新規に製造されたものだ。この編年のままではまるで「(小野)道風が書ける和漢朗詠集」というシロモノ(『徒然草』)になりかねない。『和漢朗詠集』は道風の死後に編まれたものだから道風には決して書けないのである。

ここに「くびき」がかかっており、いくら過去作が長い時代を越えて未来世代に「伝世」する可能性が絶無ではないとはいえ、そこまで高級品でもない土師器の性質を考慮するなら、埋蔵されていた土師器も陶質土器の同時代と見なすことができる。これは簡単な三段論法である。要するに土師器は(昔どおりに)やはり4世紀以降に製造されるようになった——というほうが自然なのだ。

このように、馬具や土器は「渡来説・渡来王朝説」を支持する論拠・証跡となっており、ヤマト中心主義史観への反証にもなりうるはずだ。4世紀後葉というのは西日本の住居内にカマドが造られてゆく時期であり、そんな庶民生活文化の一例も半島南部由来である。首露王＝崇神天皇の移民政策から渡来民たちが大量にやってきたことと重なりあっている。ただただ勝手に混乱のつづく半島から漂着者・亡命者が列島に流れ着いてきたというよりは政治的・社会的な人口増がうかがわれるのだ。この手の「証拠」探しはきりもないものだが、ヤマト派の在地主義が学界に根強いかぎり、われわれも繰り出せる手はくどいほどカウンターとして出しつづけなければならないと考えている。

ポスト崇神（ポスト首露）の時代へ——倭国のその後と（南）加羅の消長

われわれのリアルな渡来史観における加羅国の「消長」そして渡来の状況を見るにあたり、年次と流れをより確定的なものにするのが、『日本書紀』や『三国史記』などの加羅国と百済をめぐる記事である。ただし『三国史記』新羅本紀については2世紀から3世紀の倭との交流も数多く綴られているが、新羅は最終的な半島の「勝者」である分、記事には「盛って」いて眉唾なところも多い。むしろ『書紀』のほうが法外な歴史観を除けば案外な本音が書きこまれているところもある。

たとえば『書紀』神功紀五十五年（西暦255年）に、近肖古王が没する、と記載があり、これは通常、二運（一二〇年）を足し算して、375年のことになる。例の七支刀を近肖古王が倭王旨に授けたのが372年だからそう直せば年次におかしいところはない。さらに神功紀六十二年（西暦262年／つまり382年）には、倭はサチヒコなる者を半島に遣わして新羅を討とうするが、なんとサチヒコは新羅の美女をもらって指令をたがえ、かえって「加羅国」を討った!?——というトンデモ展開などが見られる。そんな簡単に討伐されて加羅（任那加羅）も消滅するわけもなかろうが、ある程度の史実——たとえば加羅の弱体化された時期——はこの手の記事に反映されていると推定される。

そこで、382年に加羅国が弱体化し、いったんは加羅国王の「己本旱岐《コホかんき》」（カンキは王号）は百済に逃げる、という記事内容が検討に値する。この己本旱岐なる王の名は、首露王統を記録した駕洛国記の皇統譜にはない。が、首露王の跡を継いだ第二代の「居登《こと》王」に音韻はかなり似ている。だから、「己本旱岐＝居登王」説というものをここで主張できると思う。この一説による補助線は、別の真実を裏づけうる。というのも、逆に居登王時代が360年代～380年代前後であることが判明するからであって、駕洛国記の伝説めいた年紀を修正でき、年代情報の「鋲留め」が可能になるのだ。なんせ西暦換算など知ったことかと言わんばかりに展開される古代の事績の波に「年次」という数字が定められるのである。駕洛国記では居登王は253年に死んでいるので、これをそのまま二運上げればその年次は373年である。同じような時期を指さしている点が重要で、首露王の即位は342年と考えられるからこの「二代目」に政権が継がれた時期（4世紀の後半）ともおよそ合致する。

だとすると、およその事態としては、4世紀後葉段階で、二代目の王の治世下、任那加羅の力は落ちていたことが想像される。『書紀』垂仁紀ではすでに「任那」へと国号変更したという一節があるはずなのに、ここ神功紀では（それを忘れたのか）「加羅国」のままに出てくるところが、まあいい加減で御愛嬌でもある（『書紀』編纂者が、個別の執筆者たちに対して共通の「設定」を統御できていない）。

倭王旨こと崇神天皇は、七支刀銘文から372年時点で存命で、第一線の表舞台に立っていたことがわかり、その後、379年に崩御するというのが石渡説だ。倭韓ともに二代目の王子が父王から

「父子相続」している時期がこのように裏目読みすれば同じ4世紀後葉であるのは偶然の一致なのではなく、「首露王＝崇神天皇」説が正しいことの傍証になっていることを示している。もし父子相続が史料どおりとしたら、居登王と垂仁はおそらく腹違いの兄弟ということになるのだろう。

リアリズムとしての渡来史観においてなら、この時期、とうに首露王は倭に渡っていて、その「列島経営」は盤石になっていた――ということになる。そして、百済の実質の初代王こと近肖古王とも渉《わた》りあっていた。七支刀における授け手の百済王と受け手の「倭王旨」の同盟関係だ。ほどなくして「首露王＝崇神天皇」は亡くなり、こちらの列島側も「父子相続」の結果、二代目の垂仁がヤマト王権を継承し、三輪王朝はその支配を維持してゆく。

『書紀』においては、同382年中に加羅国王をすぐ復位させたのが、百済の「将」・木羅斤資《もくらこんし》（子は木満致《もくまんち》）ということになっている。注目されるのは、初代の首露王が列島に軍事的な主力を注いでいて半島にいないこの時期、「故国」の任那加羅が新羅の興起にだいぶ弱ってきているそんなイメージだ。それに加え、百済が出張って、新羅を押し返せるほど強勢になってきていること。なんせこの時の百済は史上最強と言ってもいい。近肖古王は375年に亡くなっているが、次の近仇首王《きんきゅうしゅ》も英明であり、登り龍のように百済は半島で勢力を拡大していた時期である（百済も二代目が登場）。

その分、加羅国のほうには「中央派遣軍」とも呼ぶべき主力部隊がお留守になっていたわけで、領民たちも多くが渡海して倭に移住しているさなかだ。そこで任那加羅もこののち4世紀末にもう一度、国力を振りしぼり、出直しを図ることになる。それが語ってきたように二代目の居登王の治世下のことであり、半島の倭人勢力とも連携し、隣国新羅や高句麗の圧力と対峙するようになっていった。

ただ実情は厳しかった。西暦400年には南岸の倭と任那はともに高句麗、新羅と戦うが、あえなく敗北。列島の倭国側のほうはいよいよ半島経営は諦め、任那も退潮傾向が目に見えてくる。さらに主要な官僚や将たちは列島に渡っていったことだろう。その結果、大成洞古墳群の首長墓造営もついに終焉を迎える、という成り行きになってゆく。考古学者が語るように、大成洞古墳群のピークアウト時期が、ちょうどこの5世紀初頭なのである。時代的なつながりにおいてまったくもって筋は通っており、石渡史観の洞察ぶりのすごいところだ。なんせ、通常の史観だと、垂仁は1世紀の頃のイエス・キリストの同時代人になってしまうわけで。干支五運くらいをドカンと下げないと、同時代史料にも合致しなくなる。

ところで、ふれてきた近肖古王を糸口にして、もう一つ重大な洞察が導ける。近肖古王が応神時代にアチキ（『古事記』では阿知吉師）を通して「馬」を倭に届けるという挿話が伝えられている。近肖古王は4世紀中盤の実在者としても、では応神がそうかというとそうは簡単に認められない。例によって年紀のちがう問題があり、最低でも応神の年紀は二運か三運は下げて考える必要があるからだ。馬具関連遺物が列島で出土するのは早くて5世紀からなので、この近肖古王の治世の4世紀後半では馬文化は列島に定着していない時期であり、馬匹は大変な貴重品（贈答品）だったことの裏づけにもなっている。

実は『古事記』崇神条には「大毘古命《おほびこのみこと》、怪しと思ひて馬を返し」というくだりがあるのだが、馬が崇神時代に少ないながらもあったことも匂わせている。ここを「匂わせ」というのは、同箇所の『日本書紀』崇神紀には馬の記述がないからである。このオホヒコと崇神は渡来王族の代表格であり親戚同士であって、馬利用の本格的な時代は5世紀初頭以降であってみれば、それに遠からぬところ――4世紀後葉か――まで崇神天皇の御世（時代）として時間軸を持ってきて鋲留めができる。なぜなら近肖古王は崇神に刀を授けた事績があって、ここで同時代性が伴うからだ。このように『古事記』崇神条と応神条の馬ネタは、まったく時代が異なるにもかかわらず、近肖古王の事績と没年という確定情報があるおかげで、4世紀後半こそが崇神の時代であることを類推させてくれるし、一方で、応神の年紀が引き上げられすぎていることもわかる。近肖古王の時代に干支二運を足せば、ずっと下がって5世紀後半になり、それが応神の時代であるわけで、それだから百済王子の昆支にもなりうるのだ。

これが、従来型の古代史では、崇神時代は遅くても4世紀初頭ぐらいになってしまい、われわれのような「4世紀後半」説は決して出てこないのである。どうあっても、崇神の時代はこの4世紀後半でなくてはならないのだ。ちなみに日本列島にいる「在来馬」（木曽馬や対州馬などの八種）は野崎謙説によると、古墳時代に半島経由でやってきたもののとのことである。『魏志』倭人伝には列島には牛馬なしという記述があるため、これは首肯できる事実。つまり首露王らの勢力が渡来した際に、少しずつ馬が倭にもたらされていったのであろう。だから当然、日本列島の乗馬に関しても、馬具の倭韓における類似性からして直接的な系譜・影響関係は半島南部由来であると断定できる。まあ当時の4世紀の渡来民たちは半島にあった時ですら生活のなかにちょっと馬があった、という程度だと私には思われるし、軍においても将軍のような指導者クラスが乗りこなす程度だったはずだ。だから、列島の地に立った首露の父や首露王子は、その時、馬上にはいたであろう。しかし大群の軍馬を率いていたかどうかは疑わしい。

半島新技術と三輪「後期」王朝による開拓――ヤマトから「河内」へ

北畠親房の歴史書『神皇正統記』は天皇家の正統性《オーソドキシー》について書かれた通史だが、ある妙な一節がある。例の《大日本は神国なり》の書き出しではなく、こちらである。《昔、**日本は三韓と同種也**と云事のありし、かの書をば桓武の御世にやきすてられしなり》――。初めて知った人もいるかもしれない。

北畠は神国日本のいわば国体を称揚する立場上、この日韓の「同種」という見方をトンデモないので焼かれて当然だと言っているようなものなのだが、本当に焚書されたというならそんな事態ほど怪しいものはない（たとえば『天皇記《すめらみことのふみ》』『国記《くにつふみ》』が乙巳の変で焼かれてしまったことを想起してみよう）。

逆にこの北畠の一節は真相に光を照射していると私は考えている。つまり平安前期までは「三韓」と日本が「同種」であることを伝える歴史の古文書が残っていた。そうした所説を展開する論客や証言者も古代社会に多くいたというわけだろう。だが、倭韓が同種だという説が生き残るのはやはりまずいと律令国家の高級官僚たちは考えを改め、焚書した。北畠はきわめて純粋な信念体系を持つ男のようで、こんなつまらない些事《さじ》はとばかりの言いようでこの一節を本文に書きこんでいる。が、皮肉にも彼は「事実」を後世に伝えた功労者なのだ。

北畠の言いようとは裏腹に、この「三韓」からの人的・技術的な恩恵をヤマトの国は大いに役立ててきた。4世紀段階で低湿地の河内地方を越え、奈良盆地入りした渡来集団は、続々とやってくる故国からの渡来者たちを受け入れ集住させるために盆地の土地開発を進める必要があった。そこで4世紀後葉にかけ、自らの得意分野たる鍛冶と灌漑の技術を用いてその地帯の開拓に邁進したはずである。これはおよそ崇神から垂仁にかけての時代のことであるが、鉄製農具が抜群の力を発揮した。鋤・鍬においては方形板の刃先から頑丈なU字形に替わり、鎌も従来の直刃《ちょくじん》から曲刃鎌へと移行して稲刈りの効率が上がった。これらはそもそも半島由来の農具である。こうした有効な農具も使用しつつ古代人たちは土木技術を用いて新田・農地を開発・拡張していったのだ。ヤマトの地を開墾した先には、本命の大阪平野（河内平野）が西方にまだ控えていた。河内湖の水は引きつつあったとはいえ平野はまだまだ川筋と沼に覆われていたのである。「崇神―垂仁」と来た三輪王朝のさらなる後継者たちがこうした河内開拓をつづけて担っていった。この三輪「後期」王朝の指導者たちによって、沼沢地は開墾され、のちの応神による河内王朝の隆盛へとつながってゆく。

石渡理論では「倭の五王」最初の「讃」と等置されているのが**イニシキイリヒコ**（垂仁の第二子）である。イニシキイリヒコは実際に河内（狭山池、高石池、茅渟《ちぬ》池、日下の高津池など）中心に畿内の開拓を行なった責任者である。そこで切り開かれた池溝の数は数百とのことで、弟の景行天皇（第十二代）よりもこちらの「イリ」名のつくイニシキイリヒコを石渡が讃と同定する理由の一つになっている。イニシキイリヒコによる「河内開拓団」というわけだ。つまり二代目・垂仁天皇から「イニシキイリヒコ世代」の三代目にかけて、ヤマト王権は奈良盆地から、再度、河内の可能性に目を向けて河内開拓に本腰を入れたのである。イニシキイリヒコ本人が宮を設けて剣製造の大仕事をやったところが茅渟の菟砥《うと》川流域の菟砥川上宮《うとのかわかみみや》となっており、やはり河内や和泉との親和性も高い。つまり三代目世代では河内の低湿地はだいぶ制御されつつあったことも判明する。

　この讃ののち、「珍」が立つが、珍の本体は石渡理論では**ワカキニイリヒコ**（垂仁の第五子でイニシキイリヒコの同母弟）と等置されている。ワカキニイリヒコ時代は奈良県北部の佐紀《さき》丘陵上に主要な大王墓が移動する。珍の目途はもう一度河内よりヤマト寄りになってゆくのだ。それらを佐紀盾列《たたなみ》古墳群（山稜町、佐紀町）と呼び、代表格は五社神《ごさし》古墳である（被葬者はだからワカキニイリヒコ）。この珍は438年、宋に対して自称号「使持節　都督倭百済新羅任那秦韓慕韓六国諸軍事　安東大将軍　倭国王」を求めて、一挙に高句麗、百済と同格になろうとしたことがあった。たとえば百済王の余映（腆支《てんし》王）はこの時、「四爵《ししゃく》」号——節、都督諸軍事、将軍、王——もすでにあり、鎮東大将軍であって、第二品だった。高句麗の長寿王（高璉）も同二品の征東大将軍に進められている。結果、珍に認められたのは「安東将軍　倭国王」（第三品）の称号というわけであって、その二国よりも格下である。とはいえ珍の臣下たちである倭隋以下十三人の将軍号も願い出ており、こちらは認められている。しかも倭国王である珍と同じ将軍号（第三品）であることが注目される（正確には同じ「品」内で一階だけ珍が上）。つまり「王と侯」の差異がそこまで倭国内では大きくはなく、そこが「格差」の大きい百済の場合とは明らかに異なっているのである。少なくともこの時点では倭国王が突出して君臨するような統治機構はなかったという中国側の認識のあらわれなのだろう。このことからも珍の盤石ではない権力基盤もうかがわれるほどなのだ。

　その次の世代と「済」の二世代の時代には、その珍（ワカキニイリヒコ）の拠点化した北西部からさらに大阪平野に向けて開拓が進んでゆくベクトルが見出される。とくに「済」に関しては**河派仲彦**《なかつひこ》（『古事記』では咋俣長日子王《くひまたながひこ》）が本名だと思っており、「河俣」とは文字どおり旧大和川流域の意味だと考えている。そしてこの河派仲彦は応神天皇の「義理の父」である**ホムダマワカ**とも等置されるべきだ。たとえばホムダマワカには「三人の娘」がおり、この三人ともすべてを后妃にしているのが応神なのだが（次女が皇后）、実は咋俣長日子王にも三人の娘がいて、その次女とのあいだに応神は王子をなしているのである。こんな〝三人娘つながり〟の偶然はそうそうなく、だからこその「河派仲彦（咋俣長日子王）＝ホムダマワカ＝済」という等式なのである。

そうであれば、旧大和川流域の志紀あたりを拠点とした河内の王として「（河派）**ナカツヒコ**」は崇神王統にいた一人だったというわけで、この存在が応神の父の仲哀像と重複するのだ。というのも仲哀の名は記紀ではともに「タラシナカツヒコ」（紀「足仲彦」、記「帯中日子」）であって、陵墓も河内「恵賀《えが》の長江」（藤井寺市）にあるというから名前も土地もずいぶんと重なる（仲ツ山古墳に比定）。要するに済の分身として編史官は仲哀を造作したわけだ。仲哀の息子が記紀では応神なので、済の後継に長男の興をあて、さらに興の義弟としての武を応神にあてることができる。つまり石渡理論では武を済の婿養子と見ているのである。初読の読者はいささか面食らい、煩雑かもしれないが、系図化してまとめると案外すっきりとしており、記紀と『宋書』を無矛盾につなぐものになっているのがわかるはずだ（左図）。

仲哀の父はあの伝説の男ヤマトタケルであって、仲哀が神の怒りに触れて非業の死を遂げる最期（『記』）も奇妙、その妻もスーパーウーマン神功皇后ということでさえあってみれば、この親子三人の史実性は薄いのである。つまり応神天皇には「父母の不在」が目立ってしまうのだ。以下に、『宋書』倭国伝の「倭の五王」の系図とそれに比定した石渡説を示す。

讃
珍
（続き柄不明）
済
興
武

崇神—垂仁—イニシキイリヒコ（讃）—（イホキイリヒコ）—ホムダマワカ（済）
　　　　　　　　　　　　　　　　　　　　　　　＝ナカツヒコ
　　　　　　　　　　　　　　　　　　　　　　　—興（凡連＝メノコヒメ兄）
　　　　　　　　　　　　　　　　　　　　　　　—ナカツヒメ
　　　　—景行（オホタラシヒコ）—ヤマトタケル—仲哀—（応神）＝夫婦—（仁徳は虚構）
　　　　—ワカキニイリヒコ（珍）　　　　　　　　　　　　　　応神（武）

『宋書』にある五王の系譜では、「讃・珍」が兄弟天皇として記録され、「済——興・武」の親子関係と兄弟関係も記録されていながら、他方で「讃・珍」と「済」との血縁関係（続き柄）については何も記録がない。左の再現された系図のほうではイホキイリヒコがカッコにくくられているところがポイントである、そこで石渡が洞察したのは、イホキイリヒコ（ホムダマワカの父）が景行の息子ではなく、「イリ」つながりと事績の豊かさから「イニシキイリヒコの息子」であるとし、それゆえに直系の系譜が切れているように見えるからという解き明かしである。その場合なら、景行が讃ではない理由にもなり『宋書』の奇妙な系図との整合性がつくのである。もしも景行が讃ならば「讃と済」の間柄を『宋書』は「祖父と孫」で表現すればよいだけだからである、実際はホムダマワカ（済）にとってワカキニイリヒコは「大叔父」であって、ちょっと複雑なため続き柄は省略されてしまったというわけだ。

ここで注目してもらいたいのは、景行から伸びている「**景行ライン**」（景行―ヤマトタケル―仲哀―応神）という『書紀』の公式系譜が実に浮いていて造作感が強いこと。ここはヤマトタケルがいるように完全な創作として切り落とせるわけだ。その分、応神の真の父は別におり、その右列のように応神の婿入りが真実味を帯びるのである。この「**イニシキイリヒコライン**」こそが正統な系譜なのだ。

この崇神王権の中興の祖たちは皆それぞれの仕事をこなした有能な王たちであったが、好ましい土地柄ながらやや狭かった奈良盆地から河内へと開拓の手を伸ばしていった済にはとくに先見の明がうかがわれる。そして済（ホムダマワカ）の段階でやっと珍が欲していた「安東大将軍」の除正が認められるわけだ。讃珍の兄弟王の時代よりも済の時代は三輪王朝が一段と拡充し、領土的にも支配体制としても安定期にあった明証とも言えるだろう。

語ってきたように古代の大阪平野には「河内湖」が内陸側に入りこんでおり、縄文・弥生期には広い「河内湾」ですらあった。それが淀川や旧大和川から大量に吐き出された土砂で埋め立てられてゆき淡水化し、やがては徐々に小さくなっていった。この可能性を秘めた大エリアは巨大な湿地（難波潟、草香江）へと姿を変えていったわけである。加羅系渡来集団が来着した頃にはまだまだ河内湖が低い平野を浸してえぐっていて、湖沼と川筋だらけの大湿地だったと考えられるが、それでもこの厄介な沼沢地を沖積平野へと変えてゆき、整地するのが古代人たちの大きな使命だった。どこまでが自然力でどこからが人力なのか定かではないものの、まさに咋俣《くひまた》長日子王や現在の大阪市東住吉区杭全《くまた》における この「杭」の字と概念に象徴されるように、土木・排水工事が古墳時代の5世紀に盛んに行なわれ、農業用水路も備えた豊かな大阪平野が開拓され、沃野になっていったわけである。干拓・灌漑といった大がかりで集団的な作業・労働は半島由来の新技術なしではなしえない。またそれらを支える人的パワーが必要だが、渡来し集住していた韓人・倭人たちの人力が大いに役立ったわけであろう。そしてこうした堰を作ったり池溝を掘削したりするような土木作業のかたわらに、古墳人たちはまさに古墳の建造にも手を出していった。古墳築造に必要な泥や土という材料はたくさんあったわけである。

「政治集団の移動」説がこうして復権した――「4世紀の渡来王朝説」しか勝てぬ理由

この第2章では半島のある王族が列島に渡来するに至る過程を綴ってきたわけだが、それをおえるにあたり、渡来史観をめぐって一言しておきたい。たとえば70年代以降だって「倭韓」をめぐる政治集団の渡来の鋭い洞察は大いにあった。考古学者の森浩一は、巨大古墳の築造という日本人離れした状況を踏まえ、《たんに古墳文化が伝播したとは解さずに、古墳文化を習俗とする政治集団の移動を考えている》(『古墳』)とかつてははっきりと書いていたほどだ。なにも渡来説は江上説や水野祐説で終わりではなかったのである。先述したように上原和がある座談会で「どなたもおっしゃるように」と明言しているほどには「天降り《あまくだ》」神話は朝鮮半島から由来していると見るのが70年代の一般的な通説だったのである。

日本の固有信仰と見られてきた神道、神社なども含め、宗教的・思想的な文物で半島由来のもの、そこから触発《インスパイア》されたものも案外多い（たとえば「神宮」なら508年に新羅がそう名づけた場所で祖先神（初代王の赫居世《かくきょせい》）の祭祀をスタートさせており、伊勢神宮（正式名称「神宮」）の成立よりも名称だけなら早い。また岡谷公二の研究で詳らかなように、朝鮮半島では「堂」と呼ばれる祖先神信仰の場があり、倭との通底ぶりには驚かされる。

こうした日本の70年代までの古代史をめぐる闊達な議論ぶりに対して、80年代の反動的な在地主義の動きがあった。そしてその後のヤマト中心主義の圧力の存在、それを押し返すのに、実に三〇年の長い時間がかかったことを、嘆息とともに問いただしてみたい思いすら湧いてくる。

とはいえ、われわれは加羅系の渡来者のリーダーたちを崇神天皇（と王族）と見なし、崇神を任那加羅王たる首露王（臣智＝秦支廉の子孫）と等置した。そこには、こうした別の見方も実はあるのである。それは渡来者たちが政治勢力として来倭したとして、その際、渡来者たちのリーダーを、そうした「有名」な首露王とは異なって、まったくの「無名の身分の低い豪族」あがりだというふうに見なすこともできないわけではない、という観点である。そして、もしもそうした無名のリーダーが倭に来て、崇神になった、というふうにヒロイックに考えたほうが本当ならばより冒険的でカッコいい（？）のかもしれない。だが、背景に一定の軍事力を持っていること――たとえば一族郎党や配下に軍事に長けた者たちがいること、また武具を生産・調達そして運用できる者たちが身内に多くいること、あるいはまた辰王ネットワークに参画していた三韓のうちの諸侯の一人であること――などのかなり厳しい「条件」が渡来王には課されるため、当然のように「身分の高い」「名のある」武人のほうが王侯の候補者となる可能性はずっと高くなる。半島南部の倭人たちとの交流も身分の高い実力者たちのほうがより盛んなはずで、巧みに人も物流も動かしえたことだろう。そうであればこそ、高身分の王族・高級官僚のほうが「列島進出の主体」という候補者になりやすいと自然に目されてくるわけだ。

実は、この一〇年、渡来説は新しい時代を迎えてきており、たとえば、半島からの渡来者が1世紀や2世紀に列島にやってきて、在地勢力と混ざりあい、やがてはヤマトに王権を誕生させるまでになった――という見解もないことはなかった。のちの「天皇」族が弥生時代に渡来してきた、という考え方のヴァリエーションだ。しかし、それでは以下の研究成果から矛盾点が生じる。

（1）4世紀に渡来民たちが大勢流入していることを示すデータが最新のDNA解析において出てきたこと（斎藤成也など）。

（2）古墳時代人たちが「東アジア」からやってきて、「縄文＋北東アジア」の列島人（弥生人）の成分にそれが混ざることで、「縄文＋北東アジア＋東アジア」の混合割合が成立し、それが現代人の割合と同じDNAのありようになることがわかってきたこと（金沢大などの国際研究チーム、覺張隆史ら）。

――となれば、（1）では4世紀の人口増を自然増だけでは片づけられなくなっており、社会増・政治増の条件を満たすためには、従来の在地主義はもはや採用できない。すなわち渡来王朝説、少なくとも渡来説がふさわしいということになる。さらに1世紀や2世紀ではなく、やはり時期は4世紀なのだ。（2）では、「第三のＤＮＡ」として東アジア系の人びとを想定せざるをえず、端的に加羅国（任那加羅）からの政治集団の移動・定住を肯定するほかない。

すなわち、4世紀代に渡来王に引き連れられて相当数の渡来民が移住してきたと考察している理論が必要になる。日本でそれをきっちりと理論展開したのはやはり石渡信一郎史観しかない。そして第3章で詳説するが、4世紀の加羅勢力に次いで、5世紀代後半には百済系の渡来集団が大量にやってくるという展開が引きつづく。加羅系の道具・葬制などから、百済系のそれに切り替わってゆく様子でそれは明らかなはずだ。

現在のところ、石渡信一郎の残した理論、そしてそれを補遺している私の理論がもっともよく最新科学情報をすくい上げていると強弁できると思っている。すなわち渡来王朝説の復権そして「逆襲」がこうして起こったというわけだ。第3章では、いよいよ応神天皇が「五王」の時代を引き取って終焉させ、新しい河内王朝が開始する契機とその後の王統間の興亡を明らかにするつもりである。

第3章　応神の「新」王権と後継天皇たちの興亡

――昆支と男弟王、そしてクーデター

崇神大王家への婿入りは定番理論に――「済＝ホムダマワカ」の補助線で見える「武＝応神」

第2章では、「渡来王」がヤマト王権を建設したこと、その王権の政治集団とは金海周辺に勢力を張っていた当時の任那加羅の系統であること、を詳細に語ってきた。最初の渡来王朝は4世紀の崇神王家（王統）というわけであるが、この崇神王権も5世紀後葉からは様相が変化することになる。5世紀はいわゆる「倭の五王」の時代であって、石渡理論では、「**崇神―垂仁**」の二代ののちに、「**讃珍済興武**」の五人の倭王（倭国王）が登場して王権を継いだ、というふうに捉えている。第2章で「讃珍済興」までの流れはざっと説明したとおりだ。

そしてこの最後の「武」を応神天皇と等置しているばかりか、百済王子の昆支《こんき》と等置しているのが最重要の着眼点である。この「武＝応神＝昆支」は崇神王家の直系の人物ではなく先の系図のように「婿入り」した存在であって、その意味では、天皇家（崇神大王家）の「男系」はここで崩れていることになる。ある種の評論家たちが聞いたら顔を真っ赤にして噛みついてくるような研究内容かもしれない。それでも、石渡の理論枠組みは完璧ではないまでもずいぶん説得的で、研ぎ澄まされたロジックの強さを持っている。そうした強い理論に私も惚れこんだわけなのだが、その論理のありよう

を第3章では示しつつ、応神とそれにつづく後継者たちのことまでをも遠望してみたい。

応神天皇については、私も最初の著作で詳細を書いたので、ここでは情報をギュッと濃縮して概説だけしてみる。前章で掲げた系図のとおり、応神は『古事記』分注記事の系図によれば、ホムダマワカの三人娘のうちの次女ナカツヒメと婚姻して婿入りしていることがわかる。応神の名前は『日本書紀』では誉田分尊《ホムタワケノミコト》（『記』では品陀和気命《ホムダワケノミコト》）であって、「ワケ」がつく。三輪王朝の崇神（ミマキイリヒコ）、垂仁（イクメイリヒコ）、讃（イニシキイリヒコ）、珍（ワカキニイリヒコ）らがその名に「イリ」を持つため「**イリ王朝**」と呼びならわすことができるのに対し、応神にはそのイリがないのも「外来性」を伝えるところである。だから上田正昭は応神が樹立した新王朝を「**ワケ王朝**」と名づけ、こう語っている。《(応神は）三輪王権の血脈をうける中比売《なかつひめ》を娶ってワケ大王家を樹立した》というふうに（『私の日本古代史』）。

応神がナカツヒメをめとることで自らの政治的背景を強め、権力の近傍に寄り、「時機」が到来したのを見て、ワケ大王家（応神新王朝）を開いた、としているのだ。この所説の前提となるのは、ナカツヒメの父であるホムダマワカには相応の権力——「三輪王権」（上田）——があり、ずばりホムダマワカは天皇（大王）であったということだろう。この野心的な上田説に一本の補助線を引いてみることで、理論は大化けするのである。つまり「**ホムダマワカ＝済**」である。そしてこの場合の時機とは、応神にとっての義兄である興（済の嫡男）が477年に崩じたことである。それによって、当時、ヤマト王権の「ナンバー2」にまで登りつめていた応神に自然とお鉢がまわってきた。

上田の指摘は集大成としての書籍にあるものだが、大家の主張が石渡説とも案外に親和しているのが私としても不思議な感覚である。それだけ仲哀&神功皇后という応神父母が学界的にも疑問視されているという証左であり、上田ですら『書紀』ではなくこちらの『古事記』系図のほうを最終的に採用したほどなのだ。応神に関しては男系相続がさほど重視されていない姿勢が見受けられる。このように崇神王朝から応神王朝への5世紀におけるパワーシフトは石渡説を導入せずとも、すでに認められているのである。婿入りはすでに定番理論になっているのだ。

ただ、上田ほどの慧眼の持ち主であっても「応神＝百済王子・昆支」という大胆な説にも「応神＝倭王武」という鋭い説にもともに首肯した形跡はないということも慌ててつけ加えなければならない。その分、今からその検証をしてみよう。もとより**「武＝応神天皇」**だけでも斬新だが、**「武＝応神天皇＝昆支」**となればまさにニュータイプの学説であり、ここまで踏みこんだ説を提示した研究者は、研究史上、石渡しかいない。通説では、「武＝雄略天皇」というものが当然のように流通しており、困ったことに大学入試でもそんな等置ぶりを記述させるような問題まで出されている。ただしこの教科書史観にはいろいろとツッコミどころが多い。武は478年に宋に対して遣使上奏し、まず「安東《あんとう》大将軍」をはじめ四爵号すべてを受け、翌479年には「鎮東大将軍」（南斉より）に、さらに502年には「征東将軍」（梁より）へと進号されるという事績が認められる。ところが『日本書紀』では雄略が479年八月に崩御しており、年次がまるで合わない。死んでだいぶ年月もたった雄略に将軍号など与えるのは馬鹿げている。いかに遅い古代の情報空間とはいえ、『梁書』の進号記事がそこまで安易に進号させた結果とも思われない。もう少し状況には敏かったはずなのだ。

なぜか古代史の業界には「雄略画期説」というものが盛行してきたのだが、その最たるものが雄略をあの稲荷山鉄剣銘文の「ワカタケル大王」と等置していること。だがこれもそもそも怪しい。稲荷山鉄剣には銘文が刻まれ、その「辛亥年《しんがい》」が471年か531年かで議論があって、七対三ぐらいでまだ471年が優勢である。しかしこれが531年に傾けば、土器などの編年も変わり、古代史も正常に復すと私は見ている。当然ながら、531年なら、ワカタケル大王は雄略になりえないし、石渡が言うように欽明天皇がワカタケル大王だということが判明するのである。

雄略には勇ましい男伊達ぶりもないことはないのだが、全体的には傲慢で卑小な暴君像のほうが押し出されている。たとえば志幾大県主《おほあがたぬし》の立派な御舎（天皇のそれに似せたというのだ）に雄略が反感を持って言いがかりのようにして放火する（『古事記』）など、とにかく暴君ぶりが甚だしい。敵対者は身内でも潰すというやり方なのである。同じように、姦通した疑いの百済から来たイケツヒメを木でくくって相手ともども焼き殺させた、なんて挿話もある。律令国家の編史官らが非道な天皇像をなぜNGにしなかったのか、「大悪天皇」という悪名まで背負わせたのか、後生のわれわれもよく見抜かなくてはならない。もちろん雄略は造作された天皇であって、史実性はない。むしろ違和感を覚えさせるように『書紀』も独自の筆法で「仕掛け」ていると見るべきだ。

もし「ワカ・タケル」で区切るのなら、「若・武」」となって、「倭王武の若い王子」という意味を包含するはずなのに、従来の「雄略＝倭王武＝ワカタケル」説では、「ワカ」の部分の段差（世代差）に意味がなくなってしまう。前代のタケルとの世代差を示す言葉（ワカ）の差異が無視されているのだ。しかも雄略は泊瀬朝倉宮を都宮としたというが、候補地が桜井市の脇本遺跡とされ規模と位置からして覚束ない。ワカタケルは「斯鬼宮《しき》」にいたと銘文にあるものの、これと同致するイメージがないのである。この斯鬼宮は文字どおり「志紀宮」（八尾市）のことであるはずで、むしろ雄略から攻撃を受けた場所なのだ。それほど志紀の地が栄えていた証拠にもなる。

「将軍」号を持つ男——461年、左賢王・コンキの来倭

応神に話を戻すと、応神の実在は5世紀であるが、『日本書紀』では西暦200年代の人物として記述されていて、生没年は「200年〜310年」。そこで「干支三運」の一八〇年を後ろに足せば、応神のおよそ活動時期がわかる。この『書紀』のやり方はもちろん意図的なもので、応神の似姿を雄略紀に持ちこんでいるのである。つまり雄略朝の出来事は真の応神時代の事績の反映にほかならないのだ。中国の呉（架空のもの）への遣使や百済の姫が来倭するなどのことが事績に挙げられるが、典型例は、百済王子・昆支が来倭した記事が書かれているのがこの雄略紀だということである。

実際に百済から蓋鹵王《がいろ》（第二十一代）の弟である昆支が来倭したのは西暦461年である（蓋鹵王の先王が第二十代・毗有王《ひゆう》で、その長男が蓋鹵王、次男が昆支）。兄からの命を受けて倭の天皇に「仕える」ために来倭した昆支は、人質というにはえらく丁重にもてなされ、その青春期を倭ですごすことになる。一点、来倭の時に重要なことがあって、昆支は蓋鹵王に意外な申し出をした。王の婦人を賜りたいというのだが、すでにその「婦」は孕んでいた。もしも子が生まれたら百済に送り返す約束で、昆支らは百済から倭に旅立った。女は産気づき、筑紫の各羅嶋《かからのしま》（唐津市沖の加唐島）で出産する。生まれた男の子は島生まれゆえに「嶋君《せまきし》」と命名された（のちの百済の武寧王＝斯麻王）。武烈紀になると昆支の実子扱いとなっているので、まず「昆支—斯麻」は本当の親子と見てよいだろう。

ところが475年（『書紀』では476年）に蓋鹵王が高句麗の攻撃にあって漢城（ソウル）で殺されてしまう。昆支たちにすれば衝撃の事態であった。百済では、昆支の叔父（昆支の母の弟）である文周《ぶんしゅう》王（『三国史記』では蓋鹵王の子）が立ち、熊津《ユウシン》に遷都した。昆支は458年の時点で「左賢王」だったから、実はこの文周王よりも位の高いナンバー2であった（左賢王は右賢王の上位で、騎馬民族国家に見られる実質「跡継ぎ」）。その後、『三国史記』百済本紀によれば昆支は477年四月に内臣佐平に任ぜられ、百済に帰国。だが八月にはあっけなく死んでしまうのである……。

昆支の死亡――当初、石渡は昆支に着目した時に昆支が帰国後にすぐ亡くなってしまうというこの記事を知って、「応神＝昆支」説を諦めかけたという。ただ、そこからが石渡のアプローチの巧みさだ。『書紀』には妙に律儀なところがあって、百済から来倭してきた王族たちのその後の行方に関しては百済への帰国記事を丁寧に記録しており、その点、昆支に関しては、百済に帰ったという記事が皆無だったのである。ここに『三国史記』と『日本書紀』に差異があらわれるのだ。たとえば昆支の息子である末多《また》王が、百済王（のちの第二十四代の東城《とうせい》王）に即位するため479年に倭から帰国する際、時の大王（『書紀』で雄略）が兵器と五〇〇人の兵までつけて百済に送った、とある。4世紀以降の倭―百済のつながりの深さを感じさせるわけだが、こうした詳細な「帰国」記事があるわりには、昆支について何も記載がないのはいかにも疑わしい。昆支には、その末多王のほか、あと四人ほど子どもがいる。それらの子どもを外国（倭）に残して昆支が単独で帰国するというのも不自然である。つまりこのあたりの事情を検討すれば、昆支は百済に帰国せず政治的に優位であった倭に残りつづけた、と考えられるのだ。昆支＝応神説をふたたび構築したわけである。

昆支は百済国内でもナンバー2であったと書いたが、実は、倭国内でもすでにナンバー2の重鎮であった。このことは御都合主義的な理論ではない。倭国を含む古代東アジアの王たちは中国から授けられる官位（「官品」）の重要性に早くから気づいていた。国を飛び越えた共通の競争原理のようにこれを得ることを切望していたのである。官品とくに宋の官品について知ると、そこから判明してくる重大な事実が浮上してくる。

　歴史的に、東アジアの各国は中国王朝を自らの後ろ盾にするべく、中華と冊封体制を結んで積極的に周辺国家の地位を受け入れてきた（朝貢した上での「服属」）。たとえば百済は逸早く国際舞台に参画し、372年には余句（近肖古王）が東晋から「鎮東将軍　領楽浪太守」に任命されている。なお高句麗にいたっては355年にこちらも前燕からではあるが「征東大将軍」をより早くも受けている。こういう将軍号をはじめとした官爵には上位下位の秩序が明瞭にあって、鎮東将軍は宋の官品では「第三品」である。

　その後、386年に、百済王子・余暉《よき》（＝辰斯《しんし》王／近仇首王の次男）は「使持節都督　鎮東将軍　百済王」に任命されており、百済は倭に対して国際秩序・国際序列で大いに先行していた。時は4世紀の話であって、「倭の五王」たちが官爵を切望する5世紀よりも数十年も早い時期の話である。では、その倭というと、先にふれたように五王の「珍」が高望みして自称（仮授）した「六国諸軍事　安東大将軍」などの除正要求は中国の宋王朝から無情にも見送られてしまう（既述）。が、ようやく438年に、珍は「安東将軍　倭国王」のみに除正されることに成功（ようやく第三品になった！）。ちなみにその5世紀になれば、百済王（余映＝腆支《てんし》王＝直支《とき》王）のほうはすでに420年に鎮東大将軍を得ており（鎮東将軍からの格上げ）、また高句麗王（高璉＝長寿王）も征東大将軍に除正されていて、ともに一段上の「第二品」で、位階の高さではまたしても倭に先行しているのだ。

ここからが本題である。百済のその後の爵号の除正を見てみると、蓋鹵王（余慶）は、457年に宋に対して除正を求め「鎮東大将軍」を授かる（第二品）。そして翌458年には今度は身内などの重臣一一人の任官をも宋に要請している。

その一一人を見ると、蓋鹵王の王弟である昆支（＝余昆）は**征虜将軍**《せいりょ》に、文周王（＝余都）は輔国《ほこく》将軍に除正要求されており認められている（『宋書』）。この征虜将軍も輔国将軍も同じ「第三品」の序列ながら、より上位の「階」なのは征虜将軍のほうである。つまり昆支のほうが余都（のちの文周王／昆支の叔父）よりもこの時点ですら上位というわけで、たしかに昆支は左賢王という実力者の地位に就いているだけのことはあった。なお、先に『三国史記』では文周王が「蓋鹵王の子」とされて直系であることが示されている別の説にも言及しておいたが、これが誤りなのは、昆支が左賢王であること、そして征虜将軍であることの二つが決定的な証左だと考えられる。

さて、これらを踏まえて、461年の昆支の来倭記事について改めて考えてみよう。東アジア世界における序列は、高句麗が強大だったとはいえ、475年までの漢城攻撃と蓋鹵王殺害までは百済こそが半島の盟主だった。昆支はこの時すでに国内的には左賢王、対外的には征虜将軍である。征虜将軍は述べたように宋官品で「第三品」であり、これは倭の五王の珍と同じ官品であって、済も443年以降ずっとこの同じ第三品のレヴェル（安東将軍　倭国王）だったのである。それがようやく451年になってから済は第二品の冊封号を受けた（秋七月「文帝紀」含む）。その冊封号が「使持節都督倭新羅任那加羅秦韓慕韓六国諸軍事　安東大将軍　倭国王」。つまり、倭の五王の済において、ようやく第二品レヴェルに届いて、四爵号《ししゃく》を得るに至った、というわけなのだ。

しかし済の死後、なんと興にはそれらは引き継がれず、「二つ」のみが認められ、将軍号も第三品に格下げになるというオチがついてしまった（462年／安東将軍　倭国王）。普通に考えるなら、済は有力な統治者だという評判は内外にあったが、その子の興のほうは『宋書』の丁寧な文言とは裏腹にそこまで国内外に「覚え」がなかった、というわけなのだろう。

つまり、昆支が来倭した461年の倭において、国際的な官爵で言うなら、済に次いで昆支はすでに「倭のナンバー2」の地位にいたのである。しかし、その済はすぐに亡くなってしまい、新しく興が王位に就く。そうして462年の時点でやっと興は安東将軍倭国王となったわけなのだから、実は昆支は一年間、倭国内で興以上の地位――国際的な地位――だった（当然のように済死後は倭国ナンバー1は昆支になった）。

一年後の462年に安東将軍倭国王としての興はやっと昆支と同格の「第三品」になった。正確に言えば、「四安将軍」の一つ安東将軍のほうが僅差で階は征虜将軍よりは上であるが、同じ第三品であることには変わりない。もちろん、珍時代には、平西将軍の倭隋など、第三品の高級武官は複数いたものだが、そこから三〇年近くたったこの5世紀中葉には、そんな存在はとうにいないわけである。

私は、このまぎれもない客観的事実、昆支の強み《アドバンテージ》をこそ最重要だと考えている。学界はそのことに気づかぬだけなのか口をつぐんでいるのか……。461年において倭にやってきた昆支がいかにヤマト王権にとっても「最」重要人物であったかがわかるはずだ。済がほどなくして死に、興も十数年後に亡くなるとなれば、次に大王に就ける存在は、「征虜将軍たる昆支」以外にはもう見回してもいないというわけなのである。ましてや興に適度な後継者がいなかった際はなおさらだ。昆支は済（＝ホムダマワカ）の娘・ナカツヒメらをめとり、婿養子として、倭王朝に正規に入った。宋のお墨付きを得た征虜将軍の実力者として、である。たとえばここで、石渡理論を完全に離れて、仮想してみてもよい。すなわち「教科書史観」どおりに言えば、雄略天皇はこの461年時点でまだ無冠、先々代の允恭《いんぎょう》天皇（＝済）は第二品を約十年前にやっと受けるが、すぐに崩御し、安康（＝興）はやっと第三品扱いである（しかもそれは462年のこと）。昆支以上の王族が同時代にも見当たらない。昆支が応神（ホムタ）として崇神王朝の姻族になっていれば、十分な皇位継承者となりうるわけである。これが昆支の優位性、しかも圧倒的な当時の優位性を伝えるファクトということになる。このことは「応神＝昆支」説を推進しうる、かなり強めの理屈だと考えている。

もう一つ、この節の最後に書き加えたいのは、昆支とその兄・蓋鹵王二人の「父」のことである。昆支の父は毗有王という先代の百済王だ。奇妙なことに『書紀』はこの毗有王の名を一度も出していない。出す必要があるところでも書いていないという徹底ぶりである。たとえば雄略紀分注の形で「百済新撰」に曰くとしながら、西暦429年に「蓋鹵王」が即位した、と書いている。が、蓋鹵王は先述したとおり475年に戦死して亡くなった王であり、429年の即位ではありえない。むしろここで即位と書くなら、先王の毗有王のほうがしっくりくるのだ。そこをあえて蓋鹵王の名を刻んでいるのは、最重要人物である昆支の「実父」の名を記録から遠ざける機制がはたらいているとしか考えようがない。

「ホムタ」——君の名は…「神となれり」

さて、私はここに来てようやく、応神天皇のことを「ホムタ」（誉田）と呼んだわけだが、よほど古代史に詳しい読者でもないと応神の本名がホムタであることを知らぬものだろう。八幡神社の主祭神が応神であることを仮に知ってはいてもその名前までは、というわけだ。正確にはいわゆる和風諡号が応神の場合はホムタ（ワケ）であり、『日本書紀』では誉田分尊、『古事記』では品陀和気命という表記になる。応神は漢風諡号であるため、そちらで臣下から呼ばれることはありえないが、では和風諡号のほうはどうだろうか？　案外、実名（本名）がそのまま和風諡号に移行したかのようなものも歴代にはうかがわれる。その典型例がこのホムタ（誉田天皇）や継体天皇のヲオト（男大迹天皇）である。

さて、応神は大阪府羽曳野市の誉田御廟山古墳に埋葬されていると長らく考えられており、そちらに陵墓が治定《じじょう》されている。天皇陵の比定はいい加減なものが多いのは知られているとおりだが、この誉田御廟山古墳はたしかに応神天皇陵である。大阪の人たちはこの地元の古墳に隣接する誉田八幡宮を「コンダさん（様）」と呼びならわして親しんでいる。「ホムタ天皇」が被葬者であるというのに、なぜコンダという呼び名になるかは日本人ならすぐにわかるはずだ。「誉める」の字の音読みはコンなので「コンタ」が濁って「コンダ」になったというわけである。ここにホムタ（コンダ）と昆支をつなぐ名前の類似性が生じてくるのだ。コンダとコンキはまず音韻が近い、近すぎるほどに近いわけである。昆支はその古代朝鮮語読みを英語で表記する際、“Gonji”が一般的である。そこで、

誉田御廟山古墳と仲ツ山古墳（藤井寺市／済の陵墓）

Ｇｏｎｊｉ↓コンジ↓コンチ↓コンキ↓コンタ（コンダ）↓（コン-誉-ホム）↓ホムタ

という音韻変化が自然にほどけてくるだろう。半島で当時「コンジ」と読まれていた場合、現代日本語で「ジ」と「ヂ」が同音になるように、ともに「Ji」＝「Di」という読みも成立。「ヂ」はすぐに「チ」に転化するので、そこからＴ行（タ行）も導かれやすくなるため、「コンジ（ヂ）↓コンチ↓コンタ（ダ））」という転換がよりスムーズに感じられる（コンジ（ヂ）から、コンダへも、実はＤ音つながりで直結し得るために流れはスムーズである）。

そもそも日本語でもＫ音とＨ音はよく切り替わるもので、「コン」と音声を発すれば「コ（ホ）ン」というふうにＨ音は口内に混入してくるような具合だ。ダイ「カ」ン（大韓）民国が、テー「ハ」ミングと韓国語で読むのも典型だ。

このようにして、コンジはたやすく倭国＝日本で「ホンチ」などを経由して「ホムタ」へと音韻変化していったと思われる。応神はその死後、曲折を経てから、まさに「**誉**《こん》

田《だ》八幡」つまり八幡神という主祭神になった。だから「コン田」のコンは昆支由来と解きたいのである。八幡信仰は全国津々浦々に広がり、八幡社（八幡宮）は四万社にもなるというのだから驚くべき繁栄ぶりだ。ただ、石渡のように「応神天皇＝武」と見るような独自の歴史観があるなら別なのだが、現行の教科書史観では〈渡来系の人びとの力を上手に利用した王で……〉という一義的な評価ぐらいしか応神の説明文になっていない。応神がそれほどメジャーな天皇であるには『書紀』における事績が逆にちょっと足りやしないかという状況なのである。応神を押し出しているかのようでいて、『書紀』は応神の本質を伝えていない、やはり秘密を隠しているという感触を持たざるをえないのである。

八幡神については怖るべき文言が存在している。当の八幡神自らが「**辛国《からこく》ノ城ニ始メテ八流ノ幡ヲ天降シテ　吾ハ日本ノ神トナレリ**」と宣言しているほどなのだ（「大神清麻呂解状《おほがのきよまろげじょう》」）。韓の国（辛国）の出自かつ外来神であることをそのものズバリで明かしているのである。こんなに昆支がふさわしい神格もいまい。「八流の幡」から八幡神になったという命名譚もさることながら、「吾は日本の神となれり」という言葉の峻厳な強さは、われわれの度肝を抜くし、肺腑も衝《つ》く。

青春の日々がない天皇——神功皇后が応神の皇太子時代を……

応神天皇は正史『日本書紀』によると即位までの人生も極めて異例である。なんせ、母親の神功皇后にすべて「持って行かれている」印象を覚えさせられるから。まず先に示した「女系（婿入り）の応神」ではなく、「男系の応神」を確認してみよう。

⑩崇神―⑪垂仁―⑫景行―┬―⑬成務
　　　　　　　　　　　├―ヤマトタケル―┬―息長田別王―咋俣長日子王―息長真若中比売（応神妃）―若沼毛二俣王
　　　　　　　　　　　│　　　　　　　└―⑭仲哀―⑮応神（母は神功皇后）
　　　　　　　　　　　└―イホキイリヒコ―ホムダマワカ―ナカツヒメ（応神后）

この『書紀』系図のとおり（丸数字は代数）、応神の場合、特徴となるのは、その母親が三韓征伐を行なった女帝・神功皇后として大いに有名であるところである。神功皇后のことを、『書紀』編者たちは邪馬台国の女王・卑弥呼に擬するために幾つかの細工を施したことが研究され知られているし、私も最初の著作でそのトリックについて語ってみた。とくに水野説は説得的で、本来、中継ぎ的な摂政にすぎぬはずだったのに、応神を生んだ年（西暦２００年）からその子どもが七十歳になる年まで、つまり皇后自身が百歳になる年（２６９年）まで生き、政治を担ったなどというおかしな事情を読み解いている。三歳で立太子されているというのに、応神もこんな設定に巻きこまれたため、『書紀』では天皇即位したのが七十歳すぎのお爺さんの時になってしまった。のちの「武の神」としてはつくづくもっと若く即位したかったのではないだろうかと半畳も入れたくなる。この間、応神は皇子として何をやっていたというのだろう？

これは、もともと「摂政時期は九年間、享年は四十歳」という小ぶりな神功皇后の設定だったはずのものが、卑弥呼とかぶせて後世に残したいがために、年度をちょうど六〇年過去時に積み上げて追加していった挙句の結果なのである。

当の神功皇后だが、その軍団を率いて新羅等を征討したという神話は、当時の律令国家の新羅へイトが反映されすぎている。が、一番の眼目はそこよりも「応神隠し」である。なぜそこまでの虚構をわざわざでっち上げたかといえば、後年の聖徳太子伝説と同じように、糊塗して隠したいことがあったからである。応神の出自が半島由来であることを隠すためには、その父母たちが半島色からもっとも遠ければよいという発想なのだ。そのためにむしろ半島の国を攻撃する物語まで造作した。応神は胎中天皇とも呼ばれたように、神功皇后は子をすでにはらんでおり、帰路の北部九州で応神を出産した。九州はヤマトという中央から遠いのも特筆される点だ。要するに三韓征伐は「おまけ」のようなものであって、応神を北部九州に近づけることの意味合いをこめるためにむしろ三韓征伐などという途方もない女丈夫による遠征譚を創作したのではないかとまで私は邪推している。おとなしく内地のヤマトで皇子が生まれたという設定にはしたくなかった、いやできなかったと裏読みできる。仲哀紀に本来ならあるべき嫡男=応神の記事がないこともかなり奇怪である。よく言えば正直な編者たちだったのかもしれぬが、「本当でないこと」は仲哀紀には書きこめなかったのであろう。

神功皇后もそんな塩梅なら、父親の仲哀も穴門（山口県下関市）や北部九州に縁をつけられながらも変死という設定がなされている。それだけ応神の父母の史実性が疑わしい分、応神の「他系」からの登場の仕方、すなわち「女系」としての応神のほうを史実と見るのもごく自然な解釈なのである。

そして、改めて私はしみじみとこう思う。石渡が初めて「昆支」の存在に着目し、しかもそれは黒岩重吾のように蘇我氏の祖である政権ナンバー2として見立てたわけではなく、もう一歩踏みこんで、応神天皇そのものであると見定めて等置した時、その驚きの発見はいかほど強烈なものだったのだろうか、と。発見それ自体の驚きのことを言っているだけではなく、応神＝ホムタの音韻と昆支のそれがいかに近いかということも氏はすぐに認識したことだろうから、問いに対する答えが出た時、この音韻の近似ぶりから絶対的にこの理論は正しいものだと確信したはずなのだ。

考えてみると、日本古代の事実上の創設者《ファウンダー》である応神天皇（漢風諡号）が、なぜ「ホムタ」などという奇妙で弱々しい音韻の和風諡号になったのかは不思議な話である。初代神武の和風諡号は「カムヤマトイハレヒコ」、崇神は「ミマキイリヒコ（ヰニエ）」である。これらは抽象語と地名を合わせたもので特段の違和感はない。しかしホムタには強力なそうした概念の背景が感じられず、固有名詞的である。だから苦しい言い逃れのように応神の腕の筋肉が隆々としていてまるで皮道具の鞆《とも》のようだったという設定を後づけしている（『古事記』）。鞆はホムタとも呼ばれ、弓を射る際にそれを左肘に巻きつけ、弓の弦が腕にあたるのを避けるためのものである。力強い軍神としてのイメージにもぴったりで、格好の元ネタとして採用されたのだろうが、逆に的を射ていないし疑問符ばかりだ。

応神は、『書紀』の誉田天皇のほか、『播磨国風土記』には品太天皇、『上宮記』逸文では凡牟都和《はむつわ》希《け》王、『懐風藻』では品帝などという表記がある。『古事記』が言うところの鞆の本義すら含まれず、力強い武神のシンボリックな漢風諡号とも「ホムタ」はかけ離れすぎているのだ。ホムタの実名感が強いというわけである。そして、この「青春」のない応神天皇の本当の若き日々が、昆支の事績に描きこまれていると考えるのは、応神のためにもなんとも痛快なことであるだろう。

（済Ⅱ）ホムダマワカの「分身」たち——崇神宗家の血脈で見えてくる応神の「後継者」

「消された」皇太子の青春という話をしたが、応神天皇をめぐっては、もう一つ「消された」ものがあって、これがなかなか意味深い。それは応神の后妃たち（三人姉妹）の父親の存在である。系図で確認するとこうなる。

ホムダマワカの三人の娘
- 高木之入日売命（応神の妃）
- **中日売命**（応神の皇后）——**仁徳**（不在／石渡説）
- 弟日売命（応神の妃）

『古事記』

問題は、『日本書紀』ではその名前が存在しない例のホムダマワカ（品陀真若王《のみこ》）ということであって、具体的には、ナカツヒメ（応神の皇后）を「イホキイリヒコの孫」と『書紀』が記しているのである。通常ならこのナカツヒメを「ホムダマワカの子（娘）」として説明するべきだし、「ナカツヒメの父」の名を直接書き残すのが筋であろう。〝隠されたホムダマワカ〟の事績と系譜にその分、そそられるではないか。

この理由はごく単純である。ホムダマワカが崇神大王家の男系皇族であるため、ホムダマワカの娘たちを応神がめとったということが明白になれば、婿入りしたことが露呈してしまうからだ。婿入りの事実を隠すために、ホムダマワカの名を隠したわけである。そもそもホムダマワカはれっきとした「景行天皇の孫」（景行―イホキイリヒコ―ホムダマワカ）であり、筋目の正しい男系皇族だ。対して

『古事記』でのみ応神が婿入りしている系図が再現されており、こちらはホムダマワカ自体を隠す必要はないという態度で一貫している。『古事記』は婿入り要素を隠さず、『書紀』はそれを隠した、という記紀の差異があらわである。

ついでながら『古事記』分注記事では、ホムダマワカの母が尾張連祖であるタケイナダノスクネの娘（シリツキトメ）であることが記されており、ホムダマワカには尾張連氏の血統が入っていることがわかる。半島から来た崇神王家の「宗家」の痕跡が尾張連氏に連なると見て取れ、ホムダマワカの父・イホキイリヒコ（五百木入彦）もその音が伊福部（イホキ）とかぶることから尾張との関係が濃いことを推察できる（旧海部郡・あま市伊福や一宮市伊冨利部《いふりべ》神社など）。伊冨利部神社の祭神・若《わか》都保命《つほのみこと》もホアカリ系の子孫（金属精錬の神）であるように周辺情報も日神や加羅系にまつわりついてくる。母方タケイナダノスクネの系譜も遡行すれば「ニギハヤヒ＝ホアカリ」という太陽神の神人に行き着き、ホムダマワカの（真の）祖父・イニシキイリヒコの場合でも岐阜市に伊奈波神社（祭神はイニシキイリヒコ）があるといった具合。このように加羅系渡来集団の本宗家・支族も含めた「後裔」として、尾張連氏は大注目されるべきだし、その勢威は濃尾平野にとどまらず中央政界の王権と結びつく。

さてまた、ホムダマワカは石渡によって倭の五王の「済」と同一視されてもいる。済には「興と武」という息子たち（兄弟）がいて、その弟のほうが婿入りした応神と等置されることになる（応神はホムダマワカの義理の息子）。では、興に相当する人物がホムダマワカの子にいるかというと、ホムダマワカ自体にはそれらしき息子はいない。しかし、ホムダマワカは尾張連氏に近いその設定から尾張連草香《くさか》と等置させることができると石渡は考えた。その類比的《アナロジカル》な思考は以下の図を経由して、新しい知見を展開したのである。

この尾張連草香に着目したのは理論展開の弾みとして秀逸だった。草香にはメノコヒメという「娘」がおり（『書紀』目子媛）、メノコヒメは『古事記』では「凡連《おほしのむらじ》」の「妹」とされていた（のちにメノコヒメは継体の妻になる！）。となれば記紀情報を二つまたぐことで凡連もまた尾張連草香の息子であるという事実を接ぎ木して右図を再現できる。当然であるかのように、凡連も尾張連の祖と『古事記』は記載しているから平仄は合い、この親子も先の「ニギハヤヒ＝ホアカリ」に発する第一降臨氏族の子孫たちであることもわかる。

このように、ホムダマワカを尾張連草香と同体だと見立て、「済」とも同定すると、草香の息子の

「凡連」が「興」のポジションに収まってくる。「オホシ」ノムラジ＝「オコシ（興）」というふうに、H音とK音の入れ替えで訓の音韻としてつながるのも石渡が押さえたポイントである。ホムダマワカも尾張連草香もともに娘を大王（応神と継体）に嫁がせている共通項がある。

『書紀』編者たちは倭の五王についての『宋書』記載を当然知りながら、そこにぴったりと該当し得るような系図を書き残さなかった。その分、たとえば実在した「済」ならその事績や家族構成を、主たるホムダマワカとは別に尾張連草香や咋俣長日子王《くひまたながひこのみこ》に分散させ割り振っていったわけだ。

咋俣長日子王の三人の娘
- 飯野真黒比売
- **息長真若中比売**（応神の妃）──若沼毛二俣王（＝**欽明**／石渡説）『古事記』
- 弟比売

河派仲彦の娘──弟姫（応神の妃）──稚野毛二派皇子『書紀』

咋俣長日子王（「杙俣」表記もあるが統一）は『古事記』でヤマトタケルの孫（崇神以来の男系王統）であり、先述したように、その三人娘たちのうち次女（息長真若中比売）がこのように応神の妻となっている（応神と咋俣長日子王は「従兄弟」同士）。ヤマトタケルの系譜という点でも、咋俣長日子王はホムダマワカと同じ崇神王家の直系であって、酷似した位置にいる。「咋俣長日子王＝ホムダマワカ」説にはそれに限らず見すごせない事実がまだあるのだ。

（1）ホムダマワカも咋俣長日子王も「三姉妹の娘たちを持つ」という珍しい共通点がある（節冒頭

の系図も参照)。

(2) しかも姉妹の名前の構成が似ており、次女同士には「ナカ」の名が印象的で、三女の名前も同じ「オトヒメ」、応神の妃の息長真若中比売には「真若」がつくように、ホムダマワカ(品陀真若王)との類縁性がある。

(3) 次女とのあいだに、応神が自分の「後継者=天皇」をそれぞれもうけている(虚構=仁徳/現実=欽明)——というふうに類比的に見立てることができる。

念のため言及すれば、咋俣長日子王と河派仲彦との差は記紀によくある名前だけの別表記であり同一人物なのだが、細部の家族構成はこう異なっている。他方、息長真若中比売(記)と弟姫(紀)のそれぞれの息子はその字面も音韻も酷似しており、**若沼《わかぬ》毛《け》二俣王《ふたまたのみこ》**(記)=**稚野毛二派皇子**(紀)として読みも「ワカヌ(ノ)ケフタマタ」である。実はこの応神の息子こそがビッグな存在となるのだ。ホムダマワカを『書紀』が隠したのと同様、河派仲彦の家族構成を意図的になおざりしたところに『書紀』のカムフラージュを見て取れる。この点に関しては『古事記』のほうが三人姉妹を記している分、実相に近い。

実際の応神の後継者(息子)はこのあとで詳述するように**欽明天皇**である(石渡説)。しかし、記紀上では、応神の後継者は、系図どおりナカツヒメとのあいだにもうけられた仁徳天皇として設定されている。あの日本最大の仁徳陵(大仙陵古墳)で有名な仁徳である。仁徳はその反面、事績が応神とかぶるところがあり、虚構であると見なす文献史学者もいる。

そもそも『書紀』は応神が自分の後継天皇として一番年の若い菟道稚郎子《うじのわきいらつこ》皇子を考えていたことを強調している。仁徳の異母弟であるから、審級としては上記の「ワカヌケ皇子」と同一であり、名前に「若＝稚」が含まれているのも共通している。この菟道稚郎子は妻子も記載されていないのだが、『播磨風土記』には「宇治天皇」であると思しき記述があって、本来、その存在感はどっしりあるはずの人物なのだ。にもかかわらず『書紀』では皇后ナカツヒメの息子の仁徳に皇位を譲るために菟道稚郎子は自殺するという美談が展開されていて、仁徳不在説が学界でも強くあることを考えれば、史実として応神の直接的な跡取りは菟道稚郎子であったことの示唆とも受け取れるわけである。

　では、この「ワカヌケ皇子＝菟道稚郎子皇子」説の観点も踏まえて、この「三姉妹」をめぐる奇妙な一致から推理してみよう。まず一番は、〝隠されたホムダマワカ〟は咋俣長日子王（河派仲彦）と等置されることから、河内開拓の属性があらわれ、河内の王であったことが推察され、五王の「済」との同致が見えてくる。そして、応神の後継者は年若い「稚野毛二派皇子＝菟道稚郎子皇子」であることが浮上してくるのだ。そしてこの人物こそが「応神の王子としての欽明天皇」に相当すると考えられるのである。

　『書紀』がしつらえたトリックのうちの大きな一つはこの欽明を「応神の子」のポジションから引きはがすことだった、と言っていい。欽明の時代を後代へずらし、かわりに仁徳を造作して応神の子（そして後継天皇）とした。

　しかし史実は別の若者が後継者であったために、その状況を少々くるみこんで菟道稚郎子皇子の悲劇的な挿話だけは事績に盛りこんだ。この「三姉妹つながり」を透かし見ることで、仁徳を創作し、欽明を移動したという文献批判《テクストクリティーク》が可能になるのである。

応神と欽明（＝ワカヌケ皇子）の父子関係を『書紀』が崩した「理由」は、ひと言で言うならば、6世紀以降7世紀にまで断続的に起こった大王家内部の争乱――応神系と継体系の激しい権力闘争劇――を覆い隠し、「万世一系」の系譜へと塗り固めるためである。ここを語るためには、通説で時代が離れている「応神と継体」が兄弟であったことを実証しなければならない（後述）。言えるのは、応神から継体への兄弟相承制のところまでは何のゆらぎもなく王位継承は行なわれていたこと。ただ継体が応神との約束を反故にしたのか、自分の息子たちを大王に就けたために、欽明側の不満が爆発し、大きな事件へと発展していったというわけだ。

最後に、この「欽明＝ワカヌケ皇子」説の傍証として是非特筆したい点がある。『新撰姓氏録』の筆頭「皇別」氏族のうち「真人《まひと》」の姓《かばね》を持つ氏族は左京右京併せて約三〇氏いるのだが、息長真人や山道真人らの筆頭格をはじめ、ワカヌケ皇子（**稚渟毛二俣王**）の「後」（家系のこと）からはじまる真人の数が断然、多いのである。記紀では目立たないがこのワカヌケは相当の実力者なのだ。関連してもっとも肝心なことだが、このなかにビッグな欽明天皇から派生する名が一つも出てこない点がすこぶる怪しまれる。マイナーな宣化天皇や敏達天皇の名ですらちょっとだけ見えるのにこれはあまりにも不自然だろう（欽明には二十数人の子女がいたのにだ）。欽明がこのワカヌケ皇子と同致されるのならば、この奇妙な謎も一発で解ける。これを見つけた際は私もギョッとしたほどで、かなり決定的な傍証になるだろう。

応神紀「干支三運引き上げ」で生じた空白――後継大王の十人（仁徳～武烈）は不在

ここで、正史『日本書紀』の皇位継承を見てみたい。

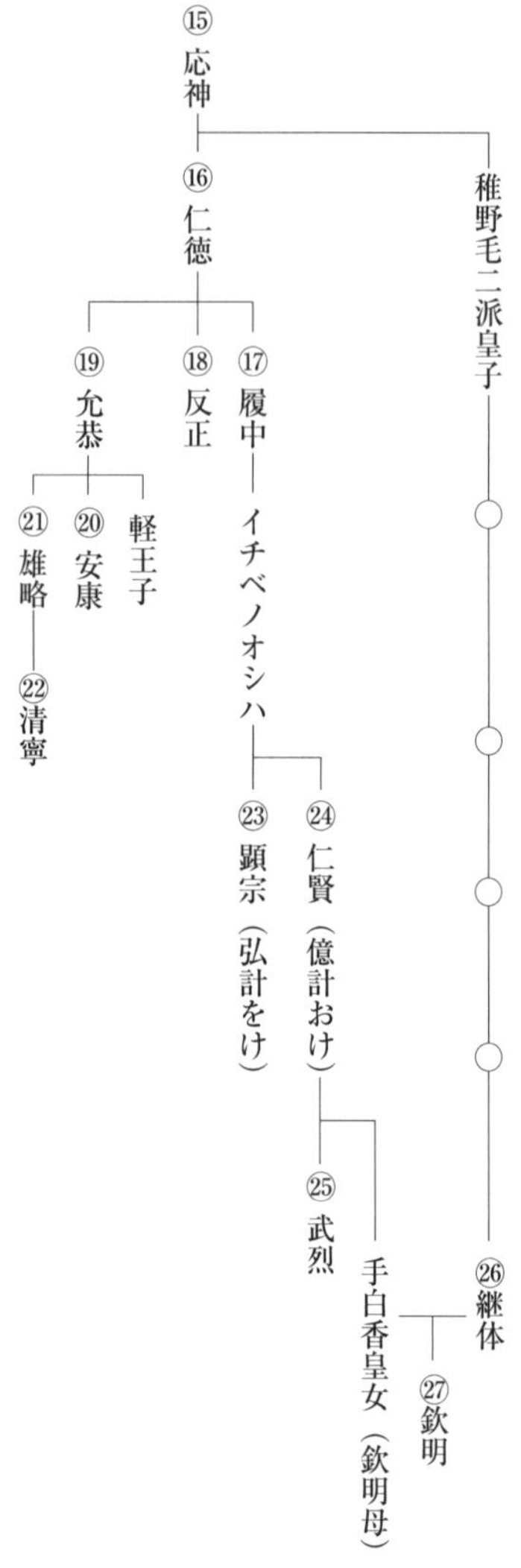

応神から仁徳を経て、「兄弟天皇」たちが相次ぎ（履中、反正、允恭／安康、雄略／顕宗、仁賢）、仁賢の子の獰悪な天皇・武烈に至って後継の子がなく、応神の男系で「五世孫」とされる継体を引っ張ってきて、武烈の次の天皇に置いた――ということになっている。

応神と継体は兄弟であるとされるため、「応神（ホムタ）」→ 継体（ヲオト）」という兄弟相承制を真相として再現した場合、端的に言って、この第十六代から第二十五代までの天皇たちは「不在」になってしまうというのが石渡のコロンブスの卵的な考えである（もっともこのうち「清寧から武烈」

までは異様な事の成り行きもあって、少なくない研究者が不在説を唱えているのだが）。
とはいえ、一挙に系統を「ないもの」にするなんてトンデモないと思われる真面目な古代史ファンもいるかもしれない。ところが、これまで明かしてきたように、応神の崇神王家への婿入りという厳然たる真相を考慮することや、応神紀の事績がおよそ一二〇～一八〇年間前倒しで編まれている事実なども考慮すれば、こうした系譜が吹き飛んでも格別驚くにはあたらないのである。応神紀を一八〇年も前倒ししている分、そもそも空いた長大な時間（年月）があるため、これら一〇人の天皇たちの事績を埋めこんでゆく契機は必要になり、架空天皇の事績は空白時間を埋めたその結果にすぎない。

要するに応神以降の一〇人の天皇は架空の存在であり、欠史八代とも対応するようないわば「付け足し」である。その際のやり方として「ある実在した天皇（大王）」の「表象」として架空の天皇を創作することを『日本書紀』はよくやるわけなのだ。たとえば、以下の類似・類比関係が考えられる。『書紀』は類推《アナロジー》が得意で、実在天皇からのコピー＆ペーストが巧み

［不在天皇とその元ネタ（実在天皇）］

仲哀　←　済（ホムダマワカ）
仁徳　←　継体天皇
履中　←　安閑天皇
反正　←　宣化天皇
允恭　←　済（ホムダマワカ）
安康　←　興
雄略　←　応神天皇
清寧　←　敏達天皇
顕宗　←　天智天皇
仁賢　←　天武天皇
武烈　←　応神天皇
（ついでながら古い時代では）
神武　←　応神天皇
綏靖　←　継体天皇
安寧　←　欽明天皇

なのだ。

最後に挙げたこの初代からの三天皇（神武～安寧）ですらこれら後者の天皇からの表象物である。事情通の淡海三船《おうみのみふね》が「スイゼイとケイタイ」「アンネイとキンメイ」のように漢風諡号で似た音韻にしたことが特筆されるべき「暗号」だと私は考えている。ここではこの「応神の分身・虚像」としての雄略天皇と武烈天皇を代表的なものとして語ってみよう。武烈は雄略以上の「大悪天皇」であり、この両者は非常に造作感が強い。武烈は妊婦の腹を引き裂いて胎児を見るなど、おぞましいほどの残虐非道ぶりであって、雄略にまだあった恋多き勇ましい男のイメージすらない。雄略の名前「大泊瀬幼武」と武烈の名前「小泊瀬稚鷦鷯《わかさざき》」がやけに近しく同じ構成になっているのも注目だ（サザキとはミソサザイのこと）。同じく皇居名も雄略の「泊瀬朝倉宮」に対して「泊瀬列城宮《なみきの》」と同じ初瀬界隈を指している。これだけ対応関係が見られるのも珍しく、意図が含まれているというわけだが、決定的なのが、昆支の事績が『日本書紀』で記載されているのが、この雄略紀と武烈紀のみというところ。言うまでもなく、昆支の似姿・代理として雄略と武烈の二大「大悪天皇」は編み出されたわけである。雄略の場合は、百済から婿入りをした昆支を隠すため同時代にわざわざ造作した天皇紀であり、武烈の場合は、「昆支→継体」の事実を踏まえつつ、継体までの時間合わせの意味でも加えられた天皇紀である。この「時間合わせ」とは文字どおりのことで、継体紀の時間軸から、干支で何運下げるかということをせずともそのまま西暦換算できる、という意味である。

たとえば百済王子の直支王（腆支王）が来倭したという記事が応神紀八年にある。西暦換算すれば277年だが、同じ内容が百済本紀では397年として記載されているため、ここでは干支二運（一二〇年）を引き下げて『日本書紀』の年代を読み取る必要がある、というわけだ。が、こうしたことが継体紀以降はもうなくなる、と。本来であれば、この記録を３９７年の属する仁徳紀に記せばいいだけなのだが、編者たちはなぜか応神紀に忍ばせて「思わせぶり」をするわけである。

雄略紀では、昆支の子である末多王を雄略が百済王にするべく百済に返した事績が書かれている。ところが、『書紀』執筆者はここで「素敵な誤植」をしている。「天皇《すめらみこと》」と書くべきところを、わざとのように「**天王**」と書きまちがえているのだ（「天王以昆支王王子中～」）。「天王」というのはこれまたずいぶん北東アジアや半島色の強い字面である。昆支にからんだ部位でわざわざこんなふうに書き残すところが絶妙な筆法なのだ。もちろんこの時の大王（天皇）は昆支であって、昆支が自分の息子を後押しし、百済王に就けたという流れが自然である。こうした事実をいかにも意味ありげにまるでゴマ点でも振るように「天王」と書いておく奇異さが、『書紀』の稚気であり機知というところ。

ほかにも雄略紀の不思議な暗示として「磐余《いはれ》村」と「軽村」のことを挙げなければならない。磐余は神武の和風諡号カムヤマトイハレヒコ（神日本磐余彦）から取られており、奈良盆地の東南にあるこの磐余では多くの天皇たちが宮居を営んでいた設定だ。他方の軽は、軽島豊明宮《かるしまのとよあきらのみや》が応神の宮として有名なように、現在の橿原市大軽町あたりのことと推定できる。同エリア内にあって方や神武天皇のイメージ、方や応神を象徴するイメージとして両者とも意味深い。のちに語るように神武の設定は応神から取られているため両大王は二重写しになるところがある。『日本書紀』ならではのいたずら心がここにあると指摘したいのは、磐余村と軽村の「村」になんと「ふれ」とフリ仮名をつけたものがある点。「フレ」とは古代朝鮮語で「村」「村落」を意味しており、そうしたものが明瞭に公になっていることが重要であろう（神功紀記載の荷持田村にも「ふれ」のルビがある）。どれほど古代渡来勢力が「ヤマトの中枢」に入りこんでいたのかがうかがわれるというものだ。

そのほか、雄略紀にはわざとらしく「誉田陵」つまり応神陵（誉田御廟山古墳）への言及があり、しかも挿話の内容は馬と埴輪をかぶせた綺譚風になっていることが挙げられる。雄略は応神の似姿として造作された存在なので、昆支が倭王権を継ぎ、百済勢力が最新の馬具をつけ大量の馬匹とともに渡来したことをこの挿話は表象している。４世紀中盤の加羅勢力とは比較にならないほど5世紀後半の馬匹文化は厚みがあったはずだ。

ではここで雄略紀と対応しているはずの応神紀のほうものぞいて確認してみよう。『書紀』では応神の生没年は「２００年〜３１０年」であるため、その古墳築造年代もどうしても4世紀にとどまってしまう（今も学界は築造年代を４００年より前にしたがっている）。しかしこれは実際に起こった事柄を、干支（六〇年）二運もしくは三運さかのぼらせて記述したゆえの結果である。たとえば応神紀二十五年（**西暦２９４年**）では、百済の直支王（腆支王）が死んで、久爾辛《くにしん》王が即位し、木満致《もくまんち》という重臣が政務を執った、とあるのだが、『三国史記』百済本紀では、腆支王の死など同じような事柄が**西暦４２０年**に記されている。この西暦の差は、「１２０年（干支二運）＋６年」が正確なところで、応神が5世紀に生きていた人物であることは少なくとも了承されるはずなのだ。これが干支三運の場合もある。応神紀では上記の木満致が**西暦２９４年**に倭に召喚されるという記事が出てきており、これが『三国史記』では、さらに時代を下り、**西暦４７５年**に木満致（正確には木刕《もくらい》満致）は「南」へ行った、とあって、この差は「１８０年（干支三運）＋１年」とだいぶ大きな開きになっている。こうした事実からも応神が5世紀後半に活躍した人物であることに現実味が出てくるだろうし、先の応神陵にせよこの真の在世期間を見て取れば5世紀末から510年代ぐらいまでの築造時期にずれてこなければかえって不自然なわけだ。

この干支の話をしたのには理由があって、三年後の応神紀二十八年（**西暦297年**）には、もう一つ重要な史実が忍びこまされているからだ。それは、「高麗王、遣使上表」という記事である。高麗王（この場合は、高句麗王のこと）が倭国に「教え」をすると「上表」文で語り、倭が怒った、という内容である。なぜこの文言が重要かというと、当時、高句麗とは400年前後に半島南部で戦を繰り返した宿敵であってみれば、高句麗が倭に上表文を送るなど、噴飯物でありえない。倭はコテンパンに敗走している国なので……。

先に、この応神紀の記事から181年プラスすると『三国史記』における内容と対応するという旨を書いた。同じように応神紀の高麗王記事（297年）に181年を年代プラスすると、『三国史記』に似たような記事は、当然のようにない。ただ、石渡はここで見事な補助線を引いてきたのである。同じ181年をプラスして、同時代を描いているはずの『宋書』をのぞくという裏技を繰り出したのである。すると、どうであろうか？　西暦297プラス181年には、同じく、王が「上表」している記事がある！　そう、それが「倭王武、宋への遣使上表」の有名な事績である。かの倭の五王「武」が、**西暦478年**に宋へ朝貢し、格調高いあの上表文を提出した年次なのである。『日本書紀』というのは相当のトリックが仕掛けられているまさしく知的な策略の書にほかならないが、時に遊び心なのかこういう筆法で真実をちらっとほのめかすことがある。すなわち、応神の御世での事績が書かれているはずの応神紀で、「倭王武の正体」へとつながる筋道を示唆しているわけだ。応神こそが倭王武なんだよと遠く声を忍ばせて呟いているのである。

当たり前のことだが、「応神＝武」であるという等式を、石渡はこの事実をもってのみ提起したわけではない。むしろそれだけに、こんなふうな傍証がポロっと「暗号」（石渡信一郎）のように出てくるのも、その研究の鋭利さゆえかと思われる。

そして雄略紀に立ち返って、西暦478年に相当する雄略紀二十二年秋七月の事績を見てみれば、思いがけない事柄が記されている。「浦嶋子」が舟で釣りをしていたら大亀を得、それが女に変化、浦嶋はその女を妻として、ともに海に入って蓬莱山に到り、仙境を見てまわったというのである。このファンタジー色の強い夢見られた旅の記述は、倭王武が野望と憧れの大陸に向けて使者を差し向けた「実録」の陰画のように私には思われるばかりだ。

この朝貢記事にちなんで、もう一つ語っておきたいことがある。462年（雄略紀六年）には、「呉国、使いを遣《まだ》して貢献《ものたてまつ》る」という一文があって、この年は五王の興が宋に遣使した年である。記事のように大国の宋が倭に遣使するなどという記事は当然ながらありえず、「呉国」などという国も当時の中国にはない。『日本書紀』はこういうバレバレの嘘を平気でしかもガンガンついてくるので、読むほうはそこに面白さも感じるわけだが、なんらかの含意を伝えたがっているのもまたわかる。『書紀』は主客を逆転させてまで見栄っ張りな記載を行なったと読み解けるわけで、妙に人間臭い。

同じく470年（雄略紀十四年）には、「身狭村主《むさすぐり》青、呉国の使いとともに、呉のたてまつれる手《たな》末《すえ》の才伎《てひと》、漢織《あやはとり》・呉織《くれはとり》および衣縫《きぬぬひ》の兄媛《えひめ》・弟媛《おとひめ》等を将て、住吉津に泊る」とある。倭国の使いである身狭村主青（渡来系）が、呉国の使いとともに織物の職能集団を連れてやってきたという。両記事に出てくる「呉」を宋と読み換えると、倭国はさも自国と宋が対等関係であるかのように見せるべく見栄を張って書いているのである。肝心なのは年次のほうで、倭王武のかの有名な遣使記事は西暦478年のことであり、この年次を意識し、雄略紀十四年（470年）記事は書かれていると見て取れる。要するに『書紀』は雄略を倭王武と結びたいわけなのである。

　倭王武とは、そんな通説とは裏腹に、石渡が見抜いたとおり、応神天皇にほかならない。たとえば応神紀三十七年（306年）には「呉の主、ここに、工女《ぬひめ》、兄媛、弟媛、呉織、穴織《あなはとり》、四《よたり》の婦女《をみな》を与ふ」という記事が見える。つまりはこれを雄略紀は差異を加え形式的に反復しているだけなのだ（下線）。雄略紀には史実も中身も反映されていない一つの証左であって、応神からの表象として雄略はこう造作されているわけだ。むしろ史実は反映されていないものの、歴史編纂の技術としてここは重要なのである。応神を古い時代（3世紀）の彼方に閉じこめ、代わりに雄略を立てた。応神紀と雄略紀のこの対応箇所、その西暦年数の差は164年となっている。編者たちは律令国家の権力者（藤原不比等らが中心）の意向からこういう「応神→雄略」という造作をつづけたのだろう。干支三運（一八〇年間）のようにはぴったりしていないが、リアルな応神の時代がこの5世紀後半以降であって、応神＝昆支が率いる渡来勢力が自らの文化的な強みを生かして、織物・縫製関係などの技術者・職能集団を多数来倭させていたことを記事は示している。先に住吉津が出てきたように、応神は三輪も当然押さえつつ、この河内の地にも王権を押し広げ、**河内王朝**の大王として5世紀後葉、倭国に君臨していたのである。

隅田八幡鏡と「応神と継体」——突如、日本史に登場する〝昆支〟のプレゼンス

さて、応神のもう一人のコピーである暴虐な武烈天皇は、西暦506年に崩御し、武烈に継嗣《けいし》がいなかった王家は断絶の憂き目を見そうになった——というのが『日本書紀』の語るところだ。そこでリリーフとしてあの継体天皇が登場してくる。「応神天皇五世孫」として越前の三国からスカウトされたわけだが、ここでもなぜ「応神」の子孫なのかということを考えてみてほしい。こんなことを言い出すのは、むろん、この「五世孫」が創作だと思っているからである。継体が血を引く相手は反正だって顕宗だってよかったはずではないか。応神を特別視する視点がつねに『書紀』にはある。特別視せざるをえないのは、応神が昆支という新王朝の創始者だからにほかならず、応神と継体が兄弟であったからだ。

語ってきたように武烈は架空の天皇にすぎず、応神から継体への家系図（上記）も取ってつけたものだ。そこを主張するためには、隅田《すだ》八幡神社人物画像鏡（国宝）の銘文から紐解いてみる必要がある。全銘文がこれだ（干支年と五人の人物をゴシック体に）。

《**癸未年**八月**日十大王**年**男弟王**在意柴沙加宮時**斯麻**念長寿遣**開中費直**穢人**今州利**二人等取白上同二百早作此竟》

隅田八幡鏡では、冒頭の「癸未《きび》年」を西暦473年とするか503年とするかで論争が行なわれてきたものだが、現在503年説が圧倒的に有利になっているので、ここでは云々しない。人物では、**日十《にちじゅう》大王**（「にちじゅう」はさしあたっての訓《よ》み）、**男弟《をおと》王**、**斯麻《しま》**という三人の名が重要であり、この「男弟王」が継体天皇の幾つかある名前とそのまま音韻として重なっている。継体の名前（諱）は

『書紀』では男大迹王《をおほと》であり、『古事記』では袁本杼命《をほど》である。「杼」の字も万葉仮名では「と」と読め、ほかにも乎富等大公王《をほとのおほきみ》（『上宮記』逸文）のように「等」を用いる表記もあれば、現代仮名遣いでは「**おおと**」読みということになるのが通例（現代で言えば、「たいいく（体育）」を「たいく」と発音するようなものだ）。「迹」字は意味も字面も「跡」に近く、訓読みで「あと」、音読みで「せき」であるが、常識的に「と」と読むことにそこまでの異論はないだろう。元の「男弟」に対して借字音を使っていると考えるわけである。

次いで「斯麻」であるが、これを百済王の斯麻王（第二十五代・武寧王）と見なすのが定石で（在位は５０２年～５２３年）、だからこそ５０３年説が強いということにもなってくる。そこからの解読はぐっとスムーズだ。この二点が決まっていることを私はかつてフレミング左手の法則のようだと形容したことがあるが、「電流の向きと磁界の向き」が決まっていれば「力の向き」もわかるというアレである。この場合、どう日十大王が決まってくるかである。

その百済王たる斯麻が長く奉仕したいと思って鏡を作らせ謹呈したほどの人物「男弟王」が謎となるが、当時の倭の「大王（天皇）」を日十大王と普通に解釈すれば、日十大王の後継者である「弟の王」が男弟王と目される。当時は兄弟相承制もありだったからその権力の移行は妥当なところだし、兄弟仲もよかったことがうかがえる。そしてその音韻の近さから男弟王の第一候補が継体天皇だ（ほぼ定説）。たしかに継体の即位年（５０７年）もほど近いから、ヤマト王権の後継者を寿《ことほ》ぐ鏡だったことがわかる。その先を順々に説明しよう。

①『日本書紀』などから、継体天皇（＝男弟王）に鏡を贈った当の斯麻（武寧王）の父親は、昆

支であることがわかる。日本古代史のホットコーナーに、突然こうして昆支が登場してくるというごく自然だが鮮烈な読み解きである。昆支の半端のない存在感《プレゼンス》が押し出されてくる。

② そうすると、昆支と継体は、「弟」王の意味合いから兄弟である可能性が極めて高くなる。またそう考えると、鏡は、甥の斯麻が「叔父」の長寿を祈念したものと解釈でき、鏡贈呈という「年齢による上下関係」の文脈が合ってくる。

③ さらに武寧王陵（斯麻の墓）と大仙陵古墳（伝仁徳陵／石渡説では継体陵）の副葬品・出土遺物（銅鏡、環頭等々）が同時代的で近似しており、ともに百済系であることから言っても、大仙陵古墳の被葬者はこの男弟王こと継体天皇であると解釈するのが妥当になる。近くには「百済」がらみの地名も数多あり、百済系陵墓であることもわかる（実際、6世紀前半の継体時代、大和国に百済系集団の群集墳が出現する）。「**開中費直**穢人**今州利**二人」の片方が穢人《わい》とあるとおり半島色の強い人物たちで、類語として、継体紀十年には百済が姐弥文貴将軍と州利即爾（ツリソニ）将軍を遣わし……という一文があるため、百済人であることはほぼまちがいがない（「即爾」が尊称ならまさに同一人物）。「開中」は諸説あるが、「加不至費直」（百済本紀引用）と取れば、『書紀』欽明紀二年に登場の「河内直」（カハチのアタヒ）と等置でき、大阪平野との関係が深い百済官僚の人物であると推察できる。

④ もう一つの巨大古墳である誉田御廟山古墳（伝応神陵）は、その兄である昆支の墓と考えられ、築造年も十数年ほど誉田御廟山古墳のほうが先行していることと筋が合う。実際に、応神＝誉田大王の墓は、コンダヤマ古墳と呼ばれ、コンキとコンダで音韻も近い。

⑤とすると、いよいよ「応神＝昆支」という説も成り立ちうるので、応神と継体が兄弟ということになる。通説では誉田御廟山古墳の年代は西暦４００年ぐらいだが、考古学者の中には６世紀初頭という説もあり、西暦５００年前後と認められる。大仙陵古墳の築造年が５１０年ぐらいとすると、同緯度上の東西で相対応している具合で、ちょうど年代的にもぴったりとなる。応神は『書紀』では西暦２００年生まれだが、石渡が説くように干支四運（二四〇年）遡らせており実際は４４０年生まれとすると、実にふさわしい数字になる。継体の生年は通説でも４５０年であり、それならいかにも腹違いの兄弟の年齢同士としてもふさわしい。Ｑ．Ｅ．Ｄ．

（証明終了）

ゴリゴリに書きつければこうした諸事情が響きあって、八幡鏡の情報が「応神と継体」を直接的な継承関係で結びつけ、系譜の流れからしても途中の「十六代から二十五代」までの天皇たちがキックアウトされてしまうわけだ。くれぐれも注目してもらいたいのは、応神の実際の時代が干支三運も繰り上げられているわけなのだから、一八〇年間後ろにずらしてゆくなら記紀に書かれたその一八〇年分の各天皇たちの「居場所」はそもそも「その時代」にはないということ。時間は消えたのだ。

前節からの流れで言うと、武烈もキックアウトされて非実在ということになるから、継体が即位する５０７年の前年５０６年（武烈の崩年）を応神（昆支）の実際の崩年にあてる可能性が生じてくる。昆支は来倭した４６１年以降、あの蓋鹵王戦死の情報が飛び交った倭国においても『日本書紀』に消息がないという不自然さに見舞われている。となればその後は倭で王位に就いて、この５０６年に崩御したという一説も十分にありうるわけだ。応神（昆支）は最期、ヤマトの軽島之明宮（橿原市大軽町）で宮を営んでいた。そして「**意柴沙加《おしさか》宮**」（＝忍坂宮／桜井市忍阪《おっさか》）に居住していた男弟王こと継体は、軽島之明宮の北東にまるで過去と兄を懐かしむかのように宮殿を建造し、そこで即位してゆくという流れができる。これは『書紀』における一連の継体即位の流れ——越前から朝廷に迎え入れられた継体はまず樟葉宮（枚方市）で即位（時に五十八歳／507年）、そののち長い時間を経てからヤマト入りして宮を定める——とはずいぶん異なる。歴史的な意味づけを加えがちな史書よりも貴重な金石文のほうが信頼性はずっと高いので、継体は遅くともその503年にはヤマト入りしており、日十大王（応神）のそば近くでナンバー2として控えていたことが八幡鏡から了解されるわけだ。この流れがあると、倭王武が502年に征東将軍に除正されたこと（『梁書』）とも無矛盾で合致するのも大きいということも付加しておきたい。既存の「雄略＝倭王武」説の一つ弱いところで、この除正の二〇年も前に雄略は『書紀』では死んでいるが、応神＝日十大王＝倭王武説なら、まだ王はヤマトの地で生存していたことになり、『梁書』と筋が合うのだ。

ついでながら、継体の嫡子を産んだことになっている手白香《たしらか》皇女があの武烈の姉（同母）だというのもできすぎの「設定」に思えてしまう。ここに対する解釈は、継体の男系としての血縁がギリギリの細さなのでそれを補完するには血の正統性を持ちこみたかったということである。そんな後づけの理屈を考えるより、暴虐も極まっていた数々の挿話を持つ武烈の存在を架空と見なすほうがずっとすっきりするし、その同母姉も不在である。この造作感は、仲哀天皇の父がヤマトタケルであったり仲哀の妻が神功皇后であったりする無理やりさと通底している。

そして最後になるが、「日十大王」最大の謎も簡易に披露しておく（私の最初の著作で詳説）。この日十という不思議な名は、「昆支」の昆字の冠「日」と支字の冠「十」から形成された暗号めいた表象である（！）――というものである。初めてこれを読んだ方はたぶん相当びっくりされると思うが（昔、私も驚倒して一週間ほど興奮しふわふわしていた）、これが日十大王が昆支だという最大の明証である。加えて隅田鏡では「竟」字（鏡のこと）も同じ作用であり、この手の減筆現象は6世紀の他の鏡にも見られるので、隅田八幡鏡は5世紀の製造ではなく6世紀（癸未年＝503年説）の作であることも、この線で明らかになると考えている。

『書紀』改作プロセスに見える「応神＝神武」――〝幻の皇統譜〟があった痕跡

というわけで、応神天皇と継体天皇が兄弟となれば、応神の後継者が継体という流れはでき、それが百済系王統であったことも遺跡や遺物からうかがえてくる。『日本書紀』編纂者たちは7世紀後半のナショナルな歴史編纂期において、とうに滅亡した百済の王統が倭国の王統に交差して入っていることを隠したがったわけだし、あえて在地主義の立場を取ることを選んだ。ただし天孫降臨という主題を用いて、在地主義ならぬ外来主義の下地だけはふわっと残したのである。このあたりの〝外来者〟意識という考え方はなにも私たちがことさら言い立てているわけではなく、70年代の古代史議論からしてつねにあった問題系《プロブレマティック》なのである。編纂者たちは百済系王統の前の加羅系王統の存在をもちろん知っていたわけであるし、それも踏まえて「ヤマト入り」の話を構築していった。神武から開始される王統は、歴史上に百済が存在するずっと前（神武即位年＝BC660年！）に淵源を持つことにもなったため、具体的な外来王の固有名は決して挙げられることはなかったが、ニギハヤヒや大物主神のような外来神はきっちり匂わせている。雄略と武烈はそんな「応神（昆支）の代理物」として登場させられた虚構の天皇たちである。

さらに、実は初代の神武天皇も、応神天皇から造作された似姿のようなものだ。「応神の反映」として神武が創作された、というわけなのだが。これにはきっちりとしたわけがあって、こうした皇統譜と紀年をめぐる緻密な〝計算トリック〟は、私の最初の著作で細かく分析してダイヤグラムにも示したのでここでは語らない。が、一点だけ書きつけておきたいことがある。武烈の崩年干支から応神や神武にも連なる「歴史改作システム」の一端についてである。なぜ武烈の崩年が重要かといえば、その翌年に即位する継体天皇からは現実の時間と史書内の時間が合致してくるからである。換言すると、応神の事績を干支で引き上げるようなトリックをさんざん使っていたのに、それがなくなるのだ。

この武烈が崩御した506年は干支では「丙戌」である。そこで神武の崩年を調べてみれば、神武は丙戌《へいじゅつ》ではなく一〇年前の丙子《へいし》の年に死んでいるのがわかる。神武は百二十七歳で亡くなっているのだが、応神の生没年を先の西暦440年～506年と仮定すれば、死亡時は六十七歳であり、神武のそれから一運（六〇年）を引けばドンピシャなのだから石渡理論はやはり筋がよいと言うほかない。

この丙戌の件を含めた歴史改作を語るにあたり、石渡に一つ多大な功があったのは、古代史研究家・井原教弼の理論を召喚したことである。井原の所論は『日本書紀』の編年構造を発見したという際立つ卓見だった。以下に示すように各天皇たちを四つのグループに分け、そこの在位年数を足し算して、井原はそこに、いわば「規則性」を見出したのだ。

神武（初代）から孝安（第六代）までの在位年数……三七〇年間（BC660年～BC291年）
孝霊（第七代）から垂仁（第十一代）まで…………三六〇年間（BC290年～AC70年）
景行（第十二代）から成務（第十三代）まで…………一二〇年間（AC71年～190年）
仲哀（第十四代）から応神（第十五代）まで…………一二〇年間（AC191年～310年）

この「六〇年」の倍数という整いすぎた数字の並びを見るだけで、在位期間の数値がかなりシステマティックに計算されていたことがわかるはずだ。つまり律令国家の編史官にとって「理想（基準）の在位期間」が六〇年間であったのはもう確実である。実際の在位期間はバラバラなのに（たとえば神武は七五年間、綏靖《すいぜい》は三三年間、安寧《あんねい》三八年間など）、こうして足していってならせば秩序感はたっぷりなのだ。古代の編史官たちは意外な〝数値派〟だったのであり、六〇年の倍数の謎が現出したわけだ。たしかにこれは井原の大発見であったし、なぜ皇統譜が六〇年の倍数で構成されているかという「素朴な疑問」に歴史学は答える必要があると井原も焚きつけたものだが、学界の反応は薄かった。しかし石渡がこの理論を援用したことで、井原説は匕首《あいくち》となって現代の「古代学」に突きつけられている。

そこで一番重要なことだが、最初の「三七〇年間」がなぜか一〇年間分半端になっていることに気づかされることだろう。ここが「基準」どおりの三六〇年間になっていないことの理由を、井原は発見した。これを石渡は援用したのだ。つまり、もしここが三七〇年間ではなく、三六〇年間のままであったなら（一〇年分が後ろ倒しになっていたら）、神武は武烈と同じ丙戌年に死んでいることになり、崩年が一致するため、武烈（つまり真の応神）の崩年から神武のそれも決められた可能性が高くなるということなのである。

ちなみに、井原の理論で素晴らしかったのはいわば「『日本書紀』二段階編纂説（孝霊譜説）」につきるのだが、要は神武天皇の前には第七代の孝霊天皇（のポジション）が「初代天皇」である一時期があった――というものである。上記の「神武（初代）から孝安（第六代）までの在位年数（三七〇年間）」が最初の構想段階では存在しなかった、と捉えればわかりやすいだろう。その際には第二グループの孝霊が「初代」であったというわけで、孝霊は第七代ではないのだからもはや孝霊（大日本根子彦太瓊《ふとに》）天皇という名前ですらなく、神武（神日本磐余彦）天皇という名前だったのかもしれないわけだ。実際に怖いほどだがこの孝霊の崩年ですら丙戌年（BC215年）なので、真の応神（武烈が似姿）の崩年干支とまったく同じであって、この理論の信憑性を上げるはずである。

しかもだ、神武は百二十七歳で崩御、孝霊は百二十八歳で崩御だからいかに近しい類縁性があるかいよいよわかるというもの。同様に神武が即位した時は五十二歳で、孝霊は五十三歳というのも偶然とはもはや思われないのである。また、孝霊の和風諡号「大倭根子日子《おほやまとねこひこ》フトニ命」（『古事記』）は、『日本書紀』の最後を飾る持統天皇の和風諡号「大倭根子アメノヒロノ日女尊」と見事な対応関係ができていることもこの傍証になっていて意味深い。孝霊と持統を本来ならば「首部と末尾」でキメたかったところなのだが、そこに複雑な「事情」がやってきて、皇統譜の作成は第二段階へと移ってゆくのである。

この改作システムをめぐる時系列の作業については腑分けし展望したことがあるので、ここでは理論の途中経過を省き、結論だけを語りたい。すなわち、皇統譜は四段階にわたって変遷し、現在の——第四段階目の——皇統譜（『日本書紀』）が成立した、というのがこれらを援用した私説になる。

まずはBC230年に「プレ孝霊天皇」（＝初期神武）が即位する「幻の皇統譜（その0）」（**プレ孝霊天皇譜**）が成立した。なぜ、「プレ孝霊」とわざわざ呼ぶかというと、現行の孝霊の即位年・崩年よりも六〇年間が後ろに倒されていたからである。その場合、プレ孝霊の崩年はやはり丙戌年であり（現行の崩年干支＝丙戌から干支一運後ろにあるだけだから）、例の武烈（＝応神の仮象）の崩年とも同じである。当然ながら、通常の神武らの「第一グループ」の天皇たちはみな不在というわけだ。

ここからが第二段階である。一つの使命のような考えが編者たちのあいだに出来《しゅったい》した。それが『魏志』倭人伝における倭の「女王」とのなんらかの整合性をつけようという使命の存在であった。『日本書紀』から格好の人物が見繕われていた。神功皇后である。だから、当初、西暦261年から269年までの九年間摂政を務めていた「設定」であったはずの神功皇后に関して、「神功皇后＝卑弥呼」説で紀年を合わせる都合が生じたため、神功皇后の生年を西暦230年生まれ（享年四十歳）から170年生まれ（享年百歳／『書紀』）に変更して、皇統譜を編み直したのである。その結果、神功皇后は卑弥呼のなんとか「同時代人」にはなれたため、後世の人間たちが皇后を卑弥呼と擬してくれる余地が生まれた。皇后は子どももいる設定であり、独身の卑弥呼と比較させるなど浅はかとしか言いようがないのだけれども……。それゆえに、神功皇后は摂政期間が六九年間、すなわち応神が約七十歳すぎになるまで摂政をつづけるというわけのわからない設定になってしまったのだ。ここまでが

「幻の皇統譜（その1）」（**孝霊天皇譜**）。

　その後、編纂者たちのあいだで今度はいわゆる「辛酉《しんゆう》革命説」（讖緯《しんい》説）が取り沙汰され、その採用が決定されたはずだ。六〇年（一元）を二一倍する「一二六〇年」（「一蔀《いちほう》」という）ごとに歴史に「大革命」が起こるという中国由来の未来予測の説を採用することになったわけだ（直近の辛酉年は通説だと**西暦601年**）。そのため、編者は孝霊の前にさらに六人の天皇たち（「神武～孝安」）を加えて、三六〇年を足していったのである。その際、神武の即位年はBC650年（辛未年）にまで長く伸びた。これが「幻の皇統譜（その2）」（**プレ神武天皇譜**）である。

　ところが辛酉革命を成立させるためには、この足し算では一〇年足りず、そのためイレギュラーだがさらに「一〇年」を加算・前倒しして、即位年をBC660年に合わせた――ということになる。これで辛酉年（BC660年＝「第一蔀の首」）に神武即位という「大革命」が生起し、一蔀後の辛酉年（601年）を「第二蔀の首」とした、という「**神武天皇譜**」（現在の『書紀』皇統譜）が完成したのである。

　ただ、ここには大きな、大きすぎる問題が残された。この大革命の年たるべき西暦601年には、実は大した事績、国家行事がなかったのである。そこでかつて水野祐は三善清行《みよしきよゆき》の言葉を援用しつつ別の説を提起した。それが古代日本の「一蔀」は一二六〇年間ではなくて、特殊な一三二〇年間ではないか、という説である。たしかにこれだと**西暦661年**（もちろん辛酉年）がその年となり、いわゆる「天智称制」が開始した年であるため――即位ではない分、若干弱いのだがそれでも天智天皇は乙巳の変を経ての大化の改新の立役者《スター》であるため――「第二蔀の首」としても一定の説得力は生じた。

「幻の皇統譜」（プレ孝霊譜）からの変遷

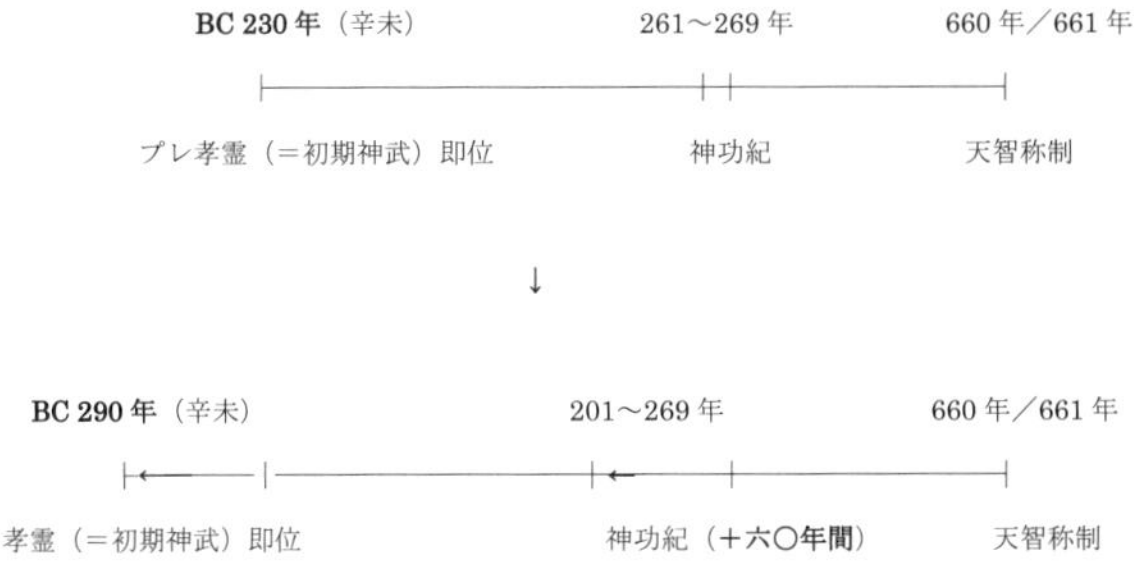

※第三段階は、この上（左）に３６０年間を足して。BC６５０年（辛未）神武即位となり、
第四段階で１０年前倒ししてBC６６０年（辛酉革命の年）即位となって、皇統譜が完成。

実際に、三善の意見によって「延喜改元」が行なわれた歴史的な事実があるくらいだから（延喜《えんぎ》元年＝９０１年＝辛酉年）、三善＝水野の説はなかなかの有効打にはなったのである。

ここからが石渡の卓見なのだが、実は百済が滅亡した年次が西暦６６０年である点に着目した。だからこの年を大きな区切りとして「歴史」はいったん幕を閉じ、６６１年から「新時代」の倭国（日本）が再スタートするという意味を込めて、この６６１年を第二蔀の首としたのではないかと唱えたのである。こうして所説を見比べたなかでは、たしかにもっとも水際立ち、説得的な見解だと思われる。しかもそれは応神・継体以来、倭国の王朝が百済系であることの傍証にもなっている。もちろん、こんな見解は倭国が百済系王朝であることを主張する歴史家からでなければ決して提起されない理屈なのだ。

そこで、冒頭に戻ろう。神武は武烈や孝霊と同じ丙戌年ではなくて、丙子年（ＢＣ５８５年）に死んでいる。なぜ丙子になったかといえば、前記の「幻の皇統譜（その２）」（プレ神武天皇譜）から一〇年を加算して、神武のライフスパン（一生）が前に（昔に）ずれたからだ。前にずれる以前の崩年は丙戌年（BC575年）だったに相違ないのだ。

こうしたわけで、「応神の反映」として武烈が造作され、本来なら「応神→継体」とつづくはずだった皇統は分離させられ、あいだに幾人もの天皇が造作され、あまつさえ継体の直前にはわかりやすく武烈が配置された。史書に残されるべき正史の皇統は長くつづくものであって、こうした思いがけぬ事態の解明は、井原の理論を包含できたおかげで湧き出してきたようなものであり、両理論の遭遇による新しい知見だったのである。

後継者・継体天皇の正体――冠軍将軍のその後の消息

応神天皇の後継者は継体天皇である――ということをこれまで強調してきた。この理論上の考えに寄り添ってゆけば、いろいろ不可解な謎も解き明かされてゆくからである。

一番は、あの世界文化遺産に登録された大阪府南部の「百舌鳥・古市古墳群」におけるそれぞれ代表的な二つの巨大古墳、**誉田御廟山古墳**（伝応神陵）と**大仙陵古墳**（伝仁徳陵）を、一〇年差ほどで築造された「兄弟」の陵墓というふうに解釈できることである（大仙陵を継体の墓と見なす）。両者は同緯度にあり、張りあい方が親子ではなくあたかも兄弟のようなのだ。ところがこれが通説だと、「応神―仁徳」という「親子」の陵墓ということになり、さほど離れていないはずの両墓の築造年の時間差に説明がつかない。継体は継体紀二十五年（531年）二月に八十二歳で崩御した旨が記されており、逆算すると、450年生まれということになる。他方、石渡が示す応神の生年は440年であって、まさに一〇歳差の兄弟という関係はぴったりである。

　そもそも継体（男大迹王）は「**応神天皇五世孫**」（男系）という薄氷を踏むような公式設定でつながっており、応神の後継であること自体は明示的である。生い立ちの地「近江―越前」ルートを経て、畿内にやってくる事績が語られている。継体の父は彦主人王《ひこうし》とされ、その本拠地とされる近江（高島町）で男大迹王は生まれるものの、父が亡きのちは母の振姫の郷里・越前（三国）に赴く。それが武烈の死後、大伴金村らの要請で越前からわざわざ朝廷に迎え入れられ、男大迹王は樟葉宮《くすはの》（枚方市）で即位する。そののち筒城宮《つつきの》（京都府綴喜郡《つづき》）、弟国宮《おとくにの》（向日市）へと移り行き、５２６年にようやく磐余玉穂宮《いはれのたまほのみや》（桜井市池之内）へと遷宮してゆくわけだ。

　奇妙なのは、即位からヤマトに入るまでの二〇年間の事績分があるはずなのに、『書紀』では継体十七年の武寧王の死亡記事、翌十八年の百済太子明（聖明王）即位記事のようなことしか述べられていない点。このいい加減さがいかにも特殊な背景を語っており、これらの一見、政治的動向を思わせるせわしい遷都も創作めいていると私には思われる。

　さて、この応神＝ホムタ大王の「本体」であった昆支には仲哀ではない本当の父がいて、それが先述した毗有王である。毗有王にはやはり年の若い別の息子がいて、それがこの継体ということになる。この毗有王の治世のある年（４２８年）には倭国から使者がやってきて、従者は五〇人もいたという（『三国史記』）。雄略紀二年（４５８年）には、その毗有王の妹・池都媛《いけつひめ》が天皇に背いて石川楯と密通したとある。本当なら大醜聞だ。そこで怒り心頭の雄略は、このヒメを焼き殺したというから恐ろしい。このあたりがいかにも創作臭い雄略紀なのである。他方、これに対応しているものはと探せば、やはり応神紀にある。応神紀三十九年（308年）には、百済の直支王がその妹の新斉都媛《しせつひめ》を朝廷に仕えさせたという記事がある。「シセツヒメとイケツヒメ」で、似たような音韻と漢字が使用されている点と〈百済王がその妹を倭国王のために送った〉という類似性があり、いかにも造作感がある。

直支王（腆支王）は397年に人質として来倭し、405年に百済に帰国して即位。使者を東晋に送って朝貢をするなどの事績で知られている。直支王の（本当の）時代は『書紀』における応神の在位期間のだいぶあと（5世紀）なのである。応神は『書紀』では310年に崩御しているわけだから、交差のしようもない。直支王（腆支王）が来倭したのは垂仁朝以降の時代ということになる。帰国した直支王がその「妹」を倭に仕えさせた――おそらく婚姻――のは、上記の308年に120年（二運）をプラスした430年前後と見られることから、婿としての倭王は「済」であり、済の妻として来倭した可能性が高い。こうした「ヒメの融通」含め、ことほどさように両国の皇室同士が「倭韓交差」している様子は明白であって、物質的・技術的な交流はもちろん、人的交流も濃く感じ取れる。「焼き殺された」件は昆支のような最上位の百済王子が来倭してくる理由づけとして創作されたものと断じてよいだろう。その後、あの本命たる昆支がいよいよ倭にやってくるわけである。

応神紀と雄略紀がこう対応しあっているのも雄略が応神の分身として造作されているからにほかならない。『日本書紀』のこうした細工を示しながらいつも思うのは、編者たちというのは、似たような固有名詞を創作するなど、見え透いた浅はかな引っかかりを後世の人間たちのためにあえて目立つようにして残しているのではないかという逆説的な視点である。つまりそこにはむしろ真相をどこかに内蔵し隠し持つような意識があったのではないか。実は彼らのやり口は別に愚かしいわけでもなんでもなく、真実の痕跡を後生たちに嗅ぎ取ってもらいたくて、みえみえだが知的な企みを仕込んでいるかのようにさえ思えてくるのだ。

応神は実際の活躍時期が干支三運から二〇〇年ほどもちがうわけで、これをまず認めてゆかないと、日本の古代学は読み解けない。記紀史観でやっている分には、誉田御廟山古墳も、その築造年が古いままにとどまってしまう。『書紀』で310年に亡くなった応神なのに、陵墓は300年代の築造だという人はもはや誰もいないので、ここも学界はかえって変なのである。武寧王陵と大仙陵が共通の遺物の要素を持つために引き寄せあい、6世紀初頭から前半という築造年を下支えする。その大仙陵と誉田山古墳がこれまた引きあうわけだから、誉田山古墳もせめて5世紀終盤という年代があらわれないと嘘だろう。

その6世紀の倭国では、いよいよ継体が王権を引き継いだ。ここは正当な権力移譲ではあったのだが、問題はその「次」であった。その問題を語る前に、継体をめぐるポイントを少し整理しておこう。そもそも「体を継ぐ」という漢風諡号が物語っているように継体のネーミングも継体紀の事績もあまりに謎めいている。語られる内容が「百済がらみ」の出来事ばかりなのも奇妙で、水野祐が説いた有名な「王朝交替」論のもう一人の主役として、古代史上ことに注目されお騒がせしてしまうのも当然なのだ。そして石渡はこの継体を百済王子（昆支の弟）と見ていたものだが、林順治は継体をもう一歩進めて「百済王子の余紀《よき》」であると具体的に名指している。この林の「継体＝余紀」説は、ほかに特定されるような者がいない点でも継体候補の一番手である。私は、確定的でないことは、たとえ石渡説の一環でも首肯せず含みを持たせる方針を採っているつもりだが、この場合は、「継体＝余紀」

を積極的に採用しない理由もないので、林説を推したい。

林が俎上に載せる史実はこうだ。『宋書』によると、457年に鎮東大将軍となっていた蓋鹵王《がいろ》（＝余慶／昆支の兄）は、翌年、宋に対し「行冠軍将軍**右賢王余紀**等十一人」の叙正を求め、冠軍将軍等が認可されている史実がある。注目されるのはこの除正願いで、「余紀等十一人」というふうに序列のトップを「左賢王の昆支」ではなく「右賢王の余紀」としている点。この時、除正された将軍号はそれぞれ、征虜将軍（余昆）、冠軍将軍（余紀）、輔国将軍（余都）とつづき、昆支（余昆）の左賢王は右賢王よりも上位であり、百済ナンバー2。余都は「昆支の叔父」であるのちの文周王のこと。

史学者たちも戸惑っているこの奇妙な事態の矛盾を衝いて、林は「余紀の母」が昆支の母よりも高貴な家柄の出自だったのではないかという卓抜な一説を示しており、矛盾の解決の一つになりえている。征虜将軍に除正された時は昆支は十八歳の若さであり、余紀は数歳以上年齢が離れている可能性もあって、石渡仮説では一〇歳差だから八歳である。余紀が昆支の弟であることは、左賢王・右賢王の横並びで了承されるはずだし、応神・継体のツートップ兄弟のバランスは、こうした官爵を見ても並び立つのである。とすると、のちの継体こと余紀王子は、昆支が来倭してから十数年後にやはり来倭したと考えることができる。そしてその来倭するルートは、瀬戸内海ルートではなく、継体がたどったように北陸―近江経由の畿内入りのルートであった可能性もないわけではないし、すぐにヤマトに入らずに畿内の周縁か畿外の地方豪族たちに挨拶まわりなどしながら保護され、のちに兄・昆支のそばに仕えたのかもしれない。503年の段階では確実に畿内の意柴沙加宮（忍坂宮）にいたということになる。

余紀は冠軍将軍であったが、彼の事績は『三国史記』にはその後皆無であり、まるで蒸発したようなもの。冠軍将軍ともあろう者が消失し、消息も聞こえてこないのだ。もし百済にとどまっていた場合、475年の蓋鹵王の死後、すぐに王弟として政治的に立ち回れたはずなのにその痕跡がまるでないし、その後の王位をめぐるアレコレにもまったくかかわってこないのが妙すぎる。昆支の息子・末多王はその後のゴタゴタのなか倭国から百済に帰ってゆくほどなのに、結果、性格に難があって人心も離れ、暗殺されてしまう。そんな人材を呼び寄せる前に年も相応の冠軍将軍・余紀に後を継がせればよいだけだったはずなのに、だ。余紀のかくも長き不在と消息のなさは、余紀が昆支の後を追うような形で、倭国に向かっていた可能性をひときわ高めている。

誤算——6世紀前半のクーデター：辛亥の変

日十大王（＝昆支）が478年に「武」として南朝の宋に遣使した。昆支としての現身《うつしみ》はさすがに情報として隠したことだろう。そして502年のさらなる進号によって「征東将軍」（梁《りょう》より）になっており、その四年後の506年に死亡した。崇神王家への婿入りから天下を取った形だが、日十大王が政務を執るようになって国は安定し、5世紀後葉から6世紀にかけて倭国の王権は安泰となっていった。既述したとおり、昆支の義理の兄の「興」時代は四爵号のうち認められたものが倭国王と安東将軍のみであり、普通に考えるなら、先代の「済」はなかなか有力な統治者であって評判は内外に轟いていたものの、その子の興はそこまで評判は上がらなかった。こうした評価に当然ながら敏感だった国内の豪族たちも昆支を押し上げることに異論は出なかったはずである。その結果、崇神王家の血を引く尾張連氏をはじめ、物部氏、穂積氏は昆支を盛り立てることが上策だとまっとうな判断を下していた。

5世紀後半の雄略紀には葛城氏や吉備氏らの「反逆と不服従」の姿勢を示す一族も描かれているとおり、小競りあいも数多くあっただろうに、結果として新王権は官軍としての強みを発揮して、こうした畿内外の諸豪族も平伏させ、王権の支配下に取りこむことに成功した。なにせ百済系の技術者（今来才伎）を融通しあい呼びこむことができるし、渡りに船とばかりに百済からの渡来民たちも不穏な半島情勢を避けてますます倭に渡ってきたことがリアルに想像される。第1章で語ったように、移住してきた者たちのＤＮＡが今日の日本人にも刻みこまれており、来倭した彼らは畿内をめざし、日下江の沼沢地を開拓したり、葛城地方やヤマトの地で農作業に従事していったりしたわけである。百済系の移住生活者の大量ぶりは多くの百済系の群集墳の存在によっても確かめることができる。

この日十大王による治世下、各種の技術官僚たちの協力で国の形はますます整ってゆくなか、あの隅田八幡鏡の銘文を見てもわかるように、日十大王から男弟王への政権禅譲は予定事項であった。あの意柴沙加宮（忍坂宮）は応神の宮都である軽島豊明宮とさほど遠い地ではなく、そこで応神は崩御する。『日本書紀』ではあのとおり百十一歳で死去したことになっているわけだが、昆支＝応神はその時六十七歳、後継の男弟王＝継体は五十七歳ということになり、脂の乗った年齢である。

ちなみに継体系の舒明天皇は押坂内陵《おさかのうちのみささぎ》に埋葬されており、その父の押坂彦人大兄は名前のとおりで、〝忍坂〟の地帯はそのあとも「継体系」の領地・本拠地として機能していた。通説では忍坂宮は息長《おきなが》氏によって管理されていて、息長真手王の娘が継体の妃として入内《じゅだい》しているのが目を引く事績である。息長真手王はやり手であったようで、別の娘・広姫は敏達天皇の皇后にもなっているほど。継体系と息長氏は一蓮托生のような近しい仲間だったのである。

継体（余紀）は昆支とは一〇歳差あるため遅れて倭国に渡来してきたわけで、それだけ時間がたてば背後につく勢力にもちがいが生じてくるだろうし、むろん政治的な動きの一つであって、この連携と紐帯はおかしい話ではない。息長一族は応神ではなく継体系との結びつきが強い様相を呈していたというだけの話だ。ただそれでも応神と継体が響きあってしまうのは、ともに尾張連氏との関係性が深いことを推察できるからである。

応神が皇后となる女性をめとった家柄は例の『書紀』が消したホムダマワカの一族だが、ホムダマワカは正史の系図を見てもわかるとおり天皇家（大王家）の男系「イホキイリヒコの子」であって、よって応神の后妃たちはどのみち支配階級の娘たちである。この一族が「三姉妹」つながりから河内の河派仲彦（＝咋俣長日子王）と同致できることを先に語った。そしてさらにこの河派仲彦は『書紀』に登場する尾張連草香とも人物が丸かぶりだ。尾張連草香は名前のとおりホアカリという祖神につながる尾張連氏の人物で、五王の「済」から派生した模像である。子の凡連は興に相当することも先述した。ともに河内の草香（日下）という地域を共通要素として持っていることも同致の理由の一つである。尾張連氏は応神だけではなく継体にも女性を提供しえたほどの名家だったというわけで、確実に崇神「宗家」そのものの姿が表象されている。こうした婿入り的な婚姻形態が応神と継体とのあいだの共通要素であり『書紀』の時間軸を越えて類推《アナロジー》関係が成立している。

たとえば熊谷公男は明瞭にこう語っている。《仁賢の娘である手白香皇女との婚姻は、実質的には既存の大王家への入り婿とみるべきで、継体以降の王家は、母系を通じて〝応神王朝〟の血統を引き継ぐことになったのである。継体は、単独で既存の王権に取り込まれたと考えるしかないであろう。》(『大王から天皇へ』)。そう継体婿入り説を説明しているわけだが、応神婿入り説と照応しているのがわかるし、この書きぶりは応神五世孫という「男系」の設定などまるで流しているようであって、よりリアルに前王朝との関係が強調されている。この既存の大王家がわれわれに言わせれば加羅由来の渡来王統であり、そこからめとった一族の娘が継体の妻となるメノコヒメにほかならない。それが応神の場合はホムダマワカの娘たちであったのも考えあわせてみたい。

逆から見ると、応神の義理の父はホムダマワカで、継体の義理の父は尾張連草香であるから、文献上はむろん相違はあっても、語ってきたように、そこに済=尾張連氏の系譜を補助線でつなぐことで、両者は一致し、倭王済その人の系譜を再現できる。

この応神と継体の兄弟大王は蜜月がつづいていたが、継体に誤算が生じたのは、継体晩年の後継者問題からである。継体の「嫡子」は『書紀』では欽明なのだが、当時の継体には欽明の腹違いの兄である安閑天皇と宣化天皇という壮年期の息子たちがすでにいた(二人は同母)。不思議なことに、嫡子ではない安閑・宣化にはそれぞれ勾《まがりの》大兄と檜隈高田《ひのくまのたかた》という幼少名と年齢設定があるにもかかわらず、皇后である手白香皇女の生んだこの嫡子(欽明)には幼名がなく年齢も不詳(「年若干」)というのだからいかにも不透明である。傍系の兄たちの情報は詳細なのに、偉大な欽明(和風諡号は天国排《あめくにおし》開広庭《はらきひろにわ》)と顕揚されるほどの嫡子の出生年月がなぜこのように曖昧なのか? 裏があると考えざるをえない。相次いで年上の兄たち(安閑・宣化)が即位していたのも解せないところである。ここに不穏な空気が嗅ぎ取れる。実際、継体系（安閑・宣化）と欽明のあいだには、欽明による「クーデター」事件が発生した可能性が従来から説かれており、嫡子であるはずの欽明が継体の実子であるかどうかもかなり疑わしくなる。

他方、応神には、皇后ナカツヒメのほかに多くの妃がいて、妃のうちの一人にオトヒメ（弟姫）がいる。『書紀』では、このオトヒメが前出の河派仲彦（＝「済」）の娘であり、このオトヒメが応神とのあいだにワカノ（ヌ）ケフタマタ（稚野毛二派）皇子を生んだことになっている。そして石渡は、先述したとおりこの稚野毛二派皇子こそ欽明天皇その人であると見た。だから欽明は「継体の息子」ではなく、「応神（昆支）の息子」だという見立てになってくる。すなわち真実の系譜（「応神―欽明」親子）が隠され、そこから「欽明」というピースが引っこ抜かれて、「継体の嫡子」という位置に無理やりはめこまれたために、不自然な数々の欽明をめぐる記録が残ってしまったのではないかというのである。

たしかに欽明はのちに石姫（宣化の娘）とのあいだに敏達天皇をもうけるのだが、正史においては、「叔父（欽明）―姪（石姫）」の関係であって、かつ自分の父（継体）の孫娘をめとったということになる。いかに近親婚が多い古代とはいえ、血が近すぎるために造作感が漂ってくるであろう。それがもし「欽明と宣化は兄弟ではない」ということになれば、この婚姻にせよ単に欽明が継体系の姫（石姫）をめとって政権の安定化を図ったものだとごく自然に解釈できるのだ。

それでは、なぜこのような「父子関係のつけ替え」のようなことが後世に行なわれた（と見なされるのか）——読者にはいささか疑念も生じてくることだろう。それは、以下のような恐ろしい記事が

『書紀』に存在するからにほかならない。継体が自分の子孫たちの運命を読み誤った一つの結果である。継体紀中でもっとも不可解なその記事——継体二十五年（辛亥年）——の概要をまとめて示してみよう。

継体二十五年（531年）春二月に、天皇（継体）は磐余玉穂宮で亡くなった。年齢は八十二歳である。〔ある本によると、天皇は二十八年甲寅《こういん》年（534年）に亡くなったという。しかし辛亥《しんがい》年（531年）に亡くなったというのは『百済本記』にありそこから記載した。『百済本記』には「辛亥年の三月、日本の天皇と太子・皇子はともに亡くなった」という。これによると辛亥年は継体二十五年（531）にあたる。のちに勘合する者が明らかにするだろう。

あまりに衝撃的な展開で、初読の人は天皇家内部の血生臭い抗争に驚くかもしれない。この文脈では、継体も暗殺された可能性もゼロではないが、もしくは、継体は自然死であってもその死が引き金となって天皇候補たちの暗殺劇が行なわれたというふうにも見える。継体にとっては自分の皇子たち（もしくは自身を含めた皇子たち）が命脈を絶たれたのは大きな誤算であっただろう。『百済本記』からの引用を示しながら、編者たちの最後の文（「のちに勘合する者が明らかにするだろう」）も意をこめすぎた観もあるほどで、『日本書紀』という正史を一方では示しながら、ほぼ自然死ではないこと、何か相当の異変が王権内に生起していたことを告げている。これを一種の禍々しい政変——531年の**辛亥の変**——として捉えるのが自然な見方である。この前後の状況を追いかけてみよう。

『書紀』では、当然だが、上記した状況とは異なっている。531年十二月の継体崩御のその同日に安閑が即位し、早二年後には七十歳で亡くなって、その跡を弟の宣化が取って即位した。ほどなく宣化も崩御し、次に政権を掌握したのは安閑・宣化の異母弟である欽明ということになる（539年即位）。この兄弟による王権継承は、嫡子が幼少であるため中継ぎに安閑・宣化が即位したという考え方も一方ではあるのだが、結果からすると、王権を落手することになった欽明がもっとも「得」をしており、クーデター説における首謀者は当然ながら欽明であろうという説にたどり着く。たしかに兄弟で骨肉の争いをすることは古代でよくあることとはいえ、嫡子とされる欽明が実の兄たちを（場合によっては父までも）ターゲットにして、ここまでの大勝負に出ているというのは奇妙である。それゆえその出自に秘密が隠されていて、実は欽明は継体の子ではなく「前王の子」であったのではないかというふうにもごく自然に考えられたわけなのだ。

　この場合の前王の子が稚野毛二派皇子にほかならない。応神の実子・稚野毛二派皇子は、年を取ってからの「最後の子」であったという予想すら容易につく。稚野毛二派皇子が伝説上のあのヤマトタケルの息子の**ワカタケ（ル）**（稚武彦王《ワカタケひこのみこ》『紀』／若建王《ワカタケルのみこ》『記』）の由来である可能性も以下のような名前の世代差を見れば高くなるはずだ。ヤマトタケルが倭王武から表出された英雄ならなおさらである。

「[倭王]　武＝応神＝ヤマトタケル＝（倭武《ヤマトタケル》）」

「稚武＝欽明＝　ワカタケル」

こう並べると類比的《アナロジカル》な照応関係がきれいに見え、「応神―欽明」が親子である可能性もより見えてくるはずである。深い霧に覆われていた5世紀から6世紀にかけての古代史の曖昧な輪郭が、あたかもキルティングをするかのように情報を片寄せ留めあわせることで、これだけ鮮明になってくるというわけなのだ。むしろこれまでの学界は、倭王武とヤマトタケルの名前の類縁性を無視しすぎてきた。雄略とヤマトタケルではその姿に同質性も見られないし、最後は白鳥になって飛んでゆくという優美さも雄略には乏しい。応神は倭王朝を引き継いだあとも畿内外で戦い、安寧秩序を西日本にもたらした古代史の功績者であって、だからこそのちに武神ともなったが、のちには継体系の王統に天下は取られてしまう悲劇性があった。百済という故郷の喪失者であることも後代の人びととくに歌詠みや書き手たちにとっては思い入れたくなる対象だったのである。欽明に幼名がなかった不可解さについては前述したとおりだが、ワカタケルかそれに類した名前を実際は持っていたとしたら、『書紀』が隠蔽した理由も納得が行くし、攪乱のためにそれを雄略（大泊瀬幼武）へと転移させたのであろう。ワカヌケ（ワカノケ）の名の「二俣（二派）」が表すように旧大和川が（玉串川と長瀬川に）分流する地域には今も「二俣」そして「志紀」の地名が残っている。

もう一つダメ押しをしよう。応神と継体は五世代も離されて記録されているが、都宮が近いのだという話を先にした。『書紀』では平田梅山古墳（檜隈坂合陵）が欽明の陵墓と記載されているものの、昨今の研究では、欽明陵墓の本命は見瀬丸山古墳である。そしてこの百済系の横穴式石室を持つ巨大古墳が応神の明宮の近くに位置している点が見逃せない。息子（欽明）が父（応神）の本拠地のそばに墓を築造するのはとても理にかなっている。『書紀』が意図的に離そう離そうとしている応神と欽明が、このようにどうしても交錯してしまうのである。

二つの王統――「継体・敏達系」対「欽明・用明系」

　このように辛亥の変の是非については、そのおどろおどろしい不吉で不正確な記述内容もあって古くから喜田貞吉などの重鎮たちが論争をつづけてきていた。ただ兄弟間の権力闘争の域内でしか彼らは把握できていなかったきらいがあり、重箱の隅をつつくような論争になってしまった。それもこれも、継体以前のヤマト王権の展開が見極められないかぎり、どだい真相解読は無理だったということ。

　実は、学説としては、「**継体・安閑・宣化**（**・敏達**）**系王統**」と「**欽明系王統**」の対立的な動きがその後のヤマト王権内に生起していることを認め、前者を「**敏達系王統**」と名づけている研究者もいる（坂口義信や佐藤長門らの見立て）。継体の嫡子が欽明であるにもかかわらず、継体と欽明をこのように「対立軸」で考える観点が学界においてあることももはや不思議でも何でもないであろう。ただ石渡理論はこのデリケートな観点により早くそして深く踏み入って、継体と欽明は親子ではありえないという卓抜な説を見定めて展開してきた。大胆だがそれでいて当然の見方なのである。

　こうした学界の観点は、石渡理論とも一部内容的に相即しており、それだけアカデミズムの世界でも「継体系王統」と「欽明系王統」が対立していたのではないかという視点が異説でもなんでもなく、正統的な解釈にまで成長してきているのを感じさせる。

　ここで、その継体系王統と欽明系王統（昆支系）の両者を『日本書紀』から示してみる（丸数字は天皇の代数、中黒は兄弟姉妹）。

Aライン

㉖継体（男弟王）┬㉗安閑・㉘宣化
　　　　　　　　└【㉙欽明】──㉚敏達──押坂彦人大兄──㉞舒明──㊳天智┬㊵天武
　　　　　　　　　　　　　　　　　　　　　　　　　　　　　　　　　　└㊴弘文（大友）・㊶持統
　　　　　　　　　　　　　　　　　　　茅渟王──㉟皇極（＝㊲斉明）・㊱孝徳

Bライン

【　　　】──㉙欽明──㉛用明（・㉝推古・㉜崇峻・穴穂部間人皇女）──太子（厩戸）──山背大兄

こうしてAラインを見ると、敏達以降の子孫に多くの歴代天皇が輩出していることがわかるし、押坂彦人大兄は即位こそしなかったが「皇祖大兄」とまで呼ばれておりここの中核だ。そして欽明が継体の子ではなく応神の子で、Bのほうに位置しているのみだったとしたら、様相はガラ変わりしてくる。もっと言うなら欽明と敏達も親子ではなかったかもしれぬ可能性さえ生じてくるわけだ……。

そのBの欽明系王統で言うと、欽明の別の息子・娘である用明・推古とつづく流れからも天皇は輩出されている。Aのほうは、欽明が宣化の娘・石姫（継体の孫娘）をめとって生まれた皇子が敏達であるため、継体の血筋を受けていることになる。欽明の子たちが大きく二手に分かれて、それぞれが繁栄していったという流れがあるのは確かで、正確に言うなら、Aの【㉙欽明】をBに移し、Bの墨つき（【　】）部分に「昆支（＝応神＝日十大王）」を代入すれば、この両派いや「両統」のしのぎあいはさらに了解されることだろう。古代史のその後の展開は継体系の血族が天皇家の中心となってゆくわけで、対して「欽明―用明」系の血統のほうは聖徳太子の時代のあと、ほどなく跡を絶つことになる。ただ両統ともに欽明の子どもたちであるのなら、本来的に「敏達天皇対用明天皇」という両統こそが肝であるようにも思われるかもしれない。その点は含みながらも、やはり継体系と昆支系の「両統」だと言いたいのは、欽明がめとった姪（宣化の娘）というのがやはり血が近く濃すぎるため、怪しいところもあるからだ。むしろ「おじ―姪」の夫婦というのなら、敏達が「安閑の息子」である場合も想定できるはず。その場合なら両統の色分けははっきりと分岐するわけで、その可能性は完全には捨てきれないと私は思っている。その際は、欽明の死後、いったんは皇統を継体系の敏達に律義に戻したことになる。ここは想像力をたくましくすることができて、実際に『書紀』どおり欽明は石姫をめとっていたが、たとえば安閑との不義の子が敏達であったなどということだってありえない話ではない。それほどここでは入り組んだ一族の悲劇が起こったわけだ。

もっともそこまで仮想しないならば、敏達系にも欽明の血はもちろん直系で流れているのだから、上に掲げている「欽明王統」は乙巳の変以降のあれこれで滅びたというわけだが、実際にはその血は途絶したわけではない。それだけ欽明には子どもがたくさんいたのだし、その数なんと一八人である。注目されるのはそのなかには蘇我稲目の娘たち（堅塩媛《きたし》と小姉君《おあねのきみ》）を含むことで、たとえば「聖徳太子非実在説」で有名な大山誠一は、《欽明が実質上蘇我氏とともにあったことは明らかと思われる。おそらく、彼は、蘇我氏ときわめて近い人物であったか、蘇我氏そのものであったと考えてよいであろう。》と語って、両者の親近性を示している（『天孫降臨の夢』）。これはありがたい援護射撃ではあるが、もとよりそこからさらに踏みこんで、逸早く「蘇我稲目＝欽明天皇」説へと達していたのが石渡の理論であった。蘇我氏が一豪族ではなく大王家であったという「蘇我王朝論」も今や市民権を得るところまで来ているのである。

欽明は河内志紀に王宮（斯鬼宮）があったと思われるが、別宮もあってそれがヤマトの檜勾宮《くすのまがりの》であある。このそばに欽明陵墓と目される見瀬丸山古墳（橿原市大軽町・見瀬町などの一帯）もあり、この巨大古墳のある地と稲目の本拠地たる軽曲殿《かるのまがり》は同地域であり、二つの宮殿は名前からして同一と考えられるのも、両者が同一人物であった証拠である。

そうした観点を踏まえこの一般的な蘇我氏系図を見てもらいたい。

Cライン

（建内宿禰――石河宿禰――満智――韓子――高麗）――蘇我稲目（＝欽明）――馬子――蝦夷――入鹿

稲目より前の世代の出自は謎に包まれており、このような半島系の名前が浮かび上がってくるとともに、始祖は孝元天皇の孫の建内宿禰にまで遡《さかのぼ》れる具合で曖昧この上ない。もとより蘇我氏は物部や大伴らと異なり祖神すら示されておらずやはり特殊な一族なのである。近年でも坂靖のような学者が蘇我氏は渡来系であるという説を『蘇我氏の古代学』などで展開しているように、昔から蘇我氏＝半島渡来系という所説は唱えられつづけてきた。もしも稲目＝欽明という同致があるのならば、稲目（＝欽明）の父は記してきたとおり応神（＝昆支）である。誰もが知るように、蘇我氏は血で血を洗うようなあの乙巳《いっし》の変で討伐されてしまうわけで、その天智天皇らの権力奪取を正当化するために「蘇我王家」はまるごと一豪族に格下げされたと考えることができる。結局のところ蘇我氏の系図はこのように曖昧模糊なまま残され、半島系の人名の字面がこうして意味ありげに史料に残って主張しているありようなのだ。

石渡はこの欽明系王統のトップにいるのが応神（＝昆支）であることを見抜けた唯一の古代史家であった。蘇我氏と昆支を結びつけたり、蘇我氏と木満致（百済の権臣）を結びつけたりといった過去の所説を超越し、蘇我氏と王位を初めて結びつけたのである。要するに系図のBとCは別々の二系統なのではなく、二つを一つに束ねることができるものなのだ。具体的には蘇我馬子たるモデル人物から用明天皇と聖徳太子は派生的に生み出されたわけで、同一のモデル的実在人物が中心にいた。やはりその中核は馬子だったと考えられる。推古と崇峻のモデル人物もいたとしても即位するような天皇ではなかったはずだ。

本来ならば、AラインとBラインの政争なのに、Bラインはせいぜい添えられた存在として二番手の系譜と位置づけられ、あくまでAラインとCライン（一巨大豪族）の政治抗争が勃発したものが乙巳の変であるというふうに示されたわけである。まとめつつ展望すれば、主流派・継体王統が安定しかかっていた時に、かつての覇王・昆支の息子・欽明からのクーデターが起こったのが531年の辛亥の変であり、そこから四代つづいた蘇我王朝への巻き返し的なカウンター攻撃が起動したのが乙巳の変ということになる。すなわち、百済系の渡来王朝においては、応神（昆支）以降、

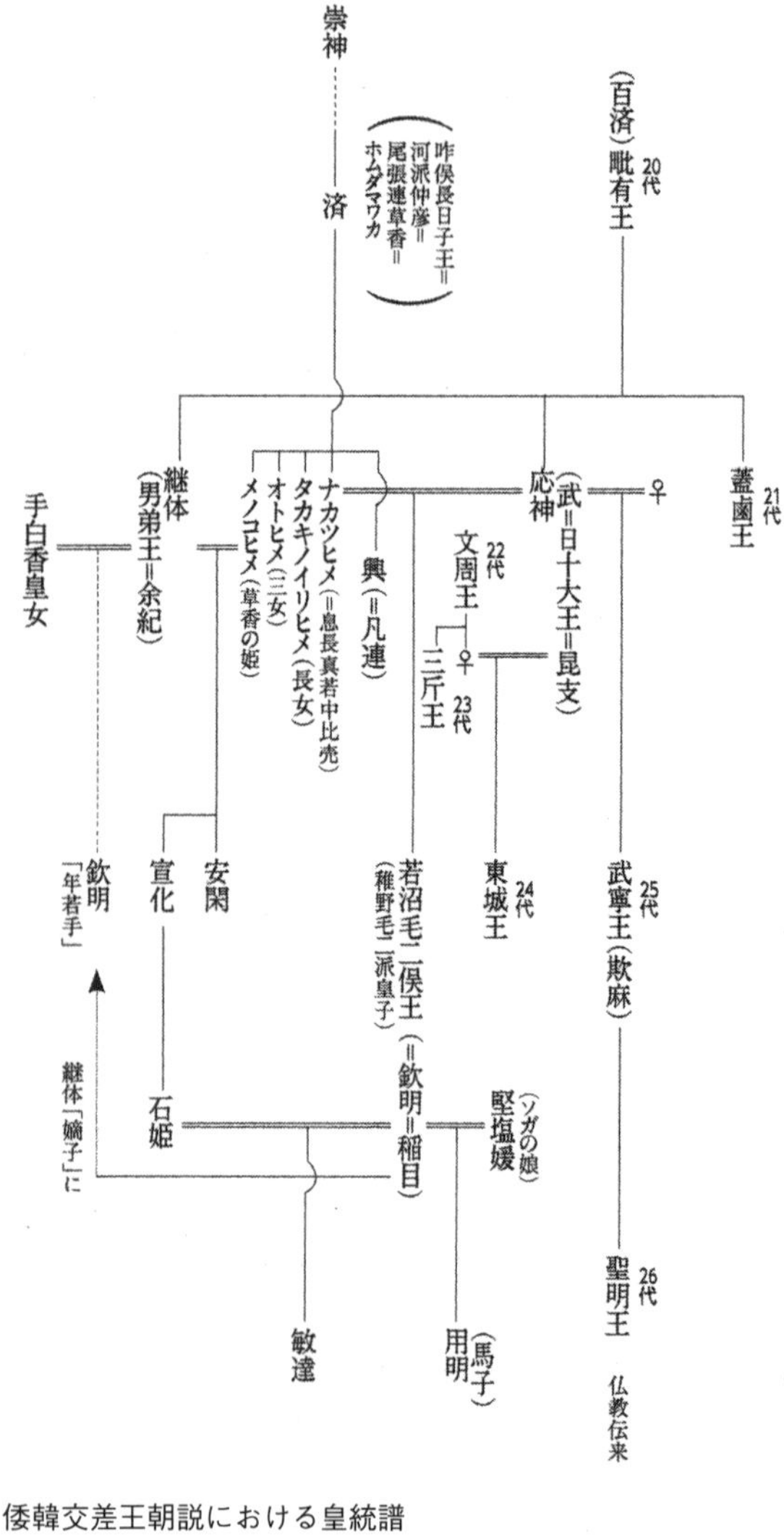

倭韓交差王朝説における皇統譜

応神―継体―欽明（＝稲目＝ワカタケル）―敏達―馬子（＝アメノタリシヒコ）―蝦夷（ワカミタフリ）―入鹿―孝徳―斉明（皇極）―天智

という真の皇統譜が立ち現れてくる（アメノタリシヒコ、ワカミタフリは『隋書』に登場する倭国の王と王子）。この場合、舒明天皇、崇峻天皇、推古天皇、皇極天皇も即位せずということになってしまい、つまりは舒明紀などは存在しないということになる。そうした各天皇たちが人物として非実在だったというわけではないし、たとえば孝徳の前にちょっとだけ皇極がワンポイントで即位していたというような可能性はあるとは思われる。ただ、『日本書紀』の延々とつづくような皇統譜は信じがたいということだ。

継体・欽明の半島政策が不可解な理由――〝百済優遇・任那熱・高霊冷遇〟

継体・欽明の世というのは、その事績に朝鮮半島情勢とからんだものがやたらと多い時代である。他石渡は継体の本体を百済王子と捉えたが、現に継体紀では百済の話ばかりが取り沙汰されている。他方の欽明紀では、任那再建への強い欽明の意志と情熱が詰まっている様相だ。ともに半島情勢を語らねば両時代の事績自体が存在しないも同然というほどである。そもそも継体即位に関してもその予兆はある。大伴金村が「男大迹王」を三国（坂井市）にまで迎え入れに行き、天皇即位を要請。やがて承諾した男大迹王は樟葉宮で507年に即位するというわけだがこの継体と金村との関連性が強く描かれている。継体はすぐに快諾したわけではなく、実は馬飼首荒籠《あらこ》という人物が迷う継体に遣いを出し、政権枢要にいる群臣たちの新大王即位への本気度を伝えたのだ。「馬飼首」とはこの時代の「河内馬飼」とも関係があろうし、まず百済系でまちがいない。継体と馬飼首荒籠が従前から交流があったことが『日本書紀』で記されており、この特別な関係性には百済人同士のよしみを覚えさせられる。

その後の継体六年（512年）には百済武寧王が倭に使者を派遣、任那の四県（上哆唎《オコシタリ》・下哆唎《アロシタリ》・娑陀《サダ》・牟婁《ムロ》）の土地を倭に請求してきた。この時、任那の哆唎国に派遣されていた重臣の穂積臣押山が進言したのは、「この四県は百済に連なっています。日本からも遠いので百済に与えて同じ国にすれば得策でしょう」という内容だった。この策には大伴金村も同調して継体へ奏上した。なお、穂積臣押山という名前には、ちょっとした含みがある。穂積臣押山について語る場合、「穂積氏（忍山）宿禰《すくね》」という名前のそっくりな重要人物についても言及しなければならない。応神の派生的人物であるヤマトタケルの「義理の父」となっている。ここに補助線を引くと穂積氏（忍山）宿禰とは倭王済の分身的人物であり、任那加羅系王族をモデル化したのであろう。この継体紀で穂積臣押山の職掌が任那の哆唎国主となっているのもさもありなんというところ。済らの祖先である崇神王統が加羅地方の支配者であった権能を『書紀』はそのまま穂積臣押山に転移させているわけである。例によって『日本書紀』がほのめかす暗示である。

結局、四県割譲の勅書は百済の使者にもたらされた。このことを聞いた勾大兄皇子（安閑）は「応神以来、官家《みやけ》を置いてきた国を、軽々に隣国の言うままに、与えてしまってよいものか」と、改めて百済の使者にその旨を伝えた。しかし親（継体）の決めたこと（勅）を子が改変するのはいかがなものかと言って、百済側はそのまま帰国。世間では「金村と穂積臣は百済から賄賂を受けている」という流言が立ったという。収賄の流言が立つほどに百済有利の奇妙な政策だったことを『書紀』も再確認しているわけだ。この任那四県割譲事件はじめ継体紀に特徴的なのは、半島南部の領有権をめぐる記事がやたら多いことである。百済に対して任那割譲の勅が発せられたのも気前がよすぎる。この気前のよさが奇妙に見えざるをえないのは通常の史観がそう見せているだけなのであって、時の為政者が「百済出身の継体天皇」であることを知れば納得もゆく。自分の甥（武寧王）からの請求に気前よく応じることの辻褄が合う。そのほうが「故国」は対高句麗、対新羅に対しても増強されるわけだ。もちろん昆支（応神）の存命中から百済優遇政策は申し送りになっていたはずである。逆に、この時の倭王朝が百済系であったという事実を考慮しなければ、これらの倭と百済をめぐる政治情勢は不可解この上なく、その点で、通常の歴史解釈では壁にぶち当たってしまう。倭王権が在地の王権だというのなら、そもそもこんな過剰サービスを百済に提供する必要もない。つまるところ、継体（男弟王）と武寧王（斯麻）が「叔父と甥」の関係であったことの認識がないと、この領有権の移転問題を読み解くことはできないのだ。

大伴金村はこののち540年に失脚することになるが、この割譲事件の責任を取らされたというよりも、継体から欽明へと代がわりし、王朝中央とのパイプを失って自らの権勢が弱体化したというほうがずっと見やすい道理だろう。しかも『書紀』どおりなら継体と欽明は親子だが、クーデター説があるとおり欽明が昆支の息子だとすれば、欽明が継体王権の主要な権臣であった金村を煙たがり遠ざけるのも当然といえば当然のことなのである。

再度、半島情勢に目を向けると、こののち伴跛《ハヘ》国（加耶地方北部の高霊や慶尚北道星州付近）が百済の己汶《コモン》の領土を奪ったとして、百済側が倭になんとか取りはからってくれと訴えてくる。この伴跛国とは任那加羅が退潮したのちに加耶の新盟主となった例の「大加耶」の別名。その伴跛国のほうも珍宝を献上するなどこの土地を欲したが、結果、継体は己汶と帯沙《タサ》は百済に与えるという勅を出す（513年）。百済への四県割譲に次ぐ、二郡割譲である。不平の募る伴跛は城を子呑《シトン》と帯沙に築いて、対倭戦に備えを固めた。そうこうしているあいだに武寧王が523年に崩御したあとも、こうした倭の百済優遇はつづく。たとえば加耶にあった多沙津（光陽湾に注ぐ蟾津江《せんしんこう》河口あたりか）を百済は航路として欲しがり、またもや穂積臣はこれを奏上し、結果、百済の領有となっているほどだ。

ここまで来るとたまらないのは、大《だい》加耶側である。この時の大加耶王と大加耶政権は、倭国にとってみれば、あの倭韓交差王朝すなわち連合王国時代の任那加羅とはだいぶ縁遠くなっている。あれから百数十年の年月がたっているのだ。加耶側は倭の勅使に対し、「この多沙津は官家が置かれて以来、私が朝貢の時の寄港地としているところです。たやすく隣国に与えられては困ります」と当然のことを話し、この決定への不服を告げる。が結果は覆らず、倭に対しての恨みを残したと『書紀』は記している。崇神王朝はこの加耶地方南部を領していた倭韓連合王国であったわけだが、応神も自身の半島出自を鑑み、半島南部における領有権（直轄地）をそのまま「官家」として制度化していたものであろう。

このような不当なほどの百済重視と大加耶（伴跛）軽視は実にあからさまでわかりやすい。この時の加耶地方の盟主は「伴跛＝高霊」としての大加耶（ややこしいが『宋書』の「加羅」）であり、あの首露王の国の直系ではもはやないからだ。応神・継体の百済系倭国は国内の加羅系渡来集団への遠慮や配慮というものも特別にあっただろうが、同じ加耶地方とはいえ高霊への義理を特別に持っているわけではなく、自らの故国（百済）への優遇策がこうも繰り出されてゆくのも、ある意味では仕方のないことである。

他方、北部の大加耶（高霊）軽視とは異なり、次の欽明時代にかけては南部の任那（金官）再興をめぐる激しい熱情が欽明紀全体から伝わってくる。このことは以上のような歴史的な文脈を踏まえれば腑に落ちる。常識的な古代史観では「大加耶（高霊）軽視と任那重視」という同じ加耶二地域への方針の差や、百済優遇策のいわれを説明することができない。しかし百済出自の王が倭国にいるのならば、それもさもありなんであろう。

聖徳太子不在説①——学界が取り上げきれない「細部」情報

著名なマンガ『日出処の天子』において、作者の山岸涼子は聖徳太子を一種の超能力者として描き、さらにホモセクシュアルな傾向を持つという複雑な人物設定をも使いきって、素晴らしい表現物をモノした。太子をめぐる強烈なストーリーを紡ぎながらも、興味深いのは、山岸自身が文庫版の解説対談で、「私はこんなふうに、まるで実在したような人として（太子を）描きましたけど、もしかしたら、推古天皇に箔をつけるために、こういうすごい補佐役の摂政がいた。天才的な人がいた。その人が作った冠位十二階とか法律なんだから、皆さん敬うように……という、そういった箔づけのために、後世の人が勝手に作り出した人物じゃないかなあ……という、気もするんですよ」と、このような発言をしていることである。

手元のこの文庫解説は1994年のものなので、まだ世の「太子不在論」といえば、石渡の一方の代名詞でもある「**聖徳太子はいなかった**」説は世に出ていたとはいえ、まだ大山誠一の非実在説が出回るだいぶ前のことである。太子の事績や物語を「変」と感じたという山岸涼子の慧眼ゆえの発言だったと思うほかない。あれだけ太子の状況、環境、そして内面と向きあってきた氏だからこそ言える、これはクリエーターならではの直観的な洞察なのかもしれない。

さて、石渡信一郎は、八幡神でもある応神天皇を昆支であると喝破したやはり慧眼の持ち主であり、かつ、早90年前後には「聖徳太子不在説」を理論的にも完成させていた理論家だった。太子の不在説ということで言えば、その大山教授が『〈聖徳太子〉の誕生』（吉川弘文館）を著し、それが文献史学のアカデミズム発だったがために、学界の内外に物議を醸したことは古代史ファンなら知るところであろう。石渡自身はこうしたアカデミズム内部からの援護射撃をよしと受け止め、『百済から渡来した応神天皇』でも好意的にそのことも素描している。

個人的には、（だいぶ）遅れてきた著作である大山作品で石渡説に言及していなかった点については、正直、落胆したことを表白せざるをえない。むしろひと言でも、石渡の所説につき言及してくれていれば、もっと心から喜べたものだがなと、（社員一同もそうだったが）思ったものだった。私の著作やネット記事を読むような古代史愛好家であれば、この私たちの心持ちにも共感されることだろう。在野でかなり売れている本とはいえ、もちろん専門家たちがまったく石渡の仕事を知らない可能性だってあることも私は元社員編集者としてはわかってはいるつもりではあるのだが。

そして、あえて言えば、大山説を「援護」する学者たちがアカデミズム内部に案外多くはない現状を鑑みても、『石渡説などからその理論・所説を公的に「採用」したほうが、ずっと援護の幅も増え、立場もよくなるのに……』と老婆心があるのも正直なところなのだ。つまり、あそこまで氏が太子について史料批判を踏まえて言説化したのなら、石渡の業績を活かして使ってさえくれれば、もっと理論は先鋭的にそして無敵になったはずなのである。せっかくの太子論だというのに歯痒さがあるのである。

だが賢明な読者というのは世にいるわけであって、石渡の『完本　聖徳太子はいなかった』（河出文庫）のネット上のレビューを見ても太子不在説における石渡の先見性をたたえるものもあって、識者や事情通がそれでも知っていてくれるのならば、世間一般は背景を知らなくてもいいのかな、とわれわれも考えるところもあるのである。

山岸は推古に箔をつけるために太子は創造された旨を語っていたが、起こったことはこうであると思われる。まず「大王としての蘇我馬子」を一豪族に格下げして、その「実体」を用明と推古の存在にまぶし、そんな不在の大王たちだけでは「器」になりきらないと判断して、皇太子としての厩戸皇子を天才肌に仕上げ、そこに偉業をこめた、という成り行きである。蘇我馬子は稲目の息子だが（先のCライン）、稲目は欽明天皇と等置することができるほどの状況証拠があるので、そうなると様相がまるで変わってくる。

実際に、辛亥のクーデター後の欽明の時世になると、正史『日本書紀』は蘇我稲目を大臣として登場させてきて、欽明と稲目の政権であるかのように見せてくる。これを熊谷公男は、わかりやすく「**欽明—稲目体制**」という概念で説明しているほどだ（『大王から天皇へ』）。大山誠一も欽明が「蘇我氏そのもの」であった可能性を明言しているほどなので、この両者の近さは格別のものに見えるのである。稲目が欽明と同体であったのなら、次世代の馬子とて皇統の内部にいた人物であってしかるべきである。たとえば『隋書』によれば、当時の倭国の大王は女帝の推古ではなく男性のアメノタリシヒコと呼称されていたことがわかっている。その年次の「男の最高権力者」は馬子であって、馬子こそが「男の大王」であるというにふさわしい。推古はキックアウトされてしまうわけだ。

またアメノタリシヒコが結跏趺坐《けっかふざ》していたことを『隋書』は描写しているが、ここに石渡は有効打を見出している。日本最古の本格的な寺院である飛鳥寺を発願し建造したのは馬子であるが（５８８年〜５９６年）。この飛鳥大仏（釈迦如来像）もまた結跏趺坐しているという共通点がある。後代の『新唐書』ではこの時の王を用明としているものの、こちらは時期が合わず苦しいところ（推古天皇の時代なので）。飛鳥寺の別名は元興寺《がんごう》であって、馬子のことを『元興寺縁起』は「有明子《うまこ》」という呼び名で記しており、この字面は用明という漢風諡号と酷似している点が注目される。もし有明子が本名だとしたらなるほどと腑に落ちるはずだ。とくに「馬子―蝦夷―入鹿」という動物がらみのネーミングはあからさまに差別的であるところからして、「用明天皇＝馬子」説の可能性を大いに示す材料ではあるだろう。順番としては馬子のこの本名から用明天皇（漢風諡号）は導き出されたに相違ないと見て取れるのだ。とすれば『新唐書』の用明への言及も馬子のことを含意していると受け取れる。

次節では『日本書紀』が仕掛けた〝名前のトリック〟に着目しながら、「聖徳太子＝蘇我馬子＝用明天皇」という一説を詳しく見てみよう。時代背景としては、欽明の時代になって以降、欽明とタッグを組んだ大臣・蘇我稲目が倭国の政治を主導し、その政治的ライバルとして大連・物部尾輿率いる物部一族も注目されるようになっていた。旧勢力の大伴氏は金村亡きあとに力を失い、葛城も往年の勢いはとうになくしているため、畢竟《ひっきょう》、豪族たちのなかでは蘇我と物部が二大勢力、二強となっていた。そんななかで、次世代の勢力争いが繰り広げられるのである。

聖徳太子不在説②——糸口は「馬子の妻」

さて、蘇我馬子が大王であり、聖徳太子も用明天皇も不在（もしくは馬子と同体）であって、崇峻天皇も推古天皇もともに即位はしなかった——という石渡説に関してここでは深掘りしてゆきたい。石渡の場合、このスーパー太子の「不在」そして「虚構」だけではなく、用明天皇の不在・虚構ということも射程に入れている。ただただ聖徳太子の存在感と伝説が強烈すぎるので、それを一介の生きられた「厩戸皇子」へと抑制してゆこうということが表のポイントだとしたら、この用明についての真相開示が「裏ポイント」であろう。さらには、当時の最大一族であった蘇我氏の一統が王権にからんでいたことに迫真できているのが強みである。そして、「用明の不在」から「蘇我馬子は天皇（大王）だった」という重大な事実を導き出している。逆に言えば、『日本書紀』は「馬子大王」を「臣下」（馬子大臣《おおおみ》）に引きずり落とし、かわりに用明あるいはその同母妹の推古天皇という存在を構成（捏造）してゆくそのプロセスが、手に取るようにわかるのだ。いわば馬子大王を分散して隠すために、用明らの分身をひねり出したということになる。

まずは西暦で確認してみよう。欽明の皇太子（第二子）であった敏達天皇（在位期間572年〜585年／第三十代）の死後、（正史でも）稲目の孫である用明（第三十一代）が即位し、585年〜

587年の在位期間をすごす。その短い在位期間が死によって断ち切られ（天然痘によるという）、次いで用明の異母弟である崇峻（第三十二代）が馬子の推薦もあって即位、587年～592年の在位期間となる。が、推薦者であった蘇我氏との折りあいが悪く、馬子は東漢《やまとのあやの》駒の手を用いて崇峻を暗殺する。そして空位となったところに、崇峻の異母姉である推古（第三十三代）が初の女帝として立つのである。その期間は593年～628年と実に長期にわたる。

先に、欽明天皇と蘇我稲目の近接性を語ったが、その息子同士の用明と蘇我馬子のやはり同体ぶりをまず語ってみよう。この両者の登場が同時期ということがすぐも確認される。このことは、馬子と用明が同時代人であり、比定関係にあることを示している。論証のポイントとして石渡が俎上に載せたものは、意外なことに「馬子の妻」とその名についてであった。

馬子の妻について、『書紀』では「物部守屋の妹」（名前は出てこない）というふうにあり、よその文献、たとえば『紀氏家牒』と『石上振神宮略抄』では守屋の妹の「太媛《ふつひめ》」として登場する。つまり馬子の妻は「フツヒメ」であって彼女が「守屋の妹」であるということが確認できる。なお『先代旧事本紀』天孫本紀では、「守屋の同母妹」として布都《ふつ》姫がいる。そして、こちらではこの「布都姫の娘」が「馬子の妻」という設定になっており、世代が一つ下った相手と馬子が結婚している。少々ややこしいが守屋の妹の名前が「フツヒメ」に相違ないことと、馬子には「フツヒメ」がつきまとうということは明らかである。

他方の用明天皇について見てみよう。用明には、こういう若かりし日の行きすぎた挿話がある。用明は『元興寺縁起』では「池辺皇子」と呼ばれているのだが、この名は『書紀』では記録されていない。すなわち「池辺皇子＝用明」という結びつきを正史は隠している、というわけなのだが、この等置はすでに定説化されている。

用明がこの池辺皇子時代、なんとやんちゃなことに伊勢斎宮（正確には斎宮制度の前身の伊勢祠）であった「菟道皇女《うじのひめみこ》」（敏達天皇の娘で、押坂彦人皇子の同母妹）を犯してしまう、という不祥事をやらかしているのだ（敏達紀七年）。時期は、伊勢神宮に任じられてすぐの578年となっており、真実であるならば帝の敏達は烈火のごとく怒ったことであろう。事実を重んじて皇女はその任を解かれてしまうというその後のありようである。ついでながら、小姉君の長男・茨城皇子も伊勢斎宮であった磐隈皇女を犯したという前科があるほどで（欽明紀二年）、禁忌を犯すスキャンダルが皇室周辺の皇子たちの身に起こっているのは実に軽薄な感じだが、これもこの時代の色好みの反映というよりは、政治的意味合いでの潤色であると私は考えている。というのは、茨城皇子もまた欽明の息子であって、上記した用明の弟なのである。茨城皇子は結局、用明亡きあとも皇位継承者になっておらず、短命で亡くなったと考えられており、磐隈皇女も先と同じく解任されたまま音沙汰はない。端的に言って、一つの事例を反復しただけにしか見えない。もっと言えばこんな醜聞事件も後代に創作された一挿話にすぎないと思ってよいだろう。

そうした疑わしい観点も踏まえて、このかわいそうな「菟道皇女」をめぐる話を展開してみよう。菟道皇女の正式な名前は「**菟道磯津貝皇女**《うじのしつかいのひめみこ》」であり（『古事記』では「宇遅王」）、母は皇后の広姫である。そして話がややこしくなるのはこの後で、広姫が逝去したのち、この敏達は異母妹であった額田部皇女（のちの推古天皇）を二度目の正室として迎えており、そのあいだに生まれた娘のなかに

「菟道貝蛸皇女《うじのかいだこのひめみこ》」というよく似た名前の姫がいるのである。先の菟道皇女が醜聞もあってはかなく命を散らしたようなことがあって、その形見のような思いをこめて同じような名づけを行なった可能性もないわけではない。しかし基本的にはこの似すぎた名前同士の娘たちは同一人物の反映にすぎないと考えてよいだろう。

この異母妹のほうである皇女は「東宮聖徳（聖徳太子）」に嫁いだと『書紀』にはある（つまり「太子の妻」だ）。あの太子の妃にはなったが、記録では子もなさず、早くに逝去したというふうに一般的には考えられている。

ところが奇妙なことに、この「菟道貝蛸皇女」については、『書紀』注で曰く「またの名を菟道磯津貝皇女である」と自らネタバラシ（？）しているのだ。となれば、やはりこの両者は同一人物にすぎないことになる。石渡は、こういう「怪しい不自然なところ」を見逃さない。わざわざ異母妹として設定された菟道貝蛸皇女であったはずなのに、あっさりと異母姉と同じで「菟道磯津貝皇女」本人だよ、と語っているわけで、こういうところに『書紀』が重畳するように形成された「テクスト」（織物）にすぎないということに改めて気づかされる。筆記者も大勢で必死に編纂作業をしたのだろうが、ついつい弥縫《びほう》することを忘れたり、明らかな誤りが露呈してしまったりしたことも大いにあったのである。要は、「統一的な設定」をするつもりでいて、手先が乱れた一例である。まとめると、こういうことになる。

敏達と広姫の娘――「菟道皇女」（池辺皇子の「女」）…A

敏達と広姫の娘――菟道磯津貝皇女　（伊勢の斎宮）…………B
敏達と推古の娘――菟道貝蛸皇女　（聖徳太子の妃）………C

このようなややこしい関係性が用意され、わざわざ貝・蛸などの海産物をネタに造作されたBの名前であるにもかかわらず、それはCの別名だという旨を『書紀』自らが明かしている。上のAとBが同じであるだけではなく、BとCも同一人物である可能性が高い。

そこで、先に述べた「馬子の妻」の関係をかぶせることが重要になってくる。馬子の妻が「守屋の妹」であり、彼女の名が「フツヒメ」（布都姫＝太媛）であるということだ。このことは、各種史料から共通して抽出され指示されている事実である。この「太媛」というのは、現代風に考えれば「太った」姫ということでちょっと笑ってしまうような名前に感じられるかもしれないが、もちろんそうではなく、しっかりしてたくましいという意味があり、「太」字は京都の太秦《うずまさ》（うずまさ＝うづまさ）と同じような「音韻」を有している。そんな古代の音韻論からも「フツヒメ」の音は、「ウヅヒメ」＝「ウジ（ヂ）ヒメ」という横滑りをして等置されうるのである。この意外な類同性からも、「馬子の妻」と「太子の妻」が、同一人物であるという見方が浮かび上がってくる。

しかもだ、『先代旧事本紀』ではこの布都姫は「馬子の妻」ではなくなんと「崇峻天皇の妻」として描かれており、史料の混乱があって、「偽装」の所在がこういうところにも垣間見られる。これも「馬子が崇峻である」すなわち「崇峻が不在」であったという傍証になりうる。崇峻の存在もその「即位期間の問題」をはじめ、従来から非常に曖昧さがあるわけで、「馬子の妻」という糸口から、崇峻が非実在であることの傍証にもつながってゆくのである。崇峻時代には588年の飛鳥寺建立スタートという事績があり、まだ反対勢力もいるだろうこの時期に本格的な大伽藍寺院の計画に実権の乏しい崇峻が乗り出せるかということは懐疑的であって、単純に崇峻のかわりに馬子が大王だったとすれば筋は合うのである。

　整理すると「ウジ」という導きの糸により、このような「設定」の秘密が浮き彫りになってくる。

用明の女——ウジノヒメミコ
太子の妻——ウジノシツカイ皇女
馬子の妻——フツ姫（＝ウヅ姫）——「守屋の妹」——石上神宮の祭祀（『紀氏家牒』）
崇峻の妻——フツ姫——「守屋の同母妹」—石上神宮で斎奉（『旧事本紀』）

用明のスキャンダルで男女関係を示唆されるウジノヒメミコの名前はじめ、太子の妻、馬子の妻、崇峻の妻の名の四つが決定的にかぶるという実に奇妙な事態となっている。さすがに偶然の一致を超えた必然的な設定のありようがうかがえはしまいか。なお石上神宮の主祭神は「布都大御神」であり、布都姫は石上夫人とも呼ばれていて、物部氏と石上神宮との縁の深さはおなじみのところであろう。

　すぐ見て取れるように、「馬子＝崇峻」という等置が見て取れ、「用明天皇＝馬子＝太子」の類同性もしのばれる。馬子が「有明子」と記されていた事実もこの上記の「用明天皇＝馬子」関係性を暗示しているはずである。

これらはあまりに異常な類同性を備えているとしか言いようがない。常識的にもその「妻の夫」側が同一人物であることを示唆してくるのである。そこで、后と妃（と愛人）の差はあれど、「**馬子＝用明＝聖徳太子＝崇峻**」という分身の構造が考えられる理由になっている。こうした文献への比較研究は、石渡信一郎のすごみそのものであるわけだが、学界の太子非実在説の流れとは別にとうから先鞭をつけていたことが鮮烈だ（気になった読者は『蘇我馬子は天皇だった』『完本　聖徳太子はいなかった』などなどで確認してみてもらいたい）。

とにかく、私が心の声を大にして言いたいのは、聖徳太子非実在説を説く学界の研究者も石渡理論を採用しないかぎり、あなた方の史料研究だけでは、アンチも多く（ジェラシーも含めて）、その決定力不足ゆえに、学界で逆襲され、押し返されますよ！――という点につきる。結局、こうした石渡理論による諸情報を、彼ら研究者たちは表立って援用・引用することができないわけだから。このままでは学界の守旧派たちに押し戻されて、不在説は学界やメディアでも退潮していってしまうかもしれないと私は本当に心配しているのである。それも石渡説を援用しないかぎり、仕方がないでしょう、と。せっかく正しい歴史記述が描かれはじめているわけなのだから、そうした流れに立ち戻ることはまずい。石渡史学を知る読者は、大山説も石渡説の細部もともに参観することができるが、アカデミズム内部の研究者は、自分の論文や著作に石渡説で武装することができない。この理論的な脆弱さはいかにも勿体ないのだ。

私たちは、もう少し、学者たちの賢明さ（そして誠実さ）を信じてみようとは思うが、むしろその意味では、アカデミシャンたちだけではなく、作家や新聞社記者、そしてジャーナリストたちの探求力、訴求力にも期待してみたい。かつての古代史にはそういう言論の場が確実にあったのだから。

聖徳太子不在説③――推古・用明が「でっち上げ」だという理由

林順治の『法隆寺の正体』では、聖徳太子がらみの情報がよく整理されていて、法隆寺の謎ともども提出されている。林の書籍では、太子論に一家言のある梅原猛と古田武彦の見解の相違などを紹介しながら、いわゆる法隆寺系史料と言われる『元興寺縁起』や『上宮聖徳法王帝説』のほか、法隆寺にある釈迦三尊像と薬師如来像それぞれの光背銘をめぐって情報を集約させてゆき、合理性がいずこにあるのかを探っている。たとえば釈迦三尊光背銘にある「癸未年三月、王后敬造而」の癸未年は、西暦623年（推古三十一年）ではなくて683年であるとする梅原説を紹介しており、その場合、この「王后」は推古どころではなくて、持統を指すということになって、この梅原説は合理的であると林は書いていて私も同意する。

梅原は日本思想史の膨大な知見を背景に歴史学に迫るタイプの思想家・哲学者・作家であるが、ただし古代史における梅原説は太子に入れこんだため（『隠された十字架』の面白さがその最たるもの）、現状の太子不在論の盛行のなかでは、論が少々「あさっての方向」に行きがちだった（一例としては『三経義疏』を太子のものと見ているなど）。だがこのようにある部位においては、梅原説の鋭さは健在であった。

法隆寺金堂の著名な薬師如来像の光背銘には、「天皇」「大王天皇」「聖王」などの字が並んでいて、そこには丁卯年《ていぼう》（607年）という干支が書かれている。『法隆寺縁起（いわゆる資材帳）』（747

年成立説）にも丁卯年に薬師如来を造ったとあるから、光背銘と同じ情報を示しているため真実性が高いように一見思われる。だが、これらの法隆寺系史料は、当時「天皇」という呼称がまだなかったことからも真実とはとうてい目されないのだ。そうした見方もあって、石渡説でもこれら太子関係の事績の類いを、それからずっとあと、つまり飛鳥時代末期から奈良時代にかけての時期に、藤原不比等らの意図で「聖王」としての聖徳太子像を創作していった際の副産物というふうに捉え返している。聖徳太子は『書紀』では「皇太子」とされているが、通説では天武天皇の「皇太子」である草壁皇子（のち夭折）まで、倭国には皇太子は存在しなかったわけなので、太子を皇太子と書いている『書紀』が嘘臭いというのはよくわかる道理なのである。推古時代には端的に皇太子制度はないのだ。『書紀』が記事とは裏腹に自己撞着を見せているのは、皇太子制度がないからこそ、たとえば山背大兄と田村皇子（のちの舒明天皇）は皇位継承をめざして権力闘争を展開するわけであって、記事自体が矛盾をはらんでいる。

また、そのほか太子不在を告げる証拠としてなら、「皇太子（聖徳太子）嶋大臣（蘇我馬子）共に議りて天皇記及び国記、臣連《おみむらじ》伴造《とものみやつこ》国造《くにのみやつこ》百八十部《ももあまりやそべ》并《あわせて》公民等本記《おおみたからどものもとつふみ》を録す」という記載が『書紀』にあるように、正史編纂の共同事業は、太子と馬子の連名で執行されていたわけだが、太子を推したいのなら、太子一人の名前でもよいではないか？　そこをわざわざ大臣の名まで出すところが、歴史記述の労苦ぶりを感じさせるわけで、馬子が歴史編纂事業に大いにかかわりあっていたことだけは蘇我氏を悪者扱いした『書紀』ですら否定できぬほど確実だということである。このあたりの通説とそれに対する各種の石渡説の異論・反論ぶりは読む者の知的好奇心を刺激する微差異に満ちている。

もう一つ、推古天皇をめぐるアプローチによって、いかに「太子の不在」が際立つかを、ピンポイントで示すことができるので紹介したい。これは古代史研究家で農学博士の山下重良の「聖徳太子の真相を糺す」という記事にある情報を得て、触発されたものだ（『古代日本原記』という著作にまとめられている）。実は、山下も部分的には、石渡理論を太子を論じる上で採用してくれていて、まさにうまく援用してくれている方なのだが、在野の人たちにはこういう「いいとこ取り」を恥じない誠実な姿勢がうかがわれて好感が持てる。低空飛行をつづける日本の古代史学説に対してのカウンターとして、実に学説的で巧みなアプローチを見せている。

まず、その推古天皇（額田部皇女）だが、西暦554年に生誕し628年に崩御するという生没年の情報がある。しかし『書紀』はこの推古について重大なミステイクを犯しているのだ。たとえば推古即位前紀に、推古は十八歳の時に、敏達天皇（推古には異母兄）の皇后になったという記事があるわけだが、これを計算（換算）すれば、西暦571年のこととなる。この年は欽明崩御の年であるが、そもそも『書紀』が数合わせに決定的に失敗している。というのも、まず敏達が「皇后」としての広姫を迎えたのが575年（敏達紀四年）であって、その年のうちに一年未満でなんと広姫は亡くなってしまう（だから翌576年に額田部皇女を新たに皇后として迎える段になる）。もうおわかりのように、これでは一度目の皇后との結婚（575年）をする前に二度目の皇后と結婚していること（571年）になってしまう。年の差のかなりある「異母妹」を妻とすることの是非はともかく、設定どおりならこの場合、額田部皇女が皇后になったのは二十三歳の時ということになり、「十八歳で皇后になった」という情報と単純に背理してしまう。このように年齢の記述が矛盾し諸設定が破綻している具合なのである。
さらなる問題の箇所は、『書紀』の推古即位前紀において、推古が三十四歳の時に敏達が崩御したという記事にある。左の略年表を見てもらいたい。

571年　※　十八歳の額田部皇女（＝推古）が敏達天皇の皇后になるという「即位前紀」
（『書紀』における「事実」は五年後の二十三歳である）
576年　二十三歳の額田部皇女（＝推古）が敏達天皇の皇后になる（『書紀』）
585年　三十二歳　　この年八月、敏達天皇が崩御する（『書紀』）
587年　※三十四歳の年、敏達が崩御と「即位前紀」（敏達は二年前に死んでいるはずなのに……）
この年五月に用明天皇が崩御
592年　三十九歳　崇峻天皇がこの年十一月に崩御。
その後、十二月八日に推古が即位　　※は「推古即位前紀」記事

実際に『書紀』において敏達が崩御するのは、推古が三十四歳の時ではなくて、推古が三十二歳の年（585年）である。すると、どういう事態が明らかになるか――!?　それは即位前紀の情報が正しい場合、はからずも推古が三十四歳になる時（つまり西暦587年）まで逆に敏達は生きていたということになり、587年に敏達が存命ならば、それ以前の謎の二年間（585～587）に在位していたとされる用明天皇はまさに不在もしくは即位せずという事態がうかがえるのだ。

このアプローチはかなり本質を衝《つ》いている。『書紀』がうっかりミスをして、そもそも不在の用明天皇をなんとか皇統譜に組みこんでいった作業の仕上げに失敗してボロが出てしまったという事の次第なのだ。真実は、敏達が587年に崩御し、用明はその分、即位も何もしていなかった、と。敏達と用明の崩年が同じ年になるため、作為性がより際立っている。実際は敏達が崩御して次の大王（正史では崇峻だが実際は馬子大王）につながる流れがわかるであろう。その分、用明のような形ばかりの半端な天皇はいなかった。となれば息子の聖徳太子もいず、推古もいず、馬子大王＝アメノタリシヒコとしての「天皇」が、敏達の次に即位していた――という皇位の継承が再現される。ちなみに馬子が大臣となったのはまさに上記の大事な時期であるところの572年であるから、敏達時代でもしかるべき権勢家であったことが確認できる。敏達の崩年がもし587年であったのならば、この年は物部守屋が馬子たちによって討伐された年次であり、継体・敏達系の物部氏を、欽明・用明（馬子）系の王統が打ち倒したという事実が浮上してくるようだ。

なお、『新唐書』によれば、タリシヒコはすでに用明天皇と目されており、その意味でも『書紀』が指す天皇＝推古は無視されており不在ということになってしまうが、その分「用明がれっきとして存在することになる！」と思われる方がいるかもしれない。しかしながらこれについては、中国側が倭国の王が女性ではなかったという事実を明記していると取るべきものであって、『新唐書』の完成が古いならともかく、『書紀』完成よりもずっとあとの時代（11世紀）なのもあって『書紀』の情報を真に受けたものにすぎないのである。

なお、蘇我馬子には蝦夷という後継者とは別に「善徳」という長男がいたことが知られており、

「聖徳」との類似性が濃い。しかも善徳は飛鳥寺（法興寺）の「寺司」を務めていたという記録が『書紀』に残るため、仏教への帰依は蘇我氏のなかでもより深い人物だったはずで、太子イメージの造形にひと役買った公算がとても大きい。太子のイメージを入鹿とかぶせて語る研究者もいるが、入鹿では世代が異なるために（入鹿はむしろ山背大兄世代なので）、私はむしろ太子イメージの凝結核はこちらの善徳の存在に依拠しているのではないかと考えている。

ともあれ、この、用明から推古にかけての時代についての頼りない情報の錯綜ぶりこそ、『書紀』編纂者たちが寄ってたかって馬子大王らの時代を、各天皇紀に割り振ったその事態を裏書きしている。聖徳太子というスーパー皇太子像をクリエイトするにあたっては、乙巳の変以来の活躍で十分にスーパー皇太子であった中大兄皇子の「称制」時代をヒントに、若いプリンスによる政権担当劇を具体的に模したものと考えるのがもっとも合理的であろう。

「蘇我物部戦争」による本当の敗者とは？——敏達の死後、「プリンス」の悲劇

蘇我氏が大王家の本体であったという話を展開してきたわけだが、その流れでもう一つ、蘇我氏と物部氏の因縁の戦いを振り返ってみたい。見ようによって、あの一族同士の抗争劇はまったく別の相貌を呈するからである。

『日本書紀』は改めて言うが非常に不思議な書物であって、単なる編集ミスなのか意図的な混入なのか判断のつかないところがある。その一つに「似たような説話構造」を繰り返すという特性がある。その一例が、蘇我と物部による「崇仏派対廃仏派」の戦いである。

知られるとおり、仏教が538年（もしくは552年）に伝来（公伝）したのち、倭国がそれを受容するか否かについて論争が起こるわけだが、これが世代を超えて二回、行なわれている。一般に知られているものは崇仏派の蘇我馬子と廃仏派の物部守屋が587年に争い（丁未の乱）、その結果、蘇我馬子は聖徳太子の力添えもあって、蘇我物部戦争に打ち勝ち、思想史的には崇仏論争に勝利、仏教という異国の宗教が古代倭国において大きな地位を占めるとともに、実質的に倭国のナンバー1の権勢を誇ることになった――という二回目の戦いのほうだろう。

だが仏教をめぐるこの話にはやはり当初からの長い経緯がある。事の最初から語り出すなら、司馬達等《たつと》（止利《とり》仏師の祖父で、おそらく百済人）が自分の私邸で仏像を礼拝したという記録が残り、これが522年のこととされている（仏教秘伝）。その後、百済の聖明王（武寧王の子）が時の天皇・欽明に仏像や経典を送り、それを欽明は拝受して、この異国の宗教をどう扱うかについて、倭国の王権内に論争が起こる。以下、あえて記紀史観でだがその後の移り行きを語ってみよう。

欽明には稲目という最大の側近（大臣）がいたわけで、稲目は国際的な見地からも仏教を受容し推進するべきと説いたが、物部氏・中臣氏の反対もあったため、欽明も公的な帰依はやめにし、仏像を稲目に託して私的な礼拝のみを認めることとなった（向原《むくはら》の蘇我の家／のちの豊浦《とゆら》宮で今の向原寺）。ところが巷で疫病が流行し、廃仏派だった物部尾輿はそれ見たことかとばかり、これを異国の「蕃神」を崇拝するせいだと断じた。八百万の神々（国ツ神）の祟りを招いた、というわけである。そこで欽明もやむなく廃仏派による排仏運動を是認せざるをえず、仏塔や仏像は廃仏派たちによって破壊されていった。とうとうその百済由来の最初の仏像も物部氏によって難波の堀江に捨てられてしまうが、それを信濃国司の従者であった本田善光が拾い上げ、信濃に連れて帰って厚く祀ったという縁起が知られている。長野市の善光寺に安置された阿弥陀如来像（絶対秘仏）だ。

もともと物部は、軍事・警備を司る武人の系統であるが、石上神宮（天理市）に太刀千口を収めたというイニシキイリヒコの仕事を引き継いだ。石上神宮においては神宝管理のほかもちろん神を奉斎し、独自のミタマフリという霊的な祭事を執り行う家系になっていた。神事を公務とする一族が仏教など受容できるわけもなかったのである。

そんな経緯で、事態は蘇我稲目の思うままには動かず、最後は物部尾輿が押し切った形で、第一次崇仏論争は終結。その後、正史の流れでは570年に稲目が死に、翌年には欽明も崩御するため、この崇仏論争は次世代に持ち越されていった。そうして先に挙げたように、蘇我には馬子が、物部には守屋がというふうに代替わりがやがて行なわれ、第二次崇仏論争が勃発する。もちろんこれは単なる宗教論争ではなく、権力闘争であり、皇位継承をめぐる熾烈な政治劇でもあった。

この6世紀後半、欽明の次に皇統を継いだのは子の敏達天皇である。敏達の母は石姫という継体の孫娘であるから、敏達は継体系の血統を自身の内部に強く意識していたはずだ。というのも継体はまだ自然死かもしれないが安閑・宣化らは欽明の手によってクーデターを仕掛けられ、暗殺されている可能性が高いからである。敏達自身が継体系の生き残りであるという意識は十分に持っていたと考えられる。父・欽明は偉大な父王であったが、同時にそんな近しい母方の親戚たちを弑逆した無道な王であるという考えはつねに敏達の脳裏にあったであろう。それゆえに政治的なライバルに相当する異母弟の用明天皇やその周辺に出入りする蘇我氏の一統は敏達にとってかなり鬱陶しい存在だったと思われる（用明の母は稲目の娘である堅塩媛《きたし》）。

この状況下では、逆に蘇我氏とくに頭領の馬子からすると肩身が狭い気持ちをいだいていたかもしれない。欽明（＝稲目）時代にはとかく隆盛を誇っていた一族だが、主導権は敏達にシフトしていたからである。馬子というと権勢をほしいままにしたイメージがあるかもしれないが、自らが一族のトップとなった時代には敏達の圧力があって、不遇をかこっていたかもしれないわけだ。しかも敏達時代には日祀部《ひまつりべ》・私部《きさいべ》が設置される（577年）など日神信仰を保護した経緯もあり、古代の古神道の形を想像させるわけだが、その分いっそう崇仏派の馬子たちにとっては厄介な大王であった。敏達のブレーン集団に日神を仰ぐ人物たちが多くいた可能性も大である。

前述のとおりこの敏達には広姫という后がいたが一年足らずで死に別れ、敏達のほうは融和策のつもりか次の皇后に蘇我の女を選んだ。それが額田部皇女であって、敏達にとっては年の離れた異母妹であった。次代を見越して敏達は強気に自分の思いを遂げたのかもしれない。蘇我の女をあえて身内に取り入れるなかなかやり手のこの大王の時代が十数年つづき、この時が馬子ら蘇我氏にとってはいささか厳しい政治の時代だったと考えられる。

それでも、西暦585年（もしくは先述したように587年）に敏達は死を迎える。そこで次に誰が皇統を継ぐかということになるわけだが、今上の大王の意思が反映されやすいと考えるなら、「敏達の子」というのがすぐに挙がる候補であって、それが押坂彦人大兄である。が、ここではその噂もなく、兄弟相承制のままに、敏達の異母弟である用明天皇が第三十一代の天皇となった。ここで皇位をめぐる紛争はなかったので、欽明の意思がここまでは明確であったのかもしれない。

ここで再確認したいのが、欽明が蘇我稲目と同体だというくだんの説が正しいのならば、用明も馬子と同体であるということだ。先の説明のとおり、敏達が587年に本当は死んだのに、資料上585年に前倒ししたのだとすれば、用明はもちろん不在で、代わりにいた大王的存在は蘇我馬子だったということになる。つまり、用明天皇、崇峻天皇、推古天皇も歴史資料上の存在にすぎず、「馬子大王」のみがいた、と言いたいわけである。彼らのモデル人物の実在は否定しないけれども、ただただ即位しなかった・できなかったことが重要なのだ。もちろん馬子大王の人格的な各要素は用明と馬子と推古にちょっとずつ移植されていた。たとえば外形的には用明に（「欽明＝稲目」の息子として）、功績としては聖徳太子（政治改革の実績）、そして在位期間としては多くを推古朝に、というふうに分散して、残余の有能な権臣の部分を蘇我馬子に託していった。用明は先に検証したように、紀年上の計算ミスで泡のように消えてしまう存在にすぎず、あくまで造作された天皇である。そのため、たとえば「用明天皇の真実の在位期間は長くて三十余年もあって、それゆえに用明が『隋書』にあるアメノタリシヒコの本体である」とはどうにも言いがたいのだ。やはりここは、蘇我氏の馬子のほうが用明よりも先行しており、「本体」であったと規定し直したほうがわかりやすい。

そこで、敏達の死後に何が生起したかということが肝心である。587年に蘇我馬子と物部守屋のあいだでついに全面戦争が起こってしまう。この戦いでは十四歳の聖徳太子も蘇我方について参戦しているのも有名な話であろう。ここで守屋は破れ去り、物部宗家の力はぐっと弱体化することになった。そして、蘇我対物部の宗教と皇位継承を巻きこんだ大きな争いはここで終止符が打たれ、蘇我氏全盛時代がやってくる――というのが通常の史観であるが、実はここで奇妙な違和感が残るのは、その皇位継承にからんだ第一順位のはずの押坂彦人大兄の存在がまったく見えないことである。蘇我・太子の軍勢にその名を連ねていないということは、押坂彦人大兄は物部方であったと見てまちがいがない。それが戦後は押坂彦人大兄はその名すら登場せず、歴史の表舞台からフェイドアウトしてしまうのだ。そこで学界ですら押坂彦人大兄は守屋ともども蘇我によって討伐されてしまったとする見方も根強い、ただ石渡説ではさらにその先を行ったのである。つまり、蘇我物部戦争の本質は、馬子（＝用明）と押坂彦人大兄（敏達の子）による直接的な皇位継承戦争だったという見立てである。この見方は一見、突拍子もないように思われるかもしれないが、実は筋が通っている。というのも、馬子が皇室の人物でありえたように、物部守屋と押坂彦人大兄も同体の存在であった可能性は低くはないからである。そもそも物部氏とはアマテルクニテルヒコアメノホアカリクシタマニギハヤヒ（天照国照彦天火明櫛玉饒速日尊《のみこと》）の子・ウマシマヂ命《のみこと》をその祖としており（『先代旧事本紀』等）、父の天火明櫛玉饒速日尊は「天孫ニニギの兄」という結構な扱いであるわけで、神話の時代へと遡行すればもともと物部は皇室の人物なのだ。守屋と押坂彦人大兄の退場が同期し、同じような見え方をすることがこの説の強度を上げるはずだ。

そして決定的なことがある。先に用明の女と馬子の妻の名はそっくりだという話をしたが、用明の女・ウジノヒメミコとは結局のところ「敏達の娘」すなわち「押坂彦人大兄の妹」なのであるから、フツ姫と同じように祭祀に携わる女として古神道に仕えている共通点がある。

用明の女――ウジノヒメミコ――「押坂彦人大兄の妹」――「伊勢」神宮に仕える
馬子の妻――フツ姫（＝ウヅ姫）――「物部守屋の妹」――石上神宮の祭祀

古代における「国家神道」としての伊勢神宮はまだこの時期には成立していないわけで、このときのウジノヒメミコが仕えた神宮とはヤマトの石上神宮にほかならない。つまり、用明と馬子が同体であるならば（そういう補助線を導入すれば）、同じように、押坂彦人大兄と物部守屋も同体である見込みがひたすら高くなるわけだ。同じような時期の悲劇的な退場ぶりを示している押坂彦人大兄皇子と物部守屋は、その妹の存在も酷似しており、妹の配偶者（男）が同一人物に収斂してゆくという点からも、こちらも同一人物であると捉えることができる。

このプリンス（押坂彦人大兄）の死で一番の利を得たのが、敏達系の王統と対峙していた用明系の王統――つまりは蘇我大王の王統――だというふうに結果も示されている。すなわち、敏達王統をここで断ち切ったがゆえに、権力を強化しえた「馬子―蝦夷―入鹿」とつづく蘇我三代はその後もヤマト王権の中枢に大王として君臨できたわけである。

正史では、押坂彦人大兄は即位しなかったものの、その子の舒明天皇が三十四代として即位しているし、その次は舒明の皇后の皇極天皇が三十五代で即位。しかしこの二朝の時代ですら蘇我氏の蝦夷、入鹿が辣腕を振るっていた時代であって、たとえば舒明時代における「百済大寺」建造のような巨大な国家プロジェクトを、舒明のように権力基盤の弱い天皇が指揮できたのかどうかは甚だ心もとない。舒明は何かと百済と名のつくところに縁がある天皇だが、百済と言えば、やはり蘇我系の領分なのである。私は昆支と蘇我氏のかかわりのことも踏まえてそう語っているのだが、歴史常識として言うならば、蘇我氏の配下にいた東漢《やまとのあや》氏が百済系であったことも知られているし、もとより仏教伝来時の百済聖明王の存在、聖徳太子と百済渡来僧の慧聡《えそう》、百済儒学者の覚哿《かくか》らとの関連性がやはり濃厚だ。舒明・皇極時代の「王家」は百済との親近性が強い蘇我氏であったと考える所以である。

このように、馬子＝用明にとって、敏達亡き後のヤマト王権内で押坂彦人大兄皇子という最大のライバルを追い落とす必要があった。逆に押坂彦人大兄からしても、馬子＝用明という壁を押しのけ決着をつけなければ皇位は遠かった。そこで戦端が開かれて、勝者は馬子＝用明であったがため、次の代（『書紀』上は第三十一代の天皇位）に即位することができたのである。『日本書紀』はあくまで万世一系という基本原理に則っているため、この皇族同士の血みどろの戦いを記録に残すことは避け、豪族同士の争いに書き換えたわけだ。敏達天皇の正統的な後継者だった押坂彦人大兄は結局のところ即位できず、悲劇の皇子となった。その政争のイメージは物部守屋に移植されて、蘇我物部戦争に描かれたのである。

霊（血）と抗争――『日本書紀』が捏造した記事の「意味」

物部という名のついた実質的な押坂彦人大兄を排したのちは、大臣馬子ではなく「大王馬子」が王権の首座に就き、開明的な政治改革を押し進めた。信仰していた仏教の採用、冠位十二階と憲法十七条の制定、中国との対等外交への試みとしての遣隋使派遣、『天皇記』『国記』の編述……こうした数々の事績は５９３年に推古天皇の摂政となった太子が主導した事績だとされている。が、大王としての馬子こそが主導したと考えれば実にわかりやすい。太子による政治改革は、通説では豪族同士の主導権争いが絶えぬ時代に、天皇を中心とした中央集権化をめざしたものとされる。だがその方策が蘇我氏という有力豪族を「使った」ものだったというのも皮肉な話であって、まどろっこしいかぎりだ。歴史叙述の仕事、『天皇記』『国記』の編述であれ、馬子がかかわったことを『日本書紀』は書き留めており、馬子の正統性は正直に表出されてもいるのだ。

その後、蘇我三代の「王権」はつづき、時代は下って、蘇我入鹿は643年に蘇我蝦夷より「紫冠」を授けられ、大臣となって実質的に倭国ナンバー1の権力者となる。冠位十二階におけるトップの「大徳」に相当するのが紫（濃紫）であって、この冠位を「受ける」だけではなく「授ける」側でさえあることが、蘇我氏が権力体系の「頂点」にして「外部」にいること、すなわち大王に連なることのできる「皇族」であった証左なのである。むしろ蝦夷の圧倒的な権限をそこにのぞけるわけだ。

これら以外にも蘇我氏が単なる外戚として横暴に権勢を振るったという「ストーリー」で納得するには、おかしな記述が残りすぎている。たとえば蝦夷の邸宅は「上のミカド（宮門）」、入鹿のそれは「下の（谷の）ミカド（宮門）」と呼ばれており、小高い甘樫丘《あまかしのおか》（高市郡明日香村）にあって、ここから一族は都を見下ろしていた。この宮門の呼び名一つにせよ蘇我の権力の強度を思わせる。

しかし645年、乙巳の変によって蝦夷と入鹿は討伐され命を落としてしまう。権力闘争の結果ではあるが、蘇我氏の親百済（そして反唐）政策を中大兄らの一派が不満に思ったというのが政策的な理由である。蝦夷はその際にこの地の邸宅にあった珍宝のほか『天皇記』『国記』を焼いたという。が、『国記』のみが炎から取り出されて消失を免れ、中大兄に献上された、と。これも妙なところで、天皇や諸氏の歴史である事績、系譜・由来を記したはずの書物をなぜ焼く必要があるのかという話である。そもそも『天皇記』『国記』を編纂したのは正史では太子と馬子である。歴史を叙述したものをどこかへ人を使ってでも持ち逃げさせるというのならばともかく、やっている行為は真逆というありようだ。書かれた内容――正しい蘇我王朝の系譜・由来――を打ち消したい中大兄側が焼き捨てたと解釈するほうがずっと自然である。

中大兄皇子と中臣鎌足によるこの乙巳の変の際、時の天皇は皇極天皇、つまり天智の母が務めていた。正史どおりならば、舒明天皇（第三十四代）と皇極天皇（第三十五代）のあいだに生まれた中大兄皇子は、「時間」さえ待っていればいずれは皇位という果実が落ちてくる立場である。しかしあえてそこでクーデターを起こすというのでは強引すぎる決断だと思われる。一豪族にすぎぬ蘇我の専横を防ぎたい旨からクーデターを企図したのではなく、蘇我王朝三代（稲目＝欽明も含めれば四代）がつづいていたからこそ、政治的な謀殺を行なう甲斐があったというものだろう？

この時の英雄であった中大兄皇子はすぐには即位せず、まず皇極の弟であった孝徳天皇を立ててゆく。中大兄は同母妹との禁断の「関係」もあって即位できなかったという説もあるが、年若いのを公然の理由にして後ろで権限を振るいたいタイプだったと私は考えている。この時、重要なのは、次の皇太子として中大兄に声がかかったということである。

中大兄皇子は活躍が目立ち天智その人であるため、とかく第一皇子と思われやすいが、実は第二皇子であって、舒明天皇の第一皇子は**古人大兄皇子**《ふるひとのおほえのおうじ》である。古人大兄は第二皇子の中大兄に隠れて目立たないけれど、歴とした第一皇子なのである。ただ母親が皇極ではなく、蘇我馬子の娘・法提郎女《ほほてのいらつめ》であって、「蘇我の血」を引いている。この複雑な血縁関係がめぐらされた文脈で、乙巳の変は起こった。古人大兄にすれば、自分が頼みとする蘇我一統が打ち滅ぼされ、政治的背景を失った心もとない思いはあったであろう。正史では、その数か月後に古人大兄は反乱を起こし、討伐されてしまい、歴史から姿を消す。正史の背景では、中大兄に傾いた権力の流れを断ち切るべくついに立ったが、多勢に無勢で攻め滅ぼされた形である。これが乙巳の変のあとにつづいた小さな「変事」である。

しかしここには古人大兄のある「前史」の記録が残っていて、それが奇妙な成り行きを見せてゆく。説明しよう。まず乙巳の変後、異様なその政治的空気のなかで、皇極は退位を選ぶほかなくなり、中大兄と鎌足の意向もあって、皇極からその弟の軽皇子《かるのみこ》に対して即位の辞令が伝えられた。ところが軽皇子はこれを固辞。理由として先帝（舒明）の年長の子である古人大兄がふさわしいと述べた。ところがそれに対して、古人大兄のほうは自分への譲位などありえないとばかりに辞退し、出家して吉野に行き仏道を修めたいと言ったのだ。そうして刀を解いて地に投げ出し、周囲全員も刀を置いた、つまり武装を解除したのである。そのあと飛鳥寺の仏殿と塔のあいだに詣でて、髪と髯を剃り、袈裟を着用した。ここまでされては仕方なく、軽皇子は次の孝徳天皇に即位した。

刀を解く（武装解除）という態度が政権に対する臣従の思いを示すものなのは言うまでもない。つまり年下の中大兄と鎌足の力にすでにして屈服しているようなもので、少なくとも今は政治的に立つその時ではないという判断である。この前史を覚えていてもらいたい（結果的には、三か月後の九月に謀反を起こして、誅殺される）。

ところが、このあのち、おかしな情報が『日本書紀』では書きつけられている。それがこの件から一三年後の668年の記載内容である。古人大兄の娘の倭姫王《やまとひめのおうきみ》を中大兄がめとって改めて皇后とした。そして、いかに年数がたっていたとはいえ、謀反騒動に古人大兄側として参画していた五人のうち、三人が政権の枢要に携わることになったこと。この元共謀者たちの名前を挙げれば、倭漢文直《やまとのあやのふみのあたい》麻呂、朴市《えち》秦造《はたのみやつこ》田来津《たくつ》、物部朴井《えのい》連椎子《しひのみ》。十歩譲って政敵の娘を保護するのは古代人ならではの感覚かもしれないが、謀反人たちの再雇用は妙な話である。古人大兄の謀反事件が後世による造作である可能性が高いというのはこうしたわけだ。では、なぜそんなことを捏造したかである。鍵はのちの天武天皇こと**大海人皇子**《おほあまのおうじ》の存在が握っている。

大海人皇子は正史では天智の弟であるというが、同母（皇極天皇）というのも含めていかにも怪しい。「皇弟」として『日本書紀』で描かれてはいるものの英雄のわりに影が薄いのが気にかかる。佐々克明がかつて「天智天武非兄弟」説を唱え、ジャーナリズムで論争も巻き起こった。論争は今や確たる実りを得たと言える。というのも天智がおのれの娘四人（持統天皇ら）を天武に嫁がせているというところも同母兄弟としては異例いや異常であり、史料の矛盾で天武のほうが四歳上にカウントされてしまうようなこともある。そこで石渡はこの天武の実存を古人大兄の位置（第一皇子）であるとして、**「天武＝古人大兄」**説を唱えたのである。ここが同一人物であると認識されれば、上記したような古人大兄を史料上で瞬殺してしまった理由もうなずける。古人大兄の母は蘇我系の女であるため、天智（系）と天武が天智死後に血みどろの闘争（壬申の乱）を行なうことも理屈に合うのだ。なお史学的なアプローチをするなら、大海人皇子も古人大兄皇子もともに数少ない「皇子宮」の所有者であることが特筆されるだろう（聖徳太子の「斑鳩宮」を想起）。大海人皇子は「皇大弟宮」、古人大兄皇子は「私宮」であって、それだけともに当時の二大有力皇子であったことからも同時存在性が際立つ分、余計に「かぶる」のである。

この説がひときわ説得的なのは次の『日本書紀』本文を見てもらえばわかるはずだ。たとえば天智紀十年（671年）には、死の床に就いた天智が皇太子の大海人皇子を枕もとに呼び、後事を託した。ところが大海人皇子は再拝して、自分は病だと称してこれを固辞するのだ。そして皇后に付託して、大友皇子（天智の子）に政務を執ってもらうべきだとまで天智に述べるのである。さらに自分は天皇のために出家して修行したいと言い、天智はそれを許可。大海人皇子は宮中の仏殿の南に行って、腰をかけて髯や髪を剃り落とした。天皇は大海人皇子に袈裟を送ったという。これにややかぶった後日談（「天武即位前紀」）があって、十月十七日やはり自分はきょう出家し、陛下のために功徳を修めたいと言い、天皇はこれを許したという。大海人皇子はその日のうちに出家して法衣を着て、私有の武器を官司に収めた。そして十月十九日大海人は結局、吉野宮に入ったのである（天智は十二月に崩御する）。世間はこのことを「虎に翼をつけて放した」と称した。

この事例は皇極から皇位を譲ると言われた際の古人大兄の言動とそっくりである、まるで事態を反復しているほどに。それだけ古人大兄皇子と大海人皇子の実存が瓜二つであったというわけで、大海人の本来的な立場は古人大兄において見出せると考える所以である。大海人に対して皇位を譲るとまで言ってくれた天智の意志が本当ならば、そのまま大々的に受けてつないだほうが大海人にとっても好都合・好条件ではないか。事実は逆であって、天智は天武に跡を継がせる気は毛頭なく、それゆえに皇位をめぐる乱がのちに起こったのではないか。実情は天智の生前から天智と天武（古人大兄）はバチバチやりあっていたわけであって、龍虎の様相を呈していた。だからこそ『日本書紀』では、生前はまだ和やかに兄弟愛を描くも、死後には壬申の乱の様子を綴らざるをえなかった。せめて両者を同母の兄弟として、そのバチバチ感を減殺したのである。

さて、第3章全体の流れで言うならば、天智は継体系、天武（＝古人大兄）は法提郎女を通じた蘇我系の血脈を有しており、応神と継体の兄弟は子々孫々にまでわたって遠くライバル関係はつづいていたというところまでを望見できる。天智も天武も父は同じ舒明ではあるが、天智のほうはその母方の曽祖父・押坂彦人大兄を馬子によって殺されており、母（皇極）の怨念を引き継いでいた可能性はゼロとは言えない。天武は天武で、母・法提郎女の兄であった蝦夷らを天智によって死に追いやられている。かくして天武の王権が成立し、天武・持統時代に律令国家の基礎が形成された。そこに大きくからんだのが「史《ふひと》」の名すら持つ**藤原不比等**（中臣＝藤原鎌足の子）であることは言うまでもない。そうして7世紀の後半には『古事記』『日本書紀』が編纂されはじめ、8世紀初頭には大宝律令も完成して、古代国家「ヤマト／日本」は誕生する。

こういう霊《ち》（血）をめぐる抗争は古代社会ではそれほど珍しいものではないのかもしれない。ずっと時代を下った昭和史においてすら、私などは自分の生まれ故郷の地方都市において、別姓の有力一族同士が子ども時代から張りあったり力を競いあったりするような業のありようを見聞しているし、思い返せば近代的家族の一断面を昭和史の最後に垣間見たような思いすらある。いわんや高貴なやんごとない者たちが暗闘を繰り広げていた古代では何事が起こっていたかはわからない。そんななかでも、通説と歴史資料の矛盾点を衝いて、そして科学的な実証主義を旨として、もっとも確からしいものを探ってきたのが本書であり、この石渡史観に基づいた通史のドラマである。最後に短く振り返ってみよう。

弥生時代の終末期、半島から渡来してきた政治勢力によって弱体化していた邪馬台国が滅び、西日本に加羅（金海＝金官加耶）系の古墳文化が広がっていった。そして奈良盆地東南部のヤマトの地に崇神天皇が古代国家を定めた。当初は倭韓の連合王国だったが、やはり列島への移遷を決め、両国は近しいながら別々の道を歩む。5世紀には大湿地だった河内湖から徐々に水も引き大阪平野が形成されつつあったため、膨大な半島系の移民の力も借りて人力で干拓・開拓が進められた。やがて奈良盆地から出た政治勢力はその河内の開拓地をも取りこんだ。5世紀後半には百済から格上（征虜将軍）の昆支の来倭があり、政権内の力関係の変化によって、ついに応神（昆支）による新王朝が成立。

6世紀初頭には百済系の継体（男弟王）が王統を引き継ぐが、継体末期に欽明天皇によるクーデター、すなわち辛亥の変が起こる。そこからの蘇我三代の繁栄。天智天皇らのクーデターと大化の改新。最後に壬申の乱による天武の王権掌握──。

──とくにこの後半は本書でも駆け足で見てきた。こののちの律令国家は宗教政策において伊勢に「神宮」を置き、古代国家神道を制度化してゆく。ただいきなりアマテラスが伊勢に降臨したわけではない。そのためには幾つもの施策が講じられてきたわけで、長く複雑な宗教政策の過程も明らかになってきた。たとえば「アマテラスの素」となったアマテルの存在は記述したとおりである。また、『日本書紀』らに記載のない応神霊たる誉田八幡をも古代国家は手なづけようと画策した。できれば

「八幡神の誕生」までは――と思ったが、紙数は尽きた。昆支がいかに半島由来の八幡神として倭に君臨して落ち着いたのか、アマテラスとの関係はどうだったのか、それらについてはまた別の論考が必要になるだろう。

あとがき――「誉田八幡」応神の系譜と「ヤマト／日本」の誕生

「古墳時代の大量渡来」という最新のサイエンスが提供してきた新事実と合致するような、新しい歴史像を提出したいと考え、本書を書き紡いできた。従来、「渡来王の存在」を描く場合には説明の困難さを伴ったものだが、渡来民たちが弥生-古墳移行期に大量に流入していたというのなら、その民たちの頂く王のありようを描くことはむしろ「当たり前」のことにもなる。隔世の感とはこのことである。追い風を十分に受けて、結果、私の試みは、通説の世界への殴りこみのようなものになったのかもしれない。それは大袈裟でも、「有効打」を重ね撃ちしてみたつもりなので、多くの読者、とくに初読の読者からの御感想・御意見を承りたい。

本書の「主人公」はそれぞれ渡来者であった崇神天皇と応神天皇の二人であって、とくに応神（＝昆支《こんき》）については驚くべき「後日談」がその後の日本史上で展開してゆくので、それを紹介して本書を締めよう。

昆支には『日本書紀』によると五人の子がいるとされており、一人目は隅田八幡鏡にも登場する百済武寧《ぶねい》王（斯麻）である。さらに、次男としてやはりのちの百済王になる東城《とうせい》王（末多《また》王）がいる。『書紀』では軍勢も備えてもらい百済に戻されたことになっている。ほかの王子や姫たちは倭に残っ

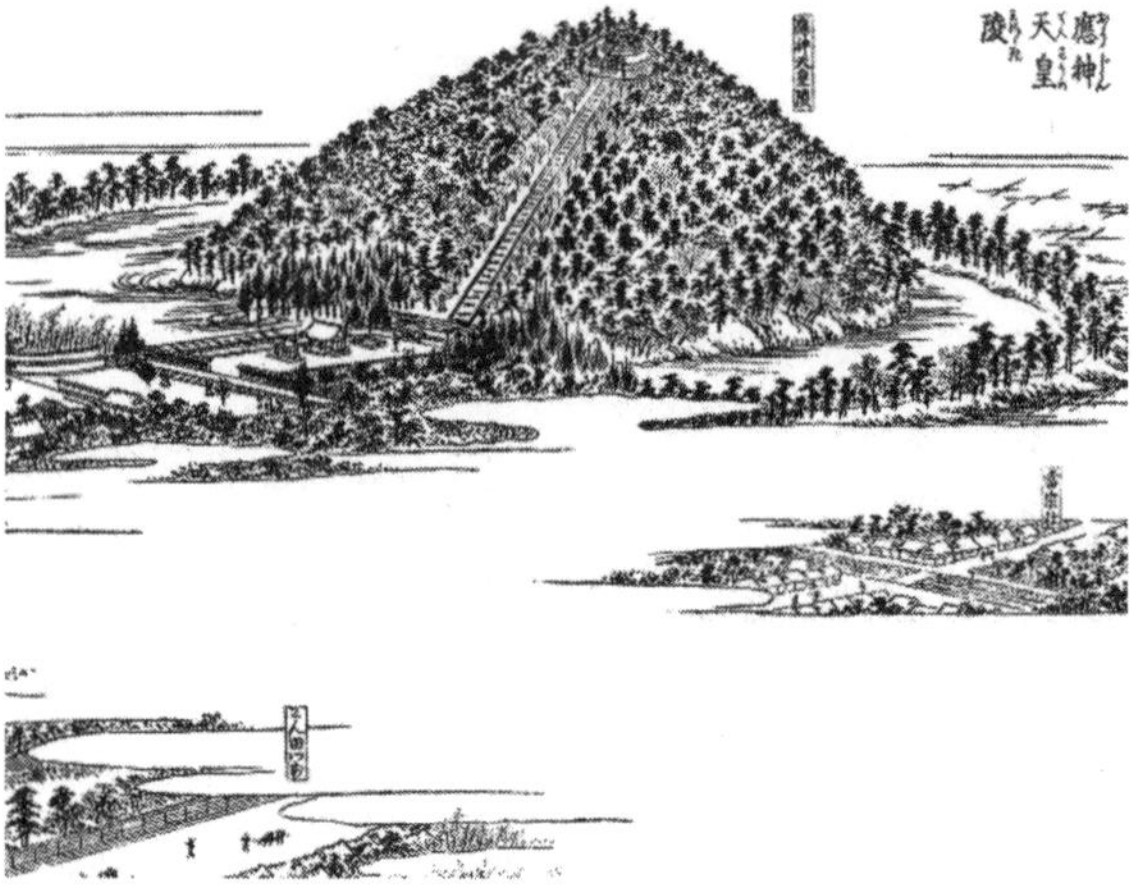

河内名所図会（江戸後期）に描かれた「応神天皇陵」
（左中央に誉田八幡宮、墳頂に六角堂）

ていたはずだが、純陀《じゅんだ》（淳陀）太子という武寧王（斯麻）の子がいて、倭国内でのちに子孫を残している。しかしながら、斯麻は百済にとうの昔に帰国したはずなので、のちに百済系倭国たる「よすが」を頼ってこの純陀王子が来倭したのか、それとも斯麻が後でもう一度来倭した際の種なのかと捉えるしかない。いずれにせよ純陀太子は武寧王の血筋を倭において残した。ここに昆支の血も入っているのであって、正史でも桓武天皇へと継がれてゆく。

　また、武寧王系とは別の昆支の子（末多王系の可能性が高いとされる）の系譜には、「飛鳥戸《あすかべ》」氏という一族が形成されており、他の字に安宿などもある。この一族からは、のちに大物が生まれている。飛鳥戸氏出身の女・百済永継《ながつぐ》が藤原内麻呂の妻となり、藤原氏の立役者を生んだのだ。それが810年に初の蔵人頭《くろうどのとう》になった藤原冬嗣《ふゆつぐ》である（嵯峨朝で活躍、藤原北家《ほっけ》の雄）。この冬嗣の子がさらに名にし負う藤原良房で、清和天皇の摂政（皇族以外で初）

になって、父につづき日本で最大権力を掌握した。意外なことに、この「冬嗣―良房」の系統は、遠くはあれどズバリ昆支系なのである（ただ男系ではない。当然のことながら、この系譜からあの藤原道長・頼通らも登場してくる）。

興味深いのは、この良房が、八幡信仰を公的にバックアップして、あの宇佐八幡宮から八幡神を男山（山城国）に勧請、石清水八幡宮を創祀し、隆盛させた点である（僧・行教と組んだ）。言うまでもなく、誉田八幡＝応神天皇であるから、自分たちの祖である昆支＝応神を尊崇したと考えれば、応神と昆支を等置する石渡説では見事に、そして怖いほどにつながるのである。

「八幡神（誉田八幡）」は、六国史の最後『日本三大実録』（９０１年）においては、「石清水ノ皇大祖」「皇大神ハ我朝ノ大祖」「大菩薩ハ我朝ノ顕祖」などと御大層な表現で描き出されている。明らかに、アマテラスという日本の皇祖神とは別口で、**〝もう一人の皇祖神〟**が存在している事実、そしてその実感を、当時の貴族や官僚たちは肌感覚で触知していたわけだろう。どうしても万世一系の建前上、アマテラスの発揚を奈良朝の高官たちは選択したが、本音は別にあったということである。結果、京都に勧請された八幡信仰の本山・石清水八幡宮は、伊勢神宮に次いで第二の宗廟（「二所宗廟」）とされて、崇敬を集めた。祖先を祀る廟という意味だからそのとおりだ。

武寧王系の純陀太子の系譜は、のちに「倭《やまと》（和）」氏を名乗るようになる。和乙継《やまとのおとつぐ》の娘に有名な高野新笠《たかののにいかさ》が生まれ、この新笠が天皇家（光仁《こうにん》天皇）に嫁いで、かの桓武天皇を生んだ。桓武が装束を着た姿などは画像で見られるとおりで、きらびやかで朝鮮色の強い装飾品を身にまとっている（もっとも、それを言い出せば、例の高松塚古墳のチマ（下裳）・チョゴリ（Vネックの上衣）めいた朝鮮式の衣装を着た女性たちもいて、発掘当時も衣装はセンセーションを呼んだものだ）。

昆支直系（応神―欽明系）とは別の支族たちとはいえ、関連した旧百済王族の系譜には、このように飛鳥戸氏、和氏、ほかに百済王《こにきし》氏らがいた。とくになぜ百済王の系統が「ヤマト」氏を名乗るのか、いや名乗れるのか、古代史ファンの読者なら一度は不思議に思ったことがあるのではないか？「アスカ」も「ヤマト」もあたかも日本そのものを表象するような名前と音韻であるはずだ。なぜ昆支に関連した百済系の者たちがこれらジャパネスクな音韻を冠した「氏」をもらい受けられたのか――。本書を一読なさった読者ならもうおわかりのことだろう。昆支が「倭王武」であったからこそ、その名は後世に顕彰されて一族のうちに贈与されたわけである。そもそも倭姓（倭氏）の本流は讃珍らをはじめヤマト大王家そのものだったわけであり、それを継いだ昆支の直系支族しか倭姓、つまりヤマト一族を名乗れる資格はないではないか、という考えである。当時の天皇家（大王家）と旧百済王家とのあいだにはこうした名前についての合意がなされていたのであろう。和氏とはいわばまあ「ジャパンさん」と呼んでいるようなものなのだから、これは無視できぬ大変なことなのである。

そして、「後日談」はこれで終了ではない。渡来王・昆支の系譜における「血の戦い」「霊的な歴史」はまだあって、武士の時代へとつながってゆく。時が移り、平安の末に武家が台頭してきた際には、武士階級とくに「源氏」が「八幡大菩薩」（八幡神に与えられた菩薩号）を信仰したのはよく知られているとおりである。たとえば石清水八幡宮で元服した河内源氏出身の「八幡太郎義家」こと源義家を想起しよう。また木曽義仲は戦の渦中において神仏への願書を書いていて、それは「帰命頂礼《きみょうちょうらい》、八幡大菩薩は日域朝廷の本主（所有者）、累世明君の先祖たり」で始まる後世に輝く名文であった。

こうした武士たちが、天智でも天武でもなく、ましてや神武でも崇神でもアマテラスですらなく、応神たる八幡大菩薩に対して、なぜここまで帰依《きえ》し、思いの丈を述べているのか？　われわれ現代人の感覚からすると奇異にすら感じられるはずだ。それほど武士階級にとって当時の八幡信仰は根強く、初期サムライたちの心をつかみつづけていたわけである。それはなぜなのか？　ありていに言って、司馬遼太郎が語るように、武士の始源とは墾田に励んだ「農民」もしくは「民」たちである。もちろん清和源氏、桓武平氏などという流れがあるわけだが、それは上級武士の歴史だ。河内飛鳥の地は「河内源氏」（源頼信が棟梁）の本拠地となったが、百済系の開拓農民たちが古墳時代以降、大量に渡来してきたことが考えられ、彼らが大いなる労働力、マンパワーになった（語ってきたように、DNA解析もこの大量の渡来を跡づけてくれている）。好ましい土地でありながら、狭かった「ヤマト」の地から出て、西に向かい、まだ湖沼と川筋だらけだった大阪平野を大量の農民たちが開拓・整地していったわけだ。その際には古墳づくりにも精を出したはずである。半島系のU字鍬や鋤も威力を発揮した。腕っぷしの強い開墾農民たちはやがて刀剣で武装し、荘園の荘官になったり用心棒＝戦闘員になったりしたわけで、それが「武士のはじまり」である。

このように、初期の武士たちが八幡大菩薩を拝んだ、すなわち誉田八幡＝応神天皇を拝んだことには、それなりの「理由」がなくてはならない。これまでの中世史では、ここにきちんと説得力のある「解」を差し出せなかったのである。

しかし石渡史学では、「応神天皇＝百済の王弟・昆支」というズバリとした解答を持って、この謎に迫真した。自らの血のルーツ、そして先祖たちの移動・定住に「動因」を与えた昆支＝誉田八幡の伝承は開拓民たちの心に深く刻まれ、いつしか来倭の真実は風化しても八幡信仰だけは強烈に残ったというわけである。ちなみに、全国約八万社以上あるとされる神社総数のうち、半数近くもが八幡神社である（私の故郷にも思い出深い八幡宮があったものだ、おそらく読者の皆さんのお近くにも）。にもかかわらず、記紀に八幡神についての記述がない、というのも奇怪すぎる。応神の出自と霊性は隠され、昆支は雄略と武烈の陰に置かれてしまった。八幡神自体は、あの東大寺大仏開眼法要でも生身の聖武（大上天皇）や孝謙天皇に次いで大仏殿の内部に入御し（！）、内裏に天下太平の字が出るという奇蹟を顕現させた（『東大寺縁起』）。評言しがたい内容だが、いずれにせよ時の政権とも昵懇で、結果、東大寺完成後、寺の近くに手向山《たむけやま》八幡（奈良市）が分霊された。八幡神は名実ともに国家の守護神となっていたのである。

こうして書いてくると、石渡史観とは、藤原氏、源氏といったメジャーな名前すら含む日本史の大きな流れを、「**応神史観**（**誉田八幡史観**）」の光の下に見直すという、大胆かつ精緻な読み替えではないかと改めて感じさせる。この藤原北家にせよ河内源氏にしろ、石渡信一郎が初めからそこを見込んで昆支を「御指名」したわけではないということも強調しておきたい。結果として、こういう後世の権力者、そして武士や庶民たちからの篤い信仰ぶりがこの「昆支＝応神」説の企まざる傍証になっているわけだ。そこにこの独自説の他説にはない強みがあって、９０年代以降、三〇年以上もの長きにわたって、在野の石渡理論が目の肥えた読書人たちに支持されてきた理由でもあるのだろう。

ヤマトを中心とした畿内の古代国家は8世紀初頭には律令国家を立ち上げることに成功する。往年の「倭」の字を借用してヤマトと読ませていたが、既述したようにヤマトの元ネタは「山処」であって、川筋と湖沼の多い西の「カハウチ／カワチ」（河内）との対《つい》関係として生駒山地の東に見出された地の巧みな命名だと思うしかない。記紀の成立後、好字が選ばれ「大倭国《やまと》」「大養徳国《やまと》」などと正式な国号表記は変わるが、まるで熟字訓のような「ヤマト」はかくして成立した。このヤマトの建設者たちのうちのもっとも重要な一人が、誉田八幡としても神格化された応神天皇（＝昆支＝日十大王）であったことを、改めてわれわれ「日本人」、いや「日本国民」は銘記しておきたいところである。

さて最後にもう一つ語りたいのは、この倭《わ》あらため倭《ヤマト》から次の国号変更を行なう際になぜ律令国家は「日本」という字面を選んだのか――についてである。日本と書いてヤマトとルビを振る場合もあるので、ニホンやニッポンの読み（音韻）ではなく字面のほうが先行していたのはまちがいない。さすがに両者には字面と音韻に差があり飛躍がありすぎる。ニッポンでは音韻としても淵源から遠すぎるので、日本のことをヒノモトと訓読み（ヤマト言葉）できるように、元は「日下」の字がまず想像される。だからそこから好字が選ばれて日「本」になった、という流れである。列島が陽光の暖かく射しこむ「日」の土地であることに違和感はないし、例の「日出処《ひいづるところ》」（『隋書』）という東の国の矜持もありそうである。ただ、もとよりヒノモトとしての日下は、「クサカ」訓みが後世では一般的であり、こちらもとにかく奇妙な読みだ。なんせ『古事記』序文では、このクサカ（日下）という姓《かばね》を「玖沙訶」とするとわざわざ言挙げ（ネタ化）しているほどで、音読みの当て字（借字音）を使っていることを注して《よ》いるほどなのだ。結論的には、私はこの日光豊かな土地柄という意味のほか、もう一つ別の意味がこめられていると考えている。

つまり、あの日十大王の日十が本当の淵源である、と説きたいのだ。我田引水だと思われるだろうか？　国語学者の神田秀夫が日十大王を「クサカ大王」と読んでいることに触発されたこれは所説となる（石渡説では、「サカ／ソカ」大王であるが、このクサカの流れのなかにある）。実は「日十」を上下に構成した「早」の字は、多くの古文書でクサカと読まれている。クサカの音をたとえば和泉国では「𣅀」部郷、常陸国では「早」部郷と表記されているとおり、確実に「𣅀」も「早」も一字でクサカと読まれていたことが証明できるほどだ。とくに「𣅀」という奇妙な字は創作漢字めいており、これは「カ」音を出したくて「十」を「下」に替えたと石渡は考察した。

つまり「日十」大王はまさに「早」大王という一漢字に変容しうるため、日下の表記、ひいてはヒノモトまで射程が届くのである（！）。これらがなぜクサカ音にあてられたかは実際に謎めくのだが、草冠（「艹」）が欠けているために「クサ・カ（草刈るの意）」というのが神田説で、一定の説得力は持つ。日十大王は昆支そのものだが、つまり減筆現象（漢字の偏旁冠脚の一部分が落ちる）と名前の遊び心も入れてクサカと読んだところから、「日十→早→𣅀→日下→ヒノモト→日本→ニッポン」という流れができたとわれわれは読みたいわけだ。日十大王は古代社会の創設者だから、ヤマトを別字と別音で表現する際に、この「日本」が採用されたという野心的な視点である。このファウンダー日十大王という背景があったところに、日の光の輝く国の意味をダブルでこめて、すなわちダブルミーニングとして「日本」が選ばれた、と。私はこれを信じきっているわけでは必ずしもないが、説としての信憑性はかなりあると踏んでいるので、最後に紹介した次第である。かくして、「ヤマト／日本」という国は本当の意味で成立した。少なくとも、上記の文脈で、日十大王は「ニチジュウ」ではなく、「クサカ」大王と読まれた可能性は高いであろう。石渡はそこから「ク」を落としてサカ・ソカ・ソガ（蘇我）まで招来する説を採用したことも付言しておく。

さて、本書の編集・刊行にあたっては、共栄書房さんに御尽力を頂戴した。社員編集者あがりの私にとって、とくに書籍出版社と仕事をすることはいつも新鮮そのもので、今回も楽しくやり取りをさせていただいた。最後に御礼を申し上げたい。また、家族、妻と大きくなった子どもたち、そして父にも今回「初めて」謝意を述べたい。多謝。

（了）

【主要参考文献】

『百済から渡来した応神天皇』石渡信一郎　三一書房
『蘇我馬子は天皇だった』石渡信一郎　三一書房
『完本　聖徳太子はいなかった』石渡信一郎　河出文庫
『日本書紀の秘密』石渡信一郎　三一書房
『新訂　倭の五王の秘密』石渡信一郎　信和書房
『蘇我氏の実像』石渡信一郎　信和書房
『日本神話と史実（上・下）』石渡信一郎　信和書房
『新訂　邪馬台国の都　吉野ヶ里遺跡』石渡信一郎　信和書房
『日本人の正体』林順治　三五館
『応神＝ヤマトタケルは朝鮮人だった』林順治　河出書房新社
『法隆寺の正体』林順治　彩流社
『仁徳陵の被葬者は継体天皇だ』林順治　河出書房新社
『新装改訂版　八幡神の正体』林順司　えにし書房
『王権誕生』（「日本の歴史」０２）寺沢薫　講談社
『大王から天皇へ』（「日本の歴史」０３）熊谷公男　講談社
『私の日本古代史（上・下）』上田正昭　新潮社

『巨大古墳の世紀』森浩一　岩波新書
『古墳』森浩一　保育社
『古代朝鮮』井上秀雄　講談社学術文庫
『日本の朝鮮文化』司馬遼太郎　上田正昭　金達寿編　中公文庫
『隋唐帝国と古代朝鮮』礪波護　武田幸男　中公文庫
『アマテラスの誕生』溝口睦子　岩波新書
『古事記の構造』神田秀夫　明治書院
『考古学から見た邪馬台国大和説　畿内ではありえぬ邪馬台国』関川尚功　梓書院
『〈聖徳太子〉の誕生』大山誠一　吉川弘文館
『倭国の古代史』坂靖　新泉社
『倭の五王』（日本史リブレット）森公章　山川出版社
『渡来系移住民』吉村武彦　吉川真司　川尻秋生編　岩波書店
『日本と朝鮮半島の交渉史』西谷正　同成社
『街道をゆく（2）』（韓のくに紀行）司馬遼太郎
『日本国家の起源』井上光貞　岩波新書
『ヤマト王権』吉村武彦　岩波新書
『古墳時代の日朝関係』高田貫太　吉川弘文館
『核ＤＮＡ解析でたどる日本人の源流』斎藤成也　河出書房新社

『(増補)日本人の起源』 埴原和郎編　朝日選書
『アースダイバー　神社編』中沢新一　講談社
『「邪馬台国＝畿内説」「箸墓＝卑弥呼の墓説」の虚妄を衝く!』安本美典　宝島社新書
「古代王権の歴史改作のシステム」(『東アジアの古代文化』42号)井原教弼　大和書房
「『古韓尺』で作られた纏向大型建物群」(『季刊 邪馬台国』104号)新井宏　梓書院
「三韓社会における辰王と臣智」武田幸男
「雄略天皇は『英雄王』か」塚口義信
「松岡正剛の千夜千冊」一四九一夜『古代の日本と加耶』

仲島 岳（なかじま・がく）

1968年長野市生まれ。歴史作家＆編集者。上智大学文学部新聞学科卒。長らく出版社勤務、百数十冊ほど単行本を編集担当。著作に『古代天皇家と「日本書紀」1300年の秘密』（WAVE出版　2017年）、『「倭国」の誕生』（海鳴社　2019年）。共著は『アジア映画小事典』（佐藤忠男　編著）など数冊。論文に講談社「群像」新人賞候補作（評論部門）の「三島由紀夫のトピカ」のほか、「吉本隆明のいない『共同幻想論』」など。石渡信一郎史学の関係では『日本人の正体』林順治著（三五館）の編集協力がある。

カバー・表紙・本扉画像　出典：ColBase（https://colbase.nich.go.jp/）

ヤマト王権誕生の真実——渡来王朝説からひもとく古代日本

2024年6月25日　初版第1刷発行

著者 ———— 仲島　岳
発行者 ——— 平田　勝
発行 ———— 共栄書房
〒101-0065　東京都千代田区西神田2-5-11 出版輸送ビル2F
電話　03-3234-6948
FAX　03-3239-8272
E-mail　master@kyoeishobo.net
URL　https://www.kyoeishobo.net
振替　00130-4-118277
装幀 ———— 北原　舟
印刷・製本 —— 中央精版印刷株式会社

©2024　仲島 岳
本書の内容の一部あるいは全部を無断で複写複製（コピー）することは法律で認められた場合を除き、著作者および出版社の権利の侵害となりますので、その場合にはあらかじめ小社あて許諾を求めてください

ISBN978-4-7634-1117-4　C0021